디지털 대전환 시대의
전략경영 혁신

DIGITAL
TRANSFORMATION

비즈니스 모델
리디자인 전략

디지털 대전환 시대의 전략경영 혁신

노규성 지음

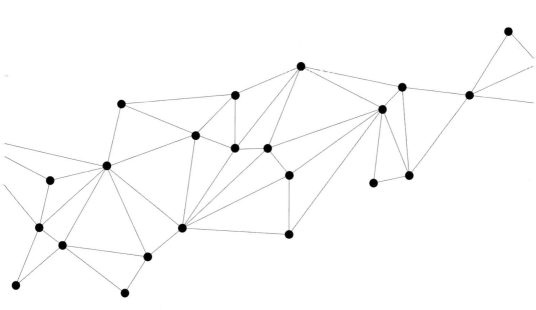

BOOK STAR

　기업은 늘 변화하는 환경 속에서 시장과 고객의 니즈에 맞는 비즈니스를 전개하기 위해 혼신을 다한다. 그런데 지금 우리가 겪고 있는 변화는 그간 경험해 보지 못한 엄청난 변화이다. 4차 산업혁명의 전개로 인한 혁신은 차근차근 전개하면 되는 줄 알았다. 그런데 코로나19 팬데믹이 발생하면서 시간적 여유를 없애 버렸다. 당장 근무, 회의, 거래, 배송 등 모든 것을 비대면으로 해야 하기 때문에 디지털로의 대전환이 방아쇠를 당긴 것이다.

　그런데 이 전환은 능동적인 것이 아니라 당장 비즈니스를 수행하기 위해 어쩔 수 없이 하지 않으면 안 되는 수동적인 것들이다. 많은 기업은 지혜를 발휘해 탄력성을 회복하고 신발 끈을 다시 매고 있다. 그러나 어려움을 이겨내느라 아직 힘들어하는 기업도 많다. 어쨌든 이제 프로세스와 비즈니스를 디지털 기반으로 새롭게 할 전략을 보다 치밀하게 구상하여야 하는 상황을 맞이하고 있다.

　결국 전략 수립도 패러다임을 디지털 기반으로 바꾸고 있다. 디지털로 탈바꿈하는 시대, 경쟁을 하든, 블루오션을 찾든 생존 발전하려면 디지털 기반의 전략경영 혁신 방안을 잘 구상해야 하는 상황인 것이다. 이에 필자는 이를 위한 집약적 가이드가 필요한 상황이라고 생각하고 이 책을 집필하게 되었다.

현장의 전략가들은 이미 전략에 대해 학습하고 체험했을 것이다. 그래서 이 책에서는 구구절절한 설명은 생략하고 전략경영 혁신 방안 핵심만을 제시하고자 노력하였다. 전략에 관한 학습이 안 된 분들 역시 크게 걱정할 필요가 없다. 경영 전략에 관한 구체적인 지식이나 사례들은 다른 전문 서적과 유튜브에 널려 있다.

이러한 배경을 토대로 이 책에서는 제1~4장에서 경영 전략에 관한 내용에 대해 요약하여 정리하였다. 그리고 제5장~13장은 지금 당장 현장에 접목되어야 할 전략에 대해 디지털 기술을 활용하는 혁신적 접근법을 중심으로 구성하였다. 구체적으로는 제5장 리스크 관리와 회복 탄력성 강화, 제6장 디지털 트랜스포메이션 전략, 제7장 ESG 경영 전략, 제8장 비즈니스 모델 리디자인 전략, 제9장 산업 구조 리딩의 디지털 전략, 제10장 경쟁 전략의 디지털 혁신, 제11장 프로세스 혁신 전략, 제12장 개방형 혁신의 플랫폼 전략, 제13장 고객 가치 지향 전략 등이다.

이 책은 가급적 미사여구를 줄이고 간결하게 핵심만을 제시하는 데에 주안점을 두었다. 이 책이 양서가 되도록 도와주신 광문각 박정태 회장님과 임직원분들께 감사를 드린다. 시대적 변화를 꿰뚫어 보면서 비즈니스 전략을 혁신적으로 설계하고자 하는 전략가분들을 위한 좋은 지침서가 되기를 희망한다.

목 차

1

전략경영의
출발

CHAPTER 1
전략경영의 출발

오늘날의 기업 앞에 놓여 있는 시장은 어느 때보다 치열한 전쟁 터다. 실제 고객을 확보하기 위한 경쟁은 한 치의 양보를 불허한 다. 산업혁명이 시작된 이래 공급이 부족했을 때는 만들기만 하면 팔렸다. 그러나 1960년대 산업사회 후반기 들어 시장이 성숙되고 소비자의 욕구가 충족되면서 상황은 달라졌다. 기업은 시장과 소 비자들이 원하는 제품을 만들어야만 살아남을 수 있게 되었다. 그 러면서 전쟁에서 쓰이던 '전략'이라는 개념이 비즈니스 세계에 도 입된 것이다.

1. 경영 전략과의 첫만남

원래 전략strategy 이란 경쟁에서 이기기 위한 방법과 수단을 총칭 하는 것이다. 오늘날의 경영 조직 역시 시장 경쟁에서 승리하여야 살아남고 성장할 수가 있다. 기업이 경쟁에서 승리한다는 것은 목 표를 달성한다는 것과 같다 Fleisher and Bensoussan, 2002 .

결국 기업의 목표는 궁극적으로 이익 극대화이므로 경영 전략이란 이익 극대화를 위한 방법과 계획을 수립하는 것을 의미한다. 따라서 경영 전략이란 기업이 지속적으로 변하는 환경 속에서 장기적으로 좋은 성과를 거두기 위해 환경 변화와 조화를 이룰 수 있는 목적을 설정하는 것은 물론, 이를 달성하기 위해 기업 내부의 인력, 자금, 기술 및 시설 등 모든 자원을 효율적으로 가동시키는 통합적이며 종합적인 장기 계획이라 할 수 있다노규성·조남재, 2010. 특히 오늘날은 각 분야의 역량 있는 기업들과 치열하게 전쟁하게 되면서 경영 전략의 개념은 기업에게 경쟁우위strategic advantage를 창출하고 유지시켜 줄 수 있는 중대한 의사결정이라는 경쟁 전략적 의미로 변화·발전하고 있다.

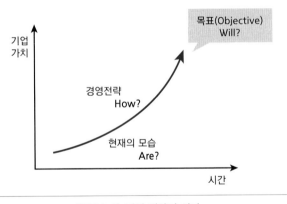

[그림 1-1] 경영 전략의 의미

2. 경영 전략의 본질은 무엇일까?

전략은 그 의미상 경쟁에서 이기기 위한 수단이긴 하나 주어진 환경과 조건을 기반으로 모색되어야 한다. 그러므로 몇 가지 본질적인 면을 깊이있게 살펴볼 필요가 있다글로비스 경영대학원, 2020.

첫째, 전략은 목적 달성을 위해 조직의 **한정된 자원을 얼마나 잘 활용하도록 할 것인가**를 감안해야 한다. 만약 기업이 보유하고 있는 자원이 무한정이라고 한다면, 다소 효과가 떨어지는 전략을 실시하더라도 자원을 무한정 투입하다 보면 원하는 실적을 올릴 수는 있을 것이다. 그러나 자원을 무한정 투입할 수 있는 여건을 갖춘 기업은 현실적으로 없다. 유한한 자원을 효과적·효율적으로 활용해 최대한의 성과를 올리는 것이 전략의 본질이다.

둘째, 전략은 **지속적인 경쟁우위를 추구**한다. 일시적이거나 창의적으로 생각해 낸 아이디어로 큰 성공을 이루어냈다 하더라도 누군가가 즉시 모방하게 되면 그 의미는 곧 퇴색되고 만다. 상시적인 환경과 시장 모니터링monitoring, 지속적인 축적과 투자, 끊임없는 도전과 혁신이 뒷받침되는 전략만이 지속적인 경쟁우위를 만들어낼 것이다.

셋째, **정면승부만이 전부는 아니다**. 회사의 모든 자원이 경쟁사보다 뛰어나다면 정면승부를 해도 상관없다. 그러나 모든 부분에서 경쟁사보다 탁월하기란 쉽지 않다. 아무리 뛰어나다 해도 정면승부를 벌이다가 패배하게 되면 엄청난 타격을 입을 수 있다. 심한 경우 기업의 존망을 좌우하기도 한다. 언제나 정면승부가 최선은 아니다. 경쟁사와 차별화되는 내용을 소비자들에게 어필하거나 파괴적 혁신 및 가치 혁신 차별화를 통해 경쟁 기업이 없는 시장을 발굴하여 전략을 펼치는 것이 더 좋을 것이다.

3. 성공 전략의 조건 따져보기

다른 기업과의 경쟁에서 승리한다는 것은 다른 기업보다 뛰어난 경영 성과를 누린다는 의미이다. 따라서 경영 전략은 기업의 목표를 달성하기 위한 수단으로 다른 기업보다 유리한 상황에서 경쟁할 수 있도록 하는 계획인 것이다. 그렇다면 유리한 상황이란 어떤 상황을 말하는 것일까? [그림 1–2]에서 볼 수 있듯이, 방호열·김민숙2020은 유리한 경쟁 상황이란 매력적인 사업 영역과 지속적인 경쟁우위의 두 가지 조건이 갖추어진 상황을 의미한다고 했다.

전략과 두 가지 조건의 관계

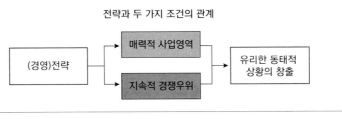

[그림 1-2] 전략과 두 가지 조건의 동태적 관계

여기에서 <u>매력적인 사업 영역</u>이란 장기적으로 이익 잠재력이 크고 유망한 산업 내지 사업 분야를 말한다. 그리고 이 사업 영역은 기업이 보유하고 있는 강점을 최대한 활용할 수 있는 사업 영역이어야 한다. 실제로 많은 국내·외 기업들의 흥망성쇠 역사를 보면 사업 영역의 선택이 얼마나 중요한지를 알 수 있다.

그리고 <u>지속적인 경쟁우위</u>란 선택한 사업 영역에서 경쟁상의 우위를 확보하고 이를 지속시킬 수 있는 역량을 보유한 것을 의미한다. 기업은 경쟁우위를 지속적으로 확보하여야만 경쟁에서 이기고 지속 가능한 기업으로 발전할 수 있는 것이다. 경쟁우위를 갖기 위해서는 먼저 경쟁상 강점이 될 수 있는 역량이나 내부 자원을 개발하여 축적하고, 사업을 전개하면서 이 역량이나 내부 자원을 차별적으로 활용하여야 한다 방호열·김민숙, 2020. 경쟁우위는 한번 축적되었다고 해서 영원무궁한 것이 되는 것은 아니다. 꾸준한 투자와 노력을 통해 경쟁기업과의 차별적 경쟁우위를 지속적으로 유지 내지 강화하는 것이 필요하다. 그렇게 만들어진 경쟁우위의 차별성은 벌어지게 되면 경쟁우위의 지속 기간이 길어지는 것이다.

미래 목표를 설정하고 이 목표 달성을 위한 미래 행동 계획을 수립하는 전략의 미래 지향적 속성을 감안해 볼 때 유리한 경쟁 상황이 되기 위한 두 조건, 즉 매력적인 사업 영역과 지속적인 경쟁우위는 살아 움직이는 환경 속에서 추구해 가야 할 것이다. 현재의 시점에서 매력적인 사업 영역을 확보하고 경쟁우위를 보유하는 것도 중요하다. 그러나 주어진 조건을 최대한 활용하여 변화무쌍한 외부 환경의 관점에서 유리한 미래 상황을 만드는 것이 더 중요한 전략의 핵심이다. 그러면 이러한 조건을 동태적으로 충족시켜 유리한 상황을 지속적으로 창출하게 해주는 것은 무엇일까? 그것은 다름 아닌 <u>독창적 아이디어와 혁신적인 발상</u>일 것이다. 독창적인 아이디어를 기반으로 신제품을 개발하거나, 혁신적인 기법을 통해 제품 원가를 획기적으로 줄이거나, 독특한 기법의 광고·홍보를 통해 차별화를 구현하는 것들이 이에 해당한다. 각 기업은 각자에게 주어진 환경과 상황에 맞게 동태적으로 유리한 경쟁 조건을 갖추도록 할 수 있을 것이다.

4. 전략의 유형을 알아보자

경영 전략은 분석의 수준에 따라 기업 전략, 사업 전략 및 기능 전략의 세 가지로 나누어 볼 수 있다그림 1-3 참조. 앞에서 경영 전략의 성공을 위한 매력적인 유리한 경쟁 상황으로서의 두 조건은 기업 전략 및 사업 전략과 연결된다.

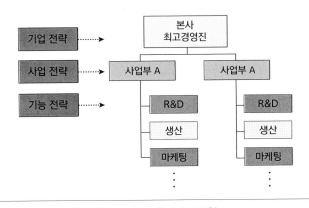

[그림 1-3] 경영 전략의 유형

즉 경영 전략은 [그림 1-4]에서 볼 수 있듯이, 두 조건을 구체적으로 실행시키고자 하는 기업 전략 및 사업 전략과 연결된다. 먼저 '기업 전략'은 어떤 사업 분야를 매력적인 사업 영역으로 결정할 것인가에 대한 의사결정 문제를 다루는 것이다. 그리고 '사업 전략'은 그 사업 분야에서 어떻게 경쟁우위를 지속적으로 확보해서 수익을 올릴 것인가에 대한 의사결정 문제를 풀어가는 것이다. 이들 전략에 대해 간략히 살펴보자.

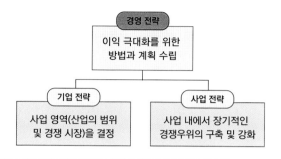

[그림 1-4] 기업 전략과 사업 전략

기업 전략Corporate strategy은 기업 전체의 다양한 사업 영역산업의 범위 및 경쟁 시장에 관한 의사결정을 하는 전략을 말한다. 이 전략에서 다루어지는 핵심 내용은 사업 영역사업. 제품. 서비스의 종류와 관련 시장 등에 관한 의사결정, 사업 단위에 적합한 목표 설정, 이의 수행에 필요한 자원 배분, 사업 확대 방향, 신규 사업 추진 등을 포함하여 다각화된 사업 포트폴리오 관리단위 사업 간 시너지 극대화 등이다.

사업 전략Business strategy은 각각의 시장에서 경쟁하는 구체적인 방법을 다룬다. 이는 주어진 개별 사업 영역 내에서 장기적인 경쟁우위의 구축 및 강화와 관련된 경쟁전략이다. 이 전략에서 다루어지는 핵심 내용은 경쟁우위의 원천이 되는 자원이나 능력의 개발과 축적, 외부 환경 변화 파악 및 이에 대응하는 방안 마련, 기능별 부서의 전략적 행동에 대한 조정 및 통합 등이다.

기능별 전략은 개별 사업부 내에 있는 마케팅, R&D, 생산, 재무, 인적 자원관리 등 각 기능 부문에서 자원 활용을 최적화하기 위한 전략을 말한다. 기능별 전략은 각각의 기능별 학문 분야에서 다루기 때문에 여기에서는 논외로 한다.

5. 전략경영의 진행 프로세스

전략경영 전반의 이해

통상 기업의 미션mission을 추구하고 목표를 달성하기 위하여 효과적인 전략을 수립하고 실행하는 일련의 의사결정과 행동 과정을 전략경영Strategic management이라고 한다. 이 과정은 서로 연결되어 상호작용하면서 성과를 높여가는 동태적인 의사결정과 행동들의 집합이다. 연결되어 서로 작용한다는 것은 어떤 의사결정이나 행동이 다른 의사결정이나 행동에 영향을 주며, 이들 간에 강한 보완성이 있다는 것을 의미한다. 이러한 동태적 과정을 구체화하면 [그림 1-5]와 같이 다섯 단계의 프로세스로 표현할 수 있다.

[그림 1-5] 전략경영 프로세스

첫 번째 단계에서는 기업의 미션을 수립한다. 미션은 기업의 존재 목적을 밝히고 이를 실현하기 위해 기업이 나아갈 방향을 제시한다. 두 번째 단계에서는 기업의 장·단기 목표를 설정한다. 미션을 구체적인 성과 척도로 표현한 것이 목표이다. 세 번째 단계에서는 기업의 미션을 추구하고 목표를 달성하도록 할 효과적인 전략을 수립한다. 전략 수립에서 중요한 것은 외부 환경기회와 위협과 내부 자원강점과 약점 간의 적합성을 달성하도록 조율하는 것이다. 네 번째 단계에서는 수립된 전략을 세부적인 행동 계획과 절차로 구체화하고 이를 실행한다. 마지막 단계에서는 전략의 실행 결과인 성과를 평가하고 필요한 경우 조정과 수정을 통해 다음 전략 수립 과정에 반영하도록 한다. 이와 같은 전략경영 프로세스를 계층적으로 표현하면 [그림 1-6]과 같다.

[그림 1-6] 전략경영 수립 체계

존재 이유로서의 미션

먼저 전략경영 수립의 첫 번째 단계인 미션에 대해 살펴보자. 경영 이념이라고도 불리는 미션mission은 **기업이 존재해야 하는 의의와 목적**을 말한다. 기업의 신념이기도 하고 경영철학이기도 하다. 즉 미션은 기업 내외 이해관계자들에게 기업의 존재 목적이유을 밝히고 이를 달성하기 위해 기업이 나아갈 방향을 제시하는 것이다.

그렇다면 기업의 미션이 우리에게 주는 의미는 무엇일까? 기업의 미션은 고객의 어떤 욕구를 충족시킬 것이며, 그 욕구를 효과적으로 충족시키기 위해 어떤 방법으로 노력할 것인가를 밝히는 것이라 할 수 있다. 이런 점에서 보면 기업의 미션은 성공적인 경영전략의 두 가지 조건을 어떻게 충족시킬 것인가를 자사의 특성을 고려하여 정의하는 것이라 하겠다. 즉 고객의 어떤 욕구를 만족시킬 것인가 하는 것은 바로 사업 영역의 결정에 관한 것이며, 고객 욕구를 보다 효과적으로 만족시키는 방법은 경쟁우위의 확보에 관한 것이다_{방호열·김민숙, 2020}. 그렇기 때문에 전략경영 프로세스의 첫걸음이 미션 수립인 것이다.

사실 미션은 전략 수립 과정의 이전인 기업 설립 초기에 창업자에 의해 정해진다. 간혹 사업 구조의 변화나 조직 혁신 등을 계기로 바뀔 수도 있다. 미션은 전략이 추구해야 할 방향성과 환경과의 조율 등의 좌표가 되어야 하므로 전략 수립 초기에 필수적으로 고려하는 것이다.

어느 미션이든 미션은 대체로 기업의 존재 이유를 포함하고 있다. 예를 들어 자동차 기업인 BMW는 "개인의 이동성을 위한 프리미엄 제품과 서비스를 제공하는 세계적인 선도자The BMW Group is the world's leading provider of premium products and premium service for individual mobility"라는 미션을 가지고 있다. 이에 비해 현대자동차의 미션은 "인간 중심적이고 환경친화적인 혁신 기술과 포괄적 서비스를 기반으로 최상의 이동성을 구현하여 삶을 더욱 편리하고 즐겁게 영위할 수 있는 새로운 공간을 제공"하는 것이다. 이는 창의적 사고와 끝없는 도전을 통해 새로운 미래를 창조함으로써 인류 사회의 꿈을 실현하고자 하는 경영철학을 바탕으로 하고 있다. 그런가 하면 미션에는 사업 영역과 고객 욕구의 충족 방법 외에 기업의 철학이나 가치관을 포함하는 것들도 많다. 또 어떤 회사의 미션을 들여다보면 인류와 사회에 공헌하는 내용도 담고 있다. 예를 들어 삼성은 "인재와 기술을 바탕으로 최고의 제품과 서비스를 창출하여 인류 사회에 공헌"한다는 미션을 가지고 있다.

비전, 전략과 혁신의 좌표

미션은 창립 시 수립되는 것이 통상적이므로 미션은 전략 수립과의 연계 내지 조율을 위한 검토 사항이라고 볼 수 있다. 비전 역시 이와 유사하지만 경우에 따라 비전은 사업 차원에서 설정될 수도 있다. 그런 의미에서 비전은 미션과는 다른 개념이다. 일반적으로 비전vision은 **자사가 추구하는 조직의 바람직한 미래상**이다. 즉 비전은 기업이 자신의 미션을 원활하게 수행하였을 경우 궁극적으로 달성하고자 하는 바람직한 미래 모습이다.

미션이 기업의 존재 이유why를 제시하는 것이라면 비전은 미션을 완수함으로써 달성하는 모습what을 그리는 것이다. 미션은 기업의 존재 이유 내지 기업의 철학이나 가치관과 관련되는 것이라면 비전은 미션을 수행하면서 추구하고자 하는 기업의 미래 모습이다. 미션은 거의 변하지 않는 절대 가치 내지 목적이다. 그런 반면 비전은 오랫동안 변하지 않기는 하지만 장기적으로는 변할 수도 있는 것이다방호열·김민숙, 2020.

비전은 모든 전략과 혁신의 좌표이자 출발점이다. 비전이 불명확하면 방향을 잃을 뿐 아니라 구성원의 공감도 이끌어 낼 수 없다. 올바로 설정된 비전은 영감을 불러일으킬 뿐만이 아니라 마치 살아 숨 쉬듯이 생동감을 준다. 짐 콜린스Jim Collins와 제리 포라스 Jerry Porras 교수가 '회사의 비전을 세우는 법 Building Your Company's

Vision'에서 소개한 포드Henry Ford의 비전을 보면 생생한 비전의 묘사가 무엇인지를 잘 알 수 있다노규성. 2019.

"나는 자동차를 아주 대량으로 생산할 것이다. … 자동차 가격이 아주 낮아져서 봉급 생활자들도 자신의 차를 가질 수 있고, 신의 위대한 열린 공간에서 가족과 함께 축복된 즐거운 시간을 즐길 수 있을 것이다. … 내가 이 일을 완성했을 때, 모든 사람은 자동차를 가질 여유가 있을 것이고, 또한 자동차를 소유하고 있을 것이다. 말은 도로에서 사라질 것이고, 자동차가 당연히 그 자리를 차지할 것이다. … 그리고 우리는 많은 사람들에게 높은 임금 수준의 일자리를 제공할 것이다."

마이크로소프트Microsoft의 창업 후 20년 이상의 비전은 "모든 책상 위에 컴퓨터를Computer on every desk!"이었다. 그리고 이러한 마이크로소프트의 비전은 실현되기에 이르렀고 새롭게 "전 세계의 사람과 기업이 잠재력을 최대한 실현하도록 돕는 것"으로 변화되었다. 이처럼 비전은 중장기적으로 기업이 달성하고자 하는 목표를 이해관계자들에게 제시하는 약속인 것이다.

비전은 시간을 두고 변할 수 있지만 궁극적으로 미션을 염두에 두고 미션을 향하여 가야 하기 때문에 결국에 미션과 비전은 만나게 되는 관계이다. 현대자동차의 비전은 "휴머니티를 향한 진보 Progress for Humanity"로서 현대자동차의 지속 가능한 성장을 위한 목표와 현대자동차가 추구하는 미래를 함축적으로 표현하고 있다.

이에 대해 현대자동차는 회사의 진보가 인류에 대한 깊은 배려와 맞닿아 있을 때 비로소 의미를 가진다고 하는 것을 볼 때 혁신을 향해 나아가는 현대자동차의 비전이 인류를 위해 옳은 일을 하고자 하는 현대자동차의 미션과 연결되어 있음을 엿볼 수 있다. 어쨌든 비전을 설정하게 되면 그것을 달성하기 위해 더 구체적인 전략을 짜게 된다. 미션과 비전을 어떻게 달성할 것인가 하는 질문에 답하는 것이 전략Strategy인 것이다.

비전은 매우 중요하다

구체적인 전략을 수립하기 전에 해야 할 일이 현재의 미션과 비전 및 목표에 대한 평가와 재해석이라 할 수 있다. 이 일을 중요하게 여기는 이유는 조직의 미션과 비전 달성을 위한 목표를 전략과 연계 내지 통합하는 것이 중요하기 때문이다. 전략의 효과적인 수립과 실행에 있어서 중요한 것은 조직 전체의 몰입을 얻어내는 것이다. 이러한 몰입과 공감대 형성에 비전이 결정적인 역할을 한다.

그러므로 비전은 **최고경영자**CEO**의 전략적 리더십**이라 할 수 있다. CEO는 비전을 통해 기업의 나아갈 방향을 설정하고 이를 전사적으로 공유해야 한다. 전략의 효과적인 수립과 실행을 이끌어낼 **구성원들의 열정과 희생의 등대 역할**은 조직의 비전이기 때문이다. 전략과 관련해 볼 때 비전은 전략에 의한 변화의 명확한 방향 제시로 의사결정과 실행에 대한 일관성을 유지하도록 한다. 또한, 비전은 구성원들에게 전략으로 인한 변화에 적극적으로 동참하도록 하는 동기 부여 역할을 하며, 구성원들이 자발적이고 효율적으로 서로 협력하고 조정하도록 지침 역할을 한다 김연수·김봉선, 2018.

그러므로 비전은 조직 구성원들에게 설득력을 가져야 하는데 이를 위한 효과적인 비전의 요건을 요약하면 다음과 같다. 첫째, 비전은 구성원들이 함께 노력하면 이룰 수 있는 상상 가능한 미래 모습이어야 한다. 둘째, 비전은 뜬구름의 미래 모습이 아니라 현실성이 내포된 모습이어야 한다. 셋째, 비전은 달성 시 회사, 고객, 투자자, 특히 직원들에게 효익을 가져다 줄 수 있는 모습이어야 한다. 넷째, 비전은 이해하기 쉽고 기억하기 쉽게 간단명료하여 전달하기 쉬운 모습이어야 한다.

구체적인 성과 척도인 목표

기업의 미션과 비전이 설정되었다고 해서 기업의 존재 목적이나 미래 모습이 달성되는 것은 아니다. 이를 실천하기 위한 노력이 뒷받침될 때 비로소 미션과 비전이 현실화될 것이다. **미션과 비전을 실현하기 위해 구체적인 성과 척도로 전환하는 작업이 바로 기업의 목표를 설정하는 것이다.** 기업이 지향하고자 하는 궁극적이고 장기적인 방향이 미션과 비전이라면 이를 기업이 속한 현재의 상황과 시간을 고려하여 구체화한 것이 목표이다.

목표는 전략 실행 후 달성한 성과를 평가하는 기준 역할을 하게 된다. 각 사업이 달성한 성과를 목표와 비교하면 성과 수준을 평가할 수가 있다. 그리고 각 사업이 기업 전체의 목표, 또는 기업의 성장에 얼마나 공헌하였는가에 대해서도 평가할 수 있다. 따라서 목표는 가급적 구체적이고 계량화되는 것이 요구된다. 즉 달성 기간이나 성과 기준이 측정 가능한 방식으로 표현되는 것이 바람직하다 방호열·김민숙. 2020 . 목표는 '언제까지 어떤 종류의 성과를 얼마나 달성할 것인가' 하는 방식으로 구체적으로 표현하는 것이 좋다. '효율성 제고', '비용의 획기적 절감', '매출 대폭 증대', '이익 극대화' 등의 표현은 목표 제시 방식으로 부적절하다.

경영자나 구성원들이 머리를 맞대고 목표를 설정하게 되면 주어진 기간 내에 설정한 목표의 성과를 달성하겠다는 약속을 하는 것이 된다. 그러므로 목표는 도전적으로 설정하되 성취 가능한 수준으로 명확하게 설정하는 것이 요구된다. 너무 낮게 설정되면 구성원들에게 도전의식을 심어 주지 못하여 기업의 역량을 최대한 발휘하지 못할 수 있다. 그렇다고 지나치게 높게 설정되면 오히려 구성원들의 성취동기가 저하될 수 있다. 적정한 수준의 목표는 산업의 시장 및 경쟁 상황과 경쟁 기업 등의 평균적 목표 수준, 보유 자원의 규모와 역량, 기업의 도전적 문화 등 조직 내·외부 요인을 기반으로 설정하여야 할 것이다.

목표는 단기적 목표와 장기적 목표로 나눌 수 있다. 통상적으로 단기적 목표는 1~2년 이내에 달성 가능한 목표를 말하고 장기적 목표는 5년 이상 소요되는 목표를 말한다. 갈수록 환경이 급변하게 되어 최근에는 목표의 수정을 유연하게 하는 경향을 보인다. 그런가 하면 목표는 기업의 수익성과 관련된 재무적 목표 financial objectives 와 기업의 전반적인 사업 지위를 강화하는 것과 관련된 전략적 목표 strategic objectives 로 나누기도 있다. 이를 예시해 보면 [표 1-1]과 같다.

[표 1-1] 재무적 목표와 전략적 목표의 예시

재무적 목표	전략적 목표
매출액 증가율 향상	시장점유율 증대
이익률 제고	핵심 역량의 지속적 강화
이익 마진률 확대	신규 사업의 안정 기반 확충
투자수익률 증대	기술 개발 및 제품 혁신 비율 제고
신용도 제고	품질 향상(불량률 감소)
현금 흐름의 증대	제품 라인 확대
기업가치 제고	브랜드 가치 제고
안정적 이익 확보	고객 서비스(만족도) 향상

(자료원: 방호열·김민숙, 2020 수정)

전략 수립

효과적인 전략은 기업의 미션과 비전을 추구하면서 목표를 달성할 수 있도록 하는 계획이라 할 수 있다. 이러한 전략 수립 과정은 통상 체계적인 외부 환경 및 기업 내부 자원의 분석, 명확한 목표 설정, 전략적 대안들에 대한 평가와 선택, 목표 달성을 위한 종합적 계획의 개발 등의 프로세스로 이어진다.

외부 환경 분석 과정에서는 외부 환경으로부터 야기될 수 있는 기회와 위협 요인을 파악한다. 그리고 내부 자원과 능력 분석을 통해서는 자사가 가지고 있는 강점과 약점 요인을 파악한다. 그런 다음 **외부 환경과 내부 자원 간의 적합성**[1]을 달성할 수 있는 전략을 수립하는 것이 중요하다. 왜냐하면 외부의 환경으로 기인한 기회

---

1) 여기에서의 적합성이란 전략이라는 수단을 통해 통제 가능한 내부 자원을 통제하는 데에 한계가 있는 외부 환경과 조화를 이루도록 하는 과정을 의미한다. 따라서 전략은 기업의 목표와 내부 가치, 조직 구조와 시스템, 외부 환경과 내부 자원과의 적합성을 유지할 때 성공적인 성과를 이끌어 낼 수 있다.

나 위협을 내부 자원과 능력을 총동원하여 목표를 효과적으로 달성하도록 하는 전략을 수립하여야 하기 때문이다.

일반적으로 전략 수립은 기업이 선택 가능한 전략 대안을 구상하고, 이 중에서 목표 달성에 가장 효과적인 전략 대안을 선택하는 과정이다. 전략 대안의 선택 혹은 적합한 단일한 전략 대안 창출 등의 과제는 경쟁 상황, 조직의 자원과 역량, 리스크risk 추구에 관련한 조직의 선택을 통해 해결한다.

전략 실행과 통제

수립된 전략은 세부적 행동 계획과 절차로 구체화되고 실행된다. 기업의 목표 달성은 전략의 수립과 실행에 의해 좌우된다. 아무리 좋은 전략을 수립했다 하더라도 이를 잘 실행하지 못한다면 원하는 목표를 달성할 수가 없을 것이다. 따라서 기업은 보유하고 있는 자원을 배분하고 이들 자원을 수립된 전략의 방향에 맞추어 효과적 및 효율적으로 활용하는 것이 필수적이다. 이를 **전략과 자원의 정렬**이라 하는데, 이에 대해서는 뒤에서 상세히 설명될 것이다. 그리고 전략이 실행되는 과정에 대한 모니터링을 통해 실행 과정상 나타날 수 있는 위험 요소에 대해 적절히 대처하여 전략이 계획대로 실행되도록 도와주는 통제 기능도 요구된다.

마지막 단계에서는 전략을 실행한 결과로서의 성과를 평가하고, 필요한 경우 조정과 수정을 통해 다음의 전략 수립을 더나은 방향으로 가게한다.

6. 전략적 사고란 무엇인가?

전략적 사고 이해하기

전략의 중요성이 어느 때보다 커지면서 전략을 고려한 사고에 대한 관심이 커지고 있다. 이를 전략적 사고라 한다. 일반적으로 전략적 사고Strategic thinking라 하면 문제를 인식하고 이를 해결하기 위한 대안 모색의 사고 체계를 말한다. 이를 경영 전략 관점에서 적용해 보면 의도하는 경영 목적 달성을 위해 고객, 시장, 경쟁사, 자사 등의 전략적 요소를 분석하여 최적의 대안을 모색하는 사고 능력이라고 할 수 있다. 즉 사업 전반에 관해서 생각할 수 있고, 조직에 영향을 미치는 외부 요인과 그 영향력을 분석할 수 있으며, 새로운 관점에서 문제를 보고 해결안을 찾을 수 있는 사고 능력인 것이다 한국기업교육학회. 2010 .

전략적 사고는 [그림 1-7]에서 볼 수 있듯이, 문제 인식적 사고와 해결 지향적 사고로 구성된다고 볼 수 있다. 문제 인식적 사고는 현재의 문제뿐 아니라 미래에 예견되는 문제를 앞당겨서 인식하는 사고 체계이다. 전략에서의 문제란 현재의 상태와 목표 상태 간의

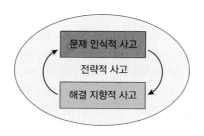

[그림 1-7] 전략적 사고 체계

차이gap가 존재하는 상황을 의미한다. 그런 관점에서 인식해야 할 문제의 유형으로는 발생형 문제, 탐색형 문제, 설정형 문제 등 세 가지를 들 수 있다.

발생형 문제는 현재 바람직하지 못한 상태를 바람직한 상태로 되돌려야 하는 문제이다. 탐색형 문제는 미래의 바람직한 상태를 그려 놓고 현재 상황을 비추어 인식하는 문제이다. 설정형 문제는 바람직한 미래 상태를 현재 상태로 앞당겨서 인식하는 문제이다. 기업의 경우 사업 수행 과정에서 발생하는 다양한 문제를 직면하게 되는데, 그런 발생형 문제는 물론 탐색적 문제와 설정형 문제까지도 적극적으로 인식하고 대처하고자 할 때 비로소 전략적 접근과 해결 방안 모색이 가능해지는 것이다.

이에 비해 해결 지향적 사고는 인식된 문제에 대해 '어떻게 그것을 해결할 수 있을까' 하면서 해결할 대안을 모색하여 실행에 옮기는 사고 체계이다. 문제 해결 대안을 찾고 실행에 옮기기 위해서는 사실 지향적 사고, 논리적 사고, 창의적 사고 등 3가지 사고가 필요하다그림 1-8 참조.

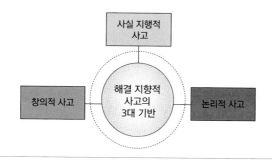

[그림 1-8] 해결 지향적 사고의 3대 기반

첫 번째 사고인 사실 지향적 사고는 추측이나 짐작이 아니라 현장에서 발생하는 사실fact을 중시한다. 누군가의 주장이나 눈에 보이는 현상만을 단순히 믿는 것이 아니라 이를 뒷받침하는 근거를 찾아내는 것이 필요하다. 관련되는 데이터의 수집, 축적, 분석을 중시하는 분석적 사고로 현실과 기존에 축적되어 있는 사실적 가치를 더 중요하게 생각한다.

두 번째 사고인 논리적 사고는 특정 근거로부터 주장을 이끌어내는 사고 행위, 즉 추론이 포함된 사고를 말한다. 근거 데이터가 있다 하더라도 논리적으로 분석하지 않으면 오류를 발견하지 못할 수 있기 때문에 논리적 사고는 매우 중요하다. 설사 논리를 가지고 있다 하더라도 실제 근거가 논리적으로 맞는지 확인하는 것도 필요하다.

셋 번째 사고인 창의적 사고는 실제 문제 해결에 대한 원인이나 솔루션을 찾을 때 기존의 생각이나 관점을 벗어나 새로운 시각과 방법으로 접근해 간다. 가장 가치 있는 해결책을 찾도록 도와주는 사고가 '창의적 사고'라 할 수 있다. 통상적인 사고의 틀 안에서 새로운 해결 방안을 찾아내기란 하늘에 별 따기와 같다. 그러므로 남과는 다른 시각이나 기존에 있는 것이 아닌 새로운 관점과 태도로 생각하는 사고가 필요한 것이다.

이상의 3가지 사고는 사실에 근거한 내용을 기반으로 올바른 판단을 할 수 있게 도와준다. 반면 주관적인 생각이나 짐작은 전혀 다른 방향으로 해결 대안을 모색하게 할 수 있기 때문에 경계해야 한다.

전략적 사고 활용하기

앞에서 본 바와 같이, 전략을 수립하는 과정에서는 물론 경영 목적을 달성하는 과정에서도 전략적 사고는 필수적으로 요구되는 자질이라 할 수 있다. 시시각각으로 변하는 환경을 분석하고 이를 적절히 대응하기 위해 한정된 자원을 효과적·효율적으로 활용하도록 하는 전략을 수립하고 제대로 실행하려면 전략적 사고가 반드시 필요한 것이다. 구성원들이 전략 수립 및 비즈니스 수행 시에 전략적 사고를 잘 활용하기 위해서는 [그림 1-9]와 같은 5가지 전략적 사고의 기반 역량을 배양하는 것이 요구된다양백, 2016.

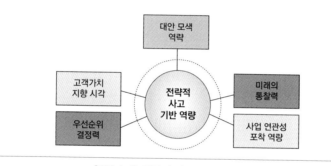

[그림 1-9] 전략적 사고의 기반 역량

첫째, 체계적인 환경 분석과 새로운 대안 모색에 관한 역량이 요구된다. 대안 모색의 출발점은 환경 분석이다. 기업을 둘러싼 각 환경 요소들이 각 기업에 미칠 영향을 분석하는 것이 그것이다. 또한 소비자, 경쟁 기업, 전략적 파트너와 관련된 요인들에 대한 분석도 필요하다. 전략적 사고는 단편적인 생각이 아니라 열려 있는 사고이다. 창의적 사고를 통해 지속적으로 새로운 대안을 모색하고 다른 사람들의 대안도 능동적으로 검토한다. 끊임없는 질문과 대안 모색은 신상품 개발과 신시장 개척을 가능하게 한다.

둘째, **미래를 내다보는 통찰력**이 요구된다. 경쟁 상황을 능동적으로 대처하기 위해서는 소비지의 욕구 변화와 기술 발달에 따른 시장 흐름 변화를 사전에 감지해 미리 대처 방안을 마련해야 한다. 그러려면 고객의 욕구 변화와 기술 발달의 추이를 지속해서 모니터링해 미래를 내다보는 안목을 길러야 한다.

셋째, **사업 연관성을 찾는 시각**이 필요하다. 이는 지속적으로 시장, 소비자, 기술 등에 관한 데이터와 정보를 수집하고 탐색할 것을 요구한다. 관련이 없어 보이는 환경 및 기술 변화 속에서 사업과의 연관성을 발견하면 새로운 사업 기회를 포착할 수 있는 것이다.

넷째, **고객 가치 지향**을 요구한다. 최근 코로나19 팬데믹으로 인해 소비자의 행태 변화가 극심하게 일어나고 있다. 오랫동안 고객 중심은 경영의 최대 화두로서 오랫동안 중요하다고 여겨왔지만 정작 전략 추구 과정에서는 '경쟁'이 최대 쟁점이었다. 그러나 작금의 변화는 '고객 가치'를 무엇보다 중요하게 여길 것을 요구하고 있다. 어떠한 환경에서도 어떠한 비즈니스 영역에서도 고객 가치는 최우선되어야 하는 것이다.

다섯째, **우선순위 결정력** 역시 필요하다. 자원은 제한되어 있고 시간은 정해져 있다. 모든 것을 한꺼번에 다 할 수 없는 상황에서 제한된 자원은 우선순위를 근거로 사용될 수밖에 없다. 우선순위의 결정 기준은 자원의 제한성과 전략적 중요성이다. 전략적 중요성을 근거로 한 자원 배분의 우선순위 결정은 비즈니스 성패에 크게 영향을 미칠 것이다.

2

환경 분석과
전략 수립

CHAPTER 2

환경 분석과 전략 수립

비즈니스 성공을 위한 전략은 통찰력에만 의존할 수 없는 성질의 것이다. 이는 조직 내·외부 환경에 대한 치밀한 분석을 토대로 이루어질 때 성공 가능성을 높인다.

앞에서 살펴본 바와 같이 전략경영은 미션그리고 비전 수립, 목표 설정, 전략 수립, 전략 실행 및 통제와 평가의 순으로 전개된다. 통상적으로는 잘 정립된 미션과 비전에 의해 전략 수립 과정은 진행된다.

1. 전략수립의 출발점, 환경 분석

전략경영 프로세스 살펴보기

전략 수립의 실절적인 출발점은 환경 분석이다. 경우에 따라서는 초기 단계에서부터 환경 분석을 하기도 하지만, [그림 2-1]에서 볼 수 있듯이 내·외부 환경 분석은 전략 수립 단계에서 실시하는 것이 일반적이다.

외부 환경 분석은 거시환경 및 산업 분석과 경쟁 기업 분석으로 이루어지며 이 분석을 통해 환경으로부터의 기회와 위협 요인을 파악하게 된다. 내부 환경 분석은 내부 자원과 능력 분석으로 이루어지며 이 분석을 통해 회사의 강점과 약점을 파악하게 된다.

이러한 내·외부 환경 분석으로부터 기회와 위협, 강점과 약점 요인을 잘 파악하게 되면 매력적인 사업 영역 확보가 가능하고 지속적인 경쟁우위를 확보할 수 있는 전략을 수립할 수 있게 될 것이다. 전략이 수립되면 인적 자원, 조직 구조와 문화 등이 전략과 잘 정렬될 수 있도록 실행 계획을 짜고 전략을 실행하게 된다. 실행 과정에 대해서는 통제 및 모니터링하여 계획대로 추진되도록 할 필요가 있다. 추진 결과로 인해 성과가 나오면 이를 목표와 연관시켜 측정 및 평가하여 우수한 경우에는 보상을 하고 미흡한 경우에는 조정을 통해 전략 실행 결과가 지속적으로 개선되도록 한다.

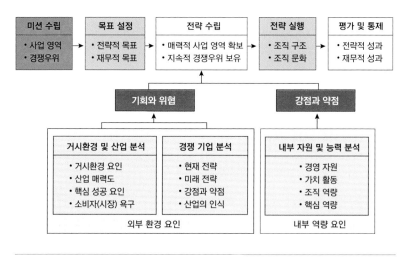

[그림 2-1] 전략경영 프로세스와 방법

전략 수립에서 환경 분석의 위치

기업은 미션과 비전 달성을 위해 추구해야 할 목표를 설정하게 되는데 이러한 목표를 경험이나 막연한 생각으로 설정하는 것은 매우 위험한 일이다. 깊은 통찰을 통해 구체적으로 만들어져야 한다. 전략은 그러한 목표 달성을 위한 대안 마련 차원에서 절대 필요하다. 이러한 **기업의 전략은 내·외부 환경 분석을 통해 구체화**된다. 즉 사업이나 조직이 원하는 미래의 비전과 목표를 달성하려면 반드시 환경 분석에 의한 현상 정보를 토대로 사업 전개 방향이 만들어져야 하는 것이다.

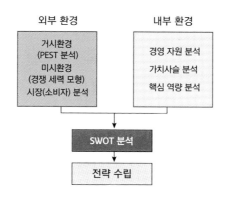

[그림 2-2] 내·외부 환경 분석과 전략과의 관계

즉 경영 전략은 [그림 2-2]에서 볼 수 있듯이, 내·외부 환경 분석을 통해 도출된 SWOT Strengths, Weaknesses, Opportunities, Threats 요인

들을 기반으로 수립된다. 이때 외부 환경 분석은 거시환경 PEST[2] 분석과 산업환경 분석 및 시장소비자 분석을 통해, 그리고 내부 환경 분석은 경영자원, 가치사슬 분석 및 핵심 역량 분석을 통해 이루어진다. 이러한 내·외부 환경 분석으로부터 도출된 SWOT 요인들을 집약하고 이를 토대로 전략 대안들을 도출하고 선택하여 전략을 수립하게 된다.

2. 외부 환경 분석의 이해

외부 환경은 조직의 경계 외부에 존재한다. 그렇지만 그곳에는 조직의 성과에 잠재적으로 또는 실질적으로 영향을 미치는 요소들이 있다. 이러한 외부 환경 요인들을 분석하면 <u>시장의 위협과 기회를 잘 파악하게 되어 더 나은 전략적 방향을 선택</u>하도록 해 준다. 외부 환경은 크게 거시환경, 과업산업환경 등으로 구성된다. 거시환경은 정치적·법률적, 경제적, 사회문화적, 기술적 환경으로 구성된다. 그리고 과업산업환경은 경쟁 기업, 공급자, 수요자, 종업원과 노동조합, 채권자, 지역사회, 정부 등을 포함한다. 이외에도 경쟁 기업, 소비자고객[3], 시장도 외부 환경에 포함된다. 외부 환경 분석 내용 및 목적을 정리하면 [표 2-1]과 같다.

---

2) PEST: Political-Legal(정치적·법률적), Economic(경제적), Sociocultural(사회문화적), Technological(기술적) 요인
3) 소비자(고객) 분석은 마케팅 전략의 영역에 해당하므로 본 서에서는 제외하고자 한다.

[표 2-1] 외부 환경 분석 내용과 목적

분석 유형	내용과 목적
거시환경 분석	사건과 추세의 파악과 예측 기회와 위협의 파악
산업(과업환경) 분석	산업 매력도 평가 핵심 성공 요인의 파악
경쟁 기업 분석	경쟁 기업의 강점과 약점의 평가 경쟁 기업의 미래 전략 예측
소비자(고객) 분석	시장의 추세 파악과 예측 고객의 니즈와 구매 결정 요인의 파악

외부 환경의 불확실성과 전략경영

기업은 성공적인 전략을 수립하기 위해 환경을 분석한다. 그런데 환경은 기본적으로 불확실성을 내포하고 있다. 불확실성이란 의사결정자가 환경 변화에 대한 충분한 정보를 가지고 있지 못한 상태를 의미한다. 만약 충분한 정보가 없다면, 즉 불확실성이 크다면 의사결정은 실패할 가능성이 높다. 여기에서 불확실성은 크게 세 가지로 구분해 볼 수 있다.

첫 번째는 상태 불확실성이다. 이는 환경의 구성 요소들이 어떻게 변화할 것인지를 이해하기 어려운 상태를 의미한다. 환경 변화의 내용이나 발생 확률에 대해 확실히 알 수 없는 경우가 이에 해당한다. 두 번째는 영향 불확실성이다. 이는 환경 변화 혹은 환경의 미래 상태가 조직에 미치는 영향을 예측하기 어려운 상태를 말한다. 영향 불확실성은 미래 결과를 이해하고 예측하는 능력이 부재하다는 것을 의미한다. 세 번째는 대응 불확실성이다. 이는 대안에 대한 지식의 부족하고 대안의 결과를 예측할 수 없는 상태를 말한다. 대안에 대한 지식이 부족하거나 선택된 대안의 결과를 예측할 수 있는 능력이 부재한 상태가 이에 해당한다방호열·김민숙, 2020. 전략적 의사결정에 있어 이러한 불확실성을 줄이는 것이 중요한데, 이는 경영 전략 수립 과정에서 이루어질 수 있다그림 2 - 3 참조.

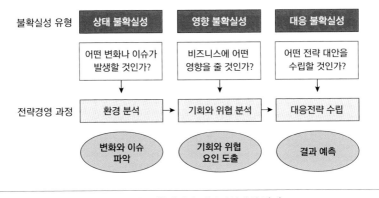

[그림 2-3] 불확실성과 전략경영과의 관계

전략 수립을 하기 위해서는 제일 먼저 환경 분석을 하게 되는데, 이는 외부 환경에서 발생하는 변화나 이슈를 면밀히 검토함을 의미한다. 사건과 이슈, 추세를 검토한다는 것은 환경이 어떻게 변화될 것인가를 이해하는 것과 같다. 따라서 외부 환경의 분석은 상태 불확실성을 낮추는 것과 직결된다. 그런 다음 외부 환경 분석을 통해 파악된 기회와 위협 요인이 기업의 성과에 어떤 영향을 줄 것인가에 대한 분석을 한다. 즉 파악한 변화나 이슈로부터 기업의 성과에 긍정적 영향을 줄 요인과 부정적 영향을 줄 요인을 평가하여 영향 불확실성을 줄인다. 환경으로부터의 기회와 위협 요인에 대한 평가가 이루어진 다음에는 기회를 살리고 위협을 줄이도록 하는 대응 전략을 수립하거나 선택한다. 어떤 전략이 성과를 높이는 전략인가 하는 것을 선택하는 것은 대응 불확실성을 낮추는 것과 같다. 이와 같이 전략경영 추진 과정에서 각각의 불확실성을 낮추고 최선의 전략적 선택을 하고자 한다면 환경에 대한 충분한 정보와 분석 역량 등을 갖추는 것이 필요할 것이다.

거시환경 분석

거시환경 분석의 목적은 기업의 목표 달성에 영향을 줄 수 있는 변화, 사건, 이슈 등을 파악하고 예측하는 데에 있다. 즉 환경적 변화 요소들이 기업에 미치는 영향을 분석하여 기회와 위협 요인을 파악하는 것이다. 여기에서 기회Opportunities란 기업이 적절하게 대응할 경우 성과목표 달성에 긍정적인 영향을 줄 수 있는 변화나 추세를 말한다. 반면 위협Threats이란 기업이 적절하게 대응하지 못할 경우 성과목표 달성에 부정적인 영향을 줄 수 있는 변화나 추세를 의미한다. 파악된 기회와 위협 요인들은 경영 전략 수립에 크고 작은 영향을 미친다고 할 수 있다. 거시환경 분석의 결과로서의 기회와 위협 요인의 예를 들면 [표 2-2]와 같다.

[표 2-2] 기회와 위협 요인 예시

기회 요인(예)	위협 요인(예)
• 4차 산업혁명 리딩 신기술의 출현	• 팬데믹으로 인한 비대면 가속화
• 고객 집단의 니즈 변화	• 기술 융합에 의한 대체 상품 출현
• 글로벌 고객 욕구의 동질화 추세	• 시장 성장률 둔화
• 소득 수준의 증가	• 비용 증가가 예상되는 조치의 입법화
• 고가 제품의 선호도 증가	• 글로벌 기업의 국내 시장 진입
• 경쟁 기업들의 시장상황에 대한 만족	• 미·중 무역전쟁의 심화

거시환경(PEST) 요인 알아보기

PEST 분석은 거시환경으로서 정치적·법률적Political-Legal 환경, 경제적Economic 환경, 사회문화적Sociocultural 환경, 기술적Technological 환경의 변화를 파악하고 그 추세를 이해하기 위해 만든 프레임워크이다그림2-4참조. 전략 수립 시에 반드시 고려해야 하는 외부 환경에는 불확실한 요소가 많기 때문에 넓은 범위에서 자사 비즈니스에의 영향을 파악하는 것이 중요한데, PEST 분석은 이를 지원하기 위한 도구인 것이다. 각각의 요인에 대해 정리해 보자.

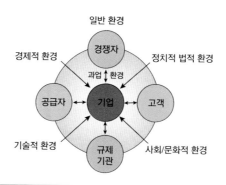

[그림 2-4] 거시환경의 구성 요소

먼저 살펴보고자 하는 정치적·법률적P 환경 요인은 비즈니스에 영향을 줄 수 있는 정치나 법적 영향이다. 예를 들어 법적 규제, 세제 개편 등은 기업 활동에 제약 요인으로 작용할 것이다. 각 나라마다 정치적 환경, 법과 제도, 정책 결정 과정, 여론 등이 제각각이다. 그러므로 글로벌 비즈니스를 하는 경우 관련 국가의 정치와 법률적 요인에 많은 관심을 가질 필요가 있다.

그리고 경제적E 환경 요인은 기업의 비즈니스 본질과 방향에 직접적으로 영향을 미친다. 실제로 상품서비스의 수요의 크기, 성장률, 원료 및 중간재의 가격, 상품의 생산원가, 판매가격 등은 비즈니스에 큰 영향을 미친다. 경제적 환경의 분석대상은 매우 광범위하다. GDPGross Domestic Product. 국내총생산는 물론 에너지 비용과 물가지수, 환율, 이자율, 주가, 실업률, 임금 및 가격 통제 등 다양한 변수가 비즈니스에 직·간접적으로 영향을 미친다.

사회문화적S 환경 요인 역시 비즈니스에 영향을 미친다. 이에는 인구 통계적 요인, 라이프 스타일삶의 방식 요인, 사회적 가치관 요인 등이 포함된다. 이 외에도 인구 동태, 여론, 환경 문제, 문화적 유행, 종교, 교육 등의 움직임도 사회문화적 요인에 해당한다.

기술적T 환경 요인 또한 사업에 지대한 영향을 미친다. 기술은 인간의 욕구나 욕망에 적합하도록 주어진 대상을 변화시키면서 발전해 왔다. 비즈니스 역시 이와 발맞추어 혁명적으로 진화해 왔다. 기술의 진보는 비즈니스상의 제품, 재료, 공정, 프로세스 등을 바꾸어 경쟁우위를 창출하거나 패러다임을 완전히 바꾸기도 하므로 그 영향 분석은 매우 중요하다. 오늘날 4차 산업혁명, 특히 코로나

19 팬데믹에 대응하는 디지털 기술은 사업을 넘어 산업, 심지어 인류 문명 자체를 바꾸고 있기 때문에 특별한 관찰과 분석을 해야 할 것이다.

3. 산업 구조를 분석해 보자

기업의 수익성은 그 기업이 속한 산업의 매력도와 경쟁 기업에 비해 갖추어진 경쟁우위 정도에 의해 결정된다. 기업이 매력적인 산업을 자신의 사업 영역으로 선택하는 것은 기업 전략의 과제이며, 경쟁우위를 확보하는 것은 사업경쟁 전략의 과제이다. 따라서 산업환경 내지 산업 구조 분석은 이 두 전략을 수립하는 데에 있어 필수적인 내용이다.

왜 산업 분석을 하는가?

산업 분석은 산업의 매력도를 평가하고 그 산업에서 성공하기 위해 갖추어야 할 핵심 성공 요인key success factors 을 파악하는 것을 목적으로 한다. 우선 그 산업의 매력도를 평가하고 할 때에는 수익성과 성장성 관점에서 해당 산업에의 진입 여부, 기존 사업들 간의 자원 배분 등을 고려해야 할 것이다. 또한 그 산업의 매력도를 평가하기 위해서는 산업의 매력도를 결정하는 요인을 찾아야 한다. 산업의 매력도는 궁극적으로 그 산업의 구조와 경쟁 상태에 의해 결정되므로 이를 파악하기 위한 포터M. Porter 의 다섯 가지 경쟁 세력 모형[4]을 활용한다.

아울러 해당 산업에서 성공하기 위해 갖추어야 할 핵심 성공 요인을 파악해야 한다. 사업 성공을 위한 핵심 성공 요인은 경쟁우위 원천, 경쟁 상태의 결정 요인과 고객의 욕구 분석을 통해 도출할 수 있다.

매력적인 사업 영역의 조건

어떤 사업이 높은 장기적 수익성_{성장가능성}과 기업의 강점을 최대로 발휘할 수 있는 분야의 사업이라면 그 사업은 매력적인 사업 영역에 속한다 할 수 있다. 그 첫 번째 조건인 장기적 수익성은 산업 전체의 거시적 성장 잠재성을 의미한다. 그리고 두 번째 조건인 강점을 최대한 발휘할 수 있는 분야라는 것은 미시적 관점에서 특정 기업의 실현 가능성을 의미한다. 즉 장기적 수익성이 높은 산업이라 하더라도 기업의 장점을 활용하지 못하면 경쟁우위를 확보할 수 없기 때문에 그 산업의 매력도는 떨어질 수밖에 없다.

이러한 산업의 매력도를 측정하기 위해서는 시장 성장성과 장기적 수익성이 높다는 것을 찾아야 할 것이다. 우선 시장 성장성은 산업 전체의 매출액 규모가 절대적으로 증가하는 것으로 이해할 수 있다. 다만 경쟁 상황을 고려해 볼 때 산업 전체의 매출액 증가율 대비 신규 진입 기업의 수가 더 증가하면 매력적이라고 판단하기 어려울 것이다.

한편 정확한 시장 매력도 평가도 중요하지만 장기적 수익성 분석

---

4) 경쟁 세력 모형에 대해서는 'CHAPTER 9. 산업 구조 리딩의 디지털 전략'에서 상세히 소개한다.

도 포함되어야 한다. 수익성은 투자에 대한 수익의 정도비율를 의미하므로 매출액 증가만으로 수익성을 판단할 수는 없다. 통상적으로 수익성은 매출액과 영업 이익에 의해 판단된다. 따라서 매출액 증가도 필요하지만 무엇보다 영업 이익의 증가가 더욱 중요시된다. [그림 2-5]에서 볼 수 있듯이, 영업 이익마진의 증가 상황은 동일한 가격에 판매 시, 낮은 생산 원가제비용로 생산조달하는 경우와 동일한 원가비용로 제품 생산조달시, 차별화에 의해 높은 가격으로 판매하는 경우이다. 결국 장기적 수익성 매력도는 자사의 저원가 구조나 차별화에 의해 실현 가능한 것이다.

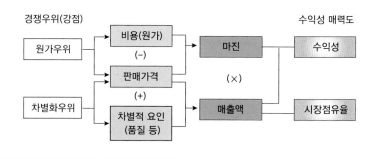

[그림 2-5] 경쟁우위와 수익성 매력도의 관계

핵심 성공 요인이란

산업 분석에서 찾아야 할 또 다른 것은 핵심 성공 요인이다. 간혹 핵심 성공 요인을 특정 기업의 성공요인으로 잘못 사용되는 경우가 있다. 그러나 핵심 성공 요인KSFs. Key Success Factors은 특정 기업의 성공 요인이라기보다 특정 산업에서 성공하기 위해 필수적으로 갖추어야 할 성공 요인이 정확한 것이다표 2-3 참조. 이러한 산업의 핵심 성공 요인을 갖추어야만 어떤 기업이든 그 시장에서 성공할 수 있는 것이다. 기업의 강점이 경쟁우위 원천이 되기 위해서는 해당 산업의 핵심 성공 요인과 일치할 필요가 있다.

[표 2-3] 주요 산업의 KSFs 예시

산업	KSFs 중요도 예시
항공산업	수요예측, 항공기 공급관리
식음료산업	위생관리, 브랜드 관리, 친환경 관리
화장품산업	연구개발, 마케팅 전략

핵심 성공 요인은 고객의 니즈needs와 이를 충족하기 위한 요인들을 분석하여 일반적인 핵심 성공 요인을 도출한 다음, 핵심 성공 요인의 상대적 중요도를 기반으로 욕구제품. 서비스를 차별적으로 충족시키는 방법을 도출하는 과정을 통해 도출된다.

환경 변화는 핵심 성공 요인도 바꾼다

이미 언급한 바와 같이 기업의 수익성은 주로 내부 자원에 의해 좌우된다. 여기에서의 내부 자원이란 궁극적으로 기업의 강점과 약점으로 표현될 수 있다. 그런데 외부 환경이 변하면 이러한 기업의 강점과 약점도 달라질 수 있다. 즉 환경 변화로 인해 그간의 강점이 약점으로 바뀔 수 있다는 것이다. 그런데 그 영향의 강도는 환경 변화의 정도에 따라 달라질 것이다.

외부의 환경을 크게 변화시키는 것은 혁신이다. 이는 [그림 2-6]에서 볼 수 있듯이, 크게 존속적 혁신과 파괴적 혁신으로 나누어진다. **존속적 혁신**sustaining innovation 이란 기존 시장에서 주력 제품의 성능을 점진적으로 향상시키기 위해 필요한 혁신을 의미한다. 이는 성능이 향상된 만큼의 가치에 대해 더 높은 값을 지급할 용의가 있는 주류 고객을 대상으로 한 혁신이다. 이에 비해 **파괴적 혁신**disruptive innovation 은 주류 고객보다는 저렴한 비용이나 편리한 접근 방식으로 새로운 고객의 기대에 부응하면서 기술을 발전시켜 나가는 혁신을 말한다. 이는 많은 경우 신생 혁신 기업을 성공하게 하는 만드는데, 이 신생 기업은 새로운 틈새시장에 안착하면서 기술을 진화시키다가 서서히 기존 시장에 침투해 선두 기업을 앞지르기까지 하게 된다방호열·김민숙, 2020 .

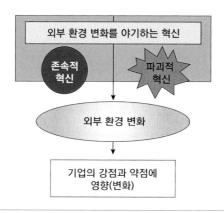

[그림 2-6] 환경 변화와 핵심 성공 요인과의 관계

이러한 혁신들은 결국 환경 변화를 야기하게 되는데, 이는 각각

존속적 환경 변화와 파괴적 환경 변화를 몰고 온다. 이들의 차이는 산업의 핵심 성공 요인에 얼마나 큰 영향을 주는가에 있다. 존속적 환경 변화는 핵심 성공 요인KSFs에 커다란 변화를 야기할 가능성이 작다. 내부 자원과 능력은 현재와 같은 강점과 약점으로 작용할 가능성이 존재한다. 다만 환경 변화로 인한 기회와 위협의 잠재적 크기와 기업이 받는 영향 정도의 크기로 성과 차이가 날 수는 있다.

그렇지만 파괴적 환경 변화는 산업의 핵심 성공 요인KSFs에 있어 근본적인 변화를 초래할 가능성이 크다. 즉 기존의 시장 균형을 파괴하고 완전히 다른 균형을 가져올 가능성이 있는 것이다. 이에 따라 기존의 강점인 보유 자원과 능력이 새로운 환경에 적응하는 것에 취약하여 오히려 약점으로 작용할 가능성이 있다. 이러한 파괴적 환경 변화에서 변화의 주체는 산업의 선두 기업으로 부상할 혁신적 리더십을 갖게 되는 것이다.

산업 구조 분석을 위한 도구, 경쟁 세력 모형

포터M. Porter는 '산업의 매력도는 산업 구조의 특징에 의해 결정된다'고 보고 특정 산업의 매력도수익성, 성장성를 결정하는 5가지 경쟁 요인의 관계 모형인 경쟁 세력 모형5 Forces Model을 제시하였다. 이 모형에 의하면, 산업 내 경쟁은 경쟁 구조와 기업을 둘러싼 이 5가지 경쟁 요소들 간의 상호 대응 방식에 의해 결정되며, 이들 세력 관계의 힘의 정도에 의해 그 산업의 매력도가 파악된다. 만약 5가지 세력의 힘이 커서 경쟁의 치열하면 그 산업은 이익 내기 힘든 구조의 산업이라 할 수 있다. 경쟁 세력 모형에 대해서는 'CHAPTER 9 산업 구조 리딩의 디지털 전략'에서 상세히 다루고자 한다.

4. 경쟁 기업 파악하기

경쟁 기업 분석의 주된 목적은 경쟁 기업을 파악하고 파악된 경쟁 기업 중 특정 기업에 대한 선택적 분석을 통해 경쟁 기업의 강점과 약점을 평가함으로써 **경쟁 기업의 현재 전략과 미래 전략을 분석하고 예측**하는 데에 있다. 또한 그들의 전략과 반응에 대한 예측을 기반으로 자사의 전략적 행동을 선택하는 데에 있다. 산업 집중도가 높은 산업이나 소수의 기업이 과점적 경쟁을 하는 산업의 경우 경쟁이 치열하므로 경쟁 기업 분석은 매우 중요하다.

경쟁 기업의 분석 내용으로는 어떤 것들이 있을까를 정리해 보면 [그림 2-7]에서 볼 수 있듯이, 경쟁 기업 전략, 경쟁 기업 목표, 경쟁 기업의 산업에 대한 인식, 경쟁 기업의 자원과 능력, 경쟁 기업의 행동 예측 등을 들 수 있다.

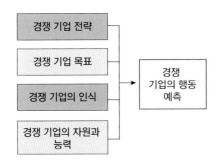

[그림 2-7] 경쟁 기업의 분석 내용

먼저 **경쟁 기업의** 현재 **전략**에 대한 분석 내용은 그 기업의 전략 의도, 대외적 발표 내용, 실제의 행동 내용 등이 해당된다. 현재 전략 분석 결과, 이를 토대로 한 경쟁 기업의 전략 변화에 대한 사전 파악변화 방향 감지 및 자사에의 반응 예측도 필요하다.

두 번째는 **경쟁 기업의 목표**를 분석하는 것이다. 특히 기본적인 재무적 목표와 전략적 목표를 파악하는 것이 중요하다. 만약 단기적 ROI투자수익률를 중시하는 기업이라면 공격적 대응보다는 안전한 이익 보장 전략을 선호할 것이다. 그러나 장기적 ROI를 중시하는 기업이라면 수년간 손실을 감수하더라도 장기적 전쟁을 불사할 것이다. 또 경쟁 기업의 현재의 성과 수준이 중요한 전략 변수가 될 가능성이 크다. 만약 현재의 성과에 만족한다면, 전략을 지속적으로 유지해 갈 것이다. 그러나 현재의 성과에 불만족한다면 전략에 수정을 가할 가능성이 높다.

세 번째는 **경쟁 기업의 산업에 대한 인식**을 파악하는 것이다. 경쟁 기업이 갖는 산업에 대한 인식은 새로운 전략 추구, 경쟁 기업의 전략적 행동에 대한 반응 결정에 중대한 영향을 미친다. 지나친 자신감이나 성공 경험으로 인해 형성된 인식은 산업 환경의 변화, 혁신적 신규 진입 기업의 출현에도 위협을 느끼지 못하고 안이하게 대처할 수 있다. 2000년대 초 휴대폰 업계는 수익성이 높은 비즈니스 모델로 인해 파괴적 혁신의 새로운 모델스마트 폰 출현을 충분히 고려하지 못했다. 그로 인해 애플Apple의 아이폰, 구글Google의 안드로이드 OS가 출현하자 전멸되는 길을 걷고 말았다.

네 번째는 **경쟁 기업의 자원과 능력**에 대한 분석이다. 경쟁 기업은 자원과 능력 보유 여하에 따라 자사의 전략 변화의 성공 여부, 시장 지위 위협 여부 등이 판가름날 것이다. 경쟁 기업에게 자원이 잘 갖춰진 영역에서 섣불리 자극할 경우 반격으로 인해 전략이 실패할 수도 있다. 주요 분석 내용은 경쟁 기업의 R&D, 생산, 마케팅, 유통 등 주요 기능상의 능력이나 재무 자원, 생산시설과 장비, 인력의 숙련도, 브랜드 충성도, 관리 역량 등 보유 자원과 같은 것들이다.

마지막으로 **경쟁 기업의 행동 예측**이 필요하다. 경쟁 기업 분석의 최종 목표는 경쟁 기업 전략 변화와 자사 전략에 대한 경쟁 기업 반응 예측임을 상기할 필요가 있다. 그럴려면 먼저 경쟁 기업의 전략 변화에 대한 예측을 위해 여러 가지 요인에 대한 주의 깊은 파악과 분석이 요구된다. 외부적 요인으로서 소비자의 기호 변화, 신규 진입 기업의 출현, 혁신적 기술의 등장, 정부 규제 조치의 변화, 글로벌화 추세 등을 파악해야 한다. 그리고 내부적 요인으로서 신제품 개발, 재무적 목표나 시장점유율 목표의 달성 여부, 기업 내부의 갈등 고조 등에 대해서도 파악해야 한다. 또한 자사 전략에 대한 경쟁 기업의 반응을 예측하기 위해 경쟁 기업에 대한 내용을 토대로 경쟁 기업의 방어적 행동 가능성과 내용, 공격적 행동 가능성과 그 심각성 정도를 분석해야 한다.

이상에서 설명한 경쟁 기업에 대한 분석은 현재 시점을 기준으로 한 정태적 분석이다. 이는 환경과 경쟁 기업의 동태적 움직임을 기반으로 하는 분석으로는 한계를 가질 수밖에 없다. 따라서 경쟁 기업의 경쟁우위 기반이 될 자원 축적에 대한 동태적 움직임을 예측하는 것도 요구된다. 그들의 지속 가능한 경쟁우위의 핵심 기반이 될 창의성, 전략적 의지 및 추진력과 같은 자원의 빠른 구축과 축적 가능성을 분석하는 것이 필요한 것이다.

5. 내부 환경 분석의 이해

외부 환경은 불확실성을 전제로 하므로 장기 전략 수립과 미션의 이행은 내부 역량이 근간이 될 수밖에 없다. 따라서 수행하는 비즈니스 영역, 대상 고객소비자과 그들의 필요 가치 충족 수단으로서의 내부 역량에 대한 분석은 조직의 미션 규정 차원에서 매우 중요한 일이다.

또한 수익성 차원에서도 내부 환경 분석은 중요한 의미를 갖는다. 기업의 수익성을 결정하는 산업의 매력도와 경쟁우위는 기업 역량에 의해 결정된다. 즉 산업의 매력도는 규모의 경제, 특허권, 브랜드 등의 기업 역량에 의해 형성된 시장 지배력에 의해 결정된다. 그리고 경쟁우위는 규모의 경제, 우월한 공정 기술, 양질의 원료 등에 의한 원가 우위나 브랜드, 특허권, 최적의 유통망 등에 의한 차별화 우위에 의해 달성된다. 결국 미션 수립, 산업의 매력도와 경쟁우위의 원천 파악을 위한 과정으로서 내부 자원과 역량 분석은 매우 중요한 전략 수립의 토대인 것이다.

왜 내부 환경 분석을 해야 하는가?

내부 환경 분석의 목적은 보유 자원과 능력을 평가하여 경쟁우위의 원천인 강점과 약점을 파악하는 것이며, 기회를 활용하기 위해 강점을 이용하거나 새로운 자원역량의 개발 및 축적을 통해 강점을 강화하고 약점을 보완함으로써 경쟁우위를 지속하도록 하는 것이다. 내부 환경 분석 대상은 크게 내부 자원, 조직 역량, 조직 문화, 가치 활동과 가치사슬 등으로 파악할 수 있다 그림 2-8 참조.

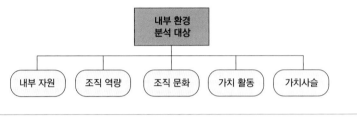

[그림 2-8] 내부 환경 분석 대상

내부 자원

내부 자원은 기업이 전략을 수립하고 실행하는 데 필요한 모든 자산, 능력, 정보, 지식 등을 포함한다. 이 중 유형 자원은 기계, 장비, 공장, 건물 등의 물적 자원과 현금 흐름, 신용도, 자금 차입 능력 및 신규 자본 조달 능력과 같은 재무 자원으로 나눌 수 있다. 반면 내부 자원 중 무형 자원은 특허권, 저작권, 노하우 등 비가시적 자원으로서의 기술 자원과 상표, 소비자 관계, 소비자 신뢰 등에 의한 명성 등의 브랜드로 나누어 볼 수 있다. 특히 내부 자원 중 인적자원[5]은 직원에 대한 교육 훈련, 직원들의 경험과 노하우, 혁신 역량, 직원들의 충성도와 헌신성 등을 포함한다.

---

5) 인적 자원에 대한 보다 상세한 내용은 'CHAPTER 4 전략 실행과 유지'에서 다룰 것이다.

조직 역량

조직 역량은 원하는 목적 달성을 위해 조직 과정을 통해 자원을 다른 자원과 결합하여 활용할 수 있는 기업의 역량이나 능력을 의미한다. 이는 조직 구성원들이 개별적이라기보다 집단적으로 공유하는 문제 해결 방법이라 할 수 있다. 즉 조직 역량은 인적 자원을 매개로 정보를 개발하고 보유하고 교환하는 정보 중심적 능력인 것이다. 이러한 조직 역량의 역할은 짧은 제품 개발 주기, 제조 시스템의 유연성, 유리한 원가 구조, 시장 추이의 리딩leading과 적응, 제품과 공정의 끊임없는 혁신, 신뢰성 높은 서비스 조직 등을 구현하는 것이라 할 수 있다.

조직 문화

조직 문화는 기업 구성원들이 배우고 공유하며 한 세대에서 다음 세대로 전해 내려오는 믿음, 기대, 가치들의 집합이라 할 수 있다. 일반적으로 조직 문화는 창업자의 가치와 기업의 미션을 반영하지만 환경과 상황 변화에 따라 변하기도 한다.

우리는 지금 기업 전략에 관해 얘기하고 있기 때문에 전략과 연결되는 기업 문화를 중심으로 정리하기로 한다. 기업 문화는 다음과 같은 특성으로 인해 회사의 전략 실행과 성과에 엄청난 영향을 미친다.

- 기업 문화는 경영 방식이나 직원들의 행동에 영향을 주므로 전략적 방향 설정과 변화에 지대한 영향을 미친다.
- 독특한 능력과 지식이 내재된 문화는 경쟁 기업들이 모방하기

어려운 경쟁우위의 근원으로 작용한다.

- 반면 변화를 수용하기 어려운 강력한 고착성은 미래 성장의 장애 요인으로 작용한다.

어떤 회사는 엔지니어 중심의 기술 혁신과 문제 해결 역량의 전통을 회사의 핵심 역량이라고 자랑스러워한다. 그런가 하면 어떤 회사는 성별을 중요하게 여기지 않으며 수평적 조직 구조로 운영되어 동료 직원들 간의 협동 정신을 중요하게 여긴다. 이런 두 유형의 기업 문화는 전략의 실행 과정에도 영향을 미친다. 그러므로 조직 문화를 고려하여 전략이 수립되고 추진되는 것이 중요하다. 조직 문화와 전략과의 정렬에 대해서는 CHAPTER 4에서 다룰 것이다.

6. 가치활동과 가치사슬의 이해

가치 활동value activity은 조달한 투입물input을 내부 활동을 통해 산출물output로 변형시키는 활동을 말한다. 즉 외부로부터 조달한 원자재, 중간재, 부품 등을 내부적으로 보유하고 있는 장비, 기술, 인력, 정보 등을 투입하여 판매 가능한고객에게 가치있는 상품이나 서비스를 만들어 내는 활동들의 집합인 것이다그림 2-9 참조.

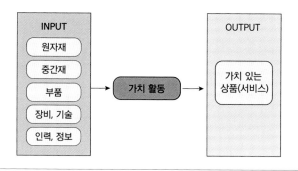

[그림 2-9] 시스템으로서의 가치 활동

그런데 경쟁우위는 핵심 역량이나 가치 활동에 의해 창출되고 유지되는 것이므로 가치 활동들을 점검하고 그 활동들의 상호작용에 대해 파악하는 것이 필요하다. 이에 기업의 활동을 전략적으로 연관성이 있는 활동들로 나누어 원가의 형태, 내재된 경쟁우위 원천을 분석하는 것이 필요한데 이를 위한 모델이 가치사슬 모형이다.

가치사슬value chain 모형이란 기업이 가치창출을 위해 수행하는 활동들의 전략적 중요성과 연계성을 고려하여 핵심역량을 파악하기 위한 분석 틀이다. 여기에서 기업이 공급하는 제품이 보유하는 '가치value'란 그 제품이 구매자의 욕구를 만족시켜 준데 대해 구매자가 기꺼이 지불하고자 하는 대가이다노규성 외. 2019.

가치사슬 모형은 기업을 제품의 디자인, 생산, 판매, 운송, 지원 등을 포함하는 제반 활동을 수행하는 집합체로 가정하고 이들 활동의 연결 관계를 나타낸 것이다. 여기에서 기업의 가치 활동은 크게 주활동primary activities과 보조활동support activities으로 구분된다 Porter. 1985. 주활동은 외부로부터 원자재 등을 투입하여 제품이나 서비스를 창출하고 구매자가 있는 시장에 내보내는 흐름에 직접적으로 관여하는 경영활동이다. 보조활동은 주활동이 원활하게 수행되도록 지원하는 활동이다. [그림 2-10]에서 볼 수 있듯이, 주활동은 원자재 투입, 생산운영, 출고와 물류, 마케팅 및 판매, 고객서비스 활동 등으로 구성되어 있고, 보조활동은 인프라 관리, 인적자원 관리, 기술 관리, 조달 활동 등으로 구성되어 있다.

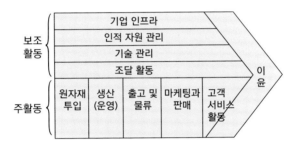

[그림 2-10] 일반 제조업의 가치사슬 모형
(자료원 : Porter and Millar, 1985 보완)

[그림 2-10]은 일반 제조업의 가치사슬 모형을 도형화한 것이며, 이 가치사슬상의 주요 활동 내용은 [표 2-4]와 같다. 서비스 비즈니스의 가치사슬, 온라인 비즈니스의 가치사슬[6]은 각 분야의 비즈니스 수행에 필요한 가치 활동들의 내용에 따라 제조업의 가치사슬 모형을 조정 혹은 변형하여 활용하면 된다.

---

6) 제조업 외의 각 산업별 비즈니스의 가치사슬에 대해서는 'CHAPTER 11 프로세스의 디지털 혁신 전략'에서 소개된 '핵심 버전 가치사슬'을 참고하기 바란다.

[표 2-4] 제조업의 가치사슬 상 주요 활동

활 동		주요 내용
보 조 활 동	인프라 관리	기획, 정보관리, 재무, 회계, 정부 관련 업무, 법무 등
	인적 자원관리	인적 자원의 채용, 교육, 배치, 평가, 경력관리 등
	기술관리	제품의 품질관리, 생산공정 향상, 연구개발, 신제품 개발 등
	조달 활동	원자재, 부품, 비품, 소모품, 기타 물자의 조달 등
주 활 동	원자재 투입	원자재/부품의 입고, 관리, 적시 배송 등
	생산(운영)	가공, 조립, 조업 제품 생산(혹은 서비스 활동), 기계 유 지보수 등
	출고와 물류	제품의 보관, 출고, 배송, 유통 등
	마케팅 및 판매	시장 분석, 가격 책정, 광고, 판매 촉진, 홍보, 영업, 판매 등
	고객 서비스 활동	판매 후 관리, 수리, 불만 해소, 고객 지원 등

7. SWOT 분석으로 전략 도출

SWOT 분석 살펴보기

앞에서 기업 내·외부의 여러 환경으로부터 다양한 요인들을 찾아내었다면 이 요인들이 갖는 성격에 따라 기회Opportunity, 위협 Threat, 강점Strength, 약점Weakness 요인으로 분류할 수가 있을 것이다. 일반적으로 내·외부 환경 요인에 대한 분류 및 전략적 방향 설정을 위한 도구로 SWOT 분석을 활용한다.

SWOT 분석은 **환경으로부터의 기회와 위협 요인 및 기업 내부의 강점과 약점 요인을 하나의 틀로 요약 분석해 주는 전략 수립 도구** 이다그림 2-11 참조. 즉 외부 기회와 내부 강점 간의 전략적 적합성을 찾아내는 동시에 외부의 위협에 대처하고 내부의 약점을 보완하는 길을 모색하도록 하는 도구라 할 수 있다.

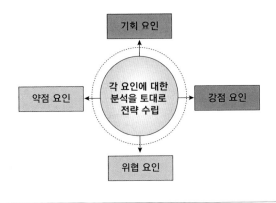

[그림 2-11] SWOT 분석

여기에서 기회 요인은 활용해야 할 시장의 동향, 세력, 사건, 아이디어 등을 말하며, 위협 요인은 대비해야 할 외부의 동향, 세력, 사건 등을 말한다. 그리고 강점 요인은 조직의 전략적 목표 달성에 적합한 역량을 말하며, 약점 요인은 전략적 목표 달성에 방해가 되는 장애 요인을 말한다. 이러한 SWOT 분석을 하는 목적은 외부 환경 분석에서 도출된 기회와 위협 요인과 내부 분석을 통해 도출된 강점과 약점 요인을 하나의 틀로 결합하여 기업의 전체적인 전략적 상황을 평가하기 위한 것이다. 이렇게 도출된 SWOT는 효과적인 전략 수립을 위한 중요한 정보로서 역할을 한다. 일반 제조업의 SWOT 분석 내용을 도식으로 예시해 보면 [그림 2-12]와 같다.

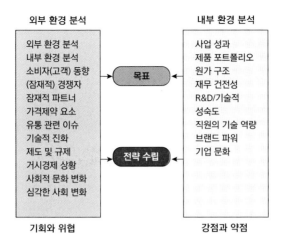

외부 환경 분석

외부 환경 분석
내부 환경 분석
소비자(고객) 동향
(잠재적) 경쟁자
잠재적 파트너
가격제약 요소
유통 관련 이슈
기술적 진화
제도 및 규제
거시경제 상황
사회적 문화 변화
심각한 사회 변화

목표

전략 수립

내부 환경 분석

사업 성과
제품 포트폴리오
원가 구조
재무 건전성
R&D/기술적
성숙도
직원의 기술 역량
브랜드 파워
기업 문화

기회와 위협

강점과 약점

[그림 2-12] 일반 제조업의 SWOT 분석 예시

SWOT의 각 요인 도출 방법

환경으로부터의 기회와 위협, 회사의 강점과 약점은 소수의 명석한 사람들이나 전문가들의 심층적 분석을 통해 파악될 수 있다. 그러나 외부의 환경은 불확실성을 갖고 있고 내부의 자원과 역량에 대한 인식은 사람마다 다를 수 있기 때문에 집단지성을 통해 다수의 의견을 수렴하는 방법이 더 훌륭한 결론을 도출해 낼 수 있을 것이다. 하버드 경영대학원 Harvard Business School, 2005 은 SWOT 각 요인의 도출 방법으로 9단계의 방법론을 제시했는데, 이를 보완하여 제시하면 [그림 2-13]과 같이 7단계로 정리할 수 있다.

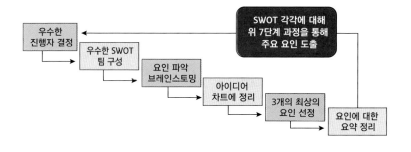

[그림 2-13] SWOT 요인 도출 과정

- 1단계: 먼저 진행자를 선발하되, 분석력이 가장 뛰어난 우수 직원으로 결정한다. 진행자는 SWOT 팀 리더로서의 역할만 수행하되, 모든 구성원들로부터 신뢰와 존경을 받는 사람일 필요가 있다.
- 2단계: 사내의 각기 다른 분야에서 일하는 우수한 직원으로 SWOT 팀을 구성한다. 마찬가지로 다른 직원들의 신뢰와 존경을 받으며 객관적인 판단력과 냉철함을 갖춘 사람이어야 한다.
- 3단계: 회사의 각 영역에서 확보하고 있는 강점 요인에 대한 브레인스토밍을 실시한다. 회사의 핵심 역량, 기술 역량, 혁신성, 생산성, 품질, 경영 방식과 리더십, 의사결정 능력, 조직 문화, 재무 상태 등에 관해 토론한다.
- 4단계: 가능한 한 많은 아이디어를 도출하되 하나의 차트에 통합적으로 정리한다. 아이디어는 많을수록 좋지만, 중복된 내용은 피하는 것이 중요하다. 아이디어가 모두 도출되면 그들 각각에 대해 평가한다.

- 5단계: 각각의 아이디어에 대해 명확히 정의한다. 아이디어에 대한 명확한 정의를 통해 전 팀원들이 같은 의미로 받아들이도록 한다. 중복된 아이디어는 피하고 겹치는 부분은 적절히 조절하여 결합한다.
- 6단계: 최상의 강점 요인 3가지 내외를 선정한다. 아이디어가 제시된 빈도에 따라 상위 3개의 아이디어가 명백하게 가려지는 경우도 있다. 그렇지 않은 경우에는 팀원들에게 시간을 더 주고 심사숙고하게 한 후 투표를 실시하면서 점차 줄여 나간다.
- 7단계: 강점 요인을 간략히 요약한다. 최종적으로 도출된 3개의 강점 내용을 차트에 옮겨 적는다.

회사의 약점, 기회 및 위협 요인에 대해서도 단계 2~7단계까지의 과정을 반복하여 도출한다. 다만 기회, 위협 요인에 대해서는 외부 환경 분석이 전제되므로 다각적인 조사 자료를 사전에 준비하여 아이디어 도출 과정을 원활히 진행되도록 하기도 한다.

전략 방향성 도출

기업은 내·외부 환경 분석을 통해 파악된 기회, 위협, 핵심 성공 요인 KSFs, 강점, 약점, 자원과 역량 등 각종 요인들에 대해 SWOT 분석을 기반으로 잘 결합하여 비즈니스 여건에 맞는 전략을 도출하게 된다. SWOT 분석은 [그림 2-14]에서 볼 수 있듯이, 결국 외부 기회와 내부 강점과의 전략적 적합성을 찾고 외부적 위협에 대처하고 내부적 약점을 보완하는 길을 모색하는 과정인 것이다.

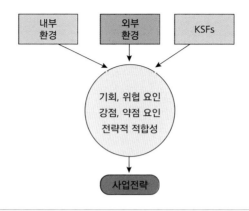

[그림 2-14] SWOT 분석과 사업 전략과의 관계

그런데 SWOT 요인 각각에 대한 판단은 매우 주관적인 작업일 뿐 아니라 환경 변화에 따라 기회가 위협이 될 수도 있고 강점이 약점이 될 수도 있다. 또한 SWOT 분석을 기반으로 제시된 전략 방향성은 전략의 구체적인 내용까지 확정지어 주지 못하는 한계를 가지고 있다. 특히 여기에는 매우 다양한 대안들이 제시될 수 있기 때문에 이를 다 추진한다는 것은 매우 위험한 일이 아닐 수 없다. 따라서 다양한 전략 대안 중 내부 역량과 자원을 기반으로 가장 적합한 대안을 선택하여 구체화하는 것이 타당할 것이다.

그럼에도 불구하고 SWOT 분석을 토대로 한 전략 방향성은 큰 흐름에서 오류를 줄이도록 하는 데에 큰 역할을 할 것이므로 이를 잘 도출하는 것은 매우 중요하다. SWOT 요소들을 분석한 다음, 제시될 수 있는 전략적 방향성을 정리하면 다음과 같다 그림 2-15 참조.

[그림 2-15] SWOT 분석에 의한 전략 방향성

- SO 전략시장 선점 전략, 다각화 전략 : **시장 기회**Opportunity**와 전략적 강점**Strength**이 많은 경우,** 시장 기회를 선점하는 전략을 구사하거나 시장·제품의 다각화 전략을 추구하는 방향 설정이 가능할 것이다.

- ST 전략시장 침투 전략, 제품계열 확충 전략 : **위협**Threat **요인이 있으나, 상대적 강점**Strength**을 갖고 있는 경우,** 그 장점을 적극 활용하여 공격적 시장 침투 전략을 쓰거나 제품 계열을 확충하는 전략을 추구하는 방향 설정이 가능할 것이다.

- WO 전략핵심 역량 강화 전략, 전략적 제휴 전략 : **시장 기회**Opportunity**는 존재하나 핵심 역량이 부족**Weakness **한 경우,** 핵심 역량을 강화하여 시장 기회를 잡는 핵심 역량 강화 전략을 쓰거나 핵심 역량을 보완하는 전략적 제휴 전략을 선택하는 방향 설정이 타당할 것이다.

- WT 전략재구축 혹은 철수 : **위협**Threat **요인이 많고 핵심 역량도 부족**Weakness **한 경우,** 약점을 극복하기 위해 제품 라인을 재구축restructuring하거나 시장에서 철수하는 전략을 고려하는 방향 설정이 필요할 것이다.

이상에서 전략적 방향성을 살펴본 바와 같이 모든 요인들을 통합하는 전략을 수립하기보다 가장 전략적으로 중대하고 결정적인 소수의 요소들과 관련되는 전략을 선택적으로 구사하는 것이 현실적이라 할 것이다.

8. 환경에 전략을 조율하는 적합성

적합성 이해하기

기업이 외부 환경 변화를 최적으로 대응하도록 내부 환경과 자원을 매칭 matching 하도록 전략을 수립할 때 그 전략이 성공할 수 있다. 이와 같이 외부와 내부를 최적의 조합으로 연결하는 전략 수립의 원칙을 전략적 적합성이라 한다. 즉 적합성 fitness 이란 **기업의 외부 환경을 내부 환경과 최적의 연계가 이루어지도록 전략을 수립**함을 의미한다. 즉 외부 환경은 기업이 통제하는 데에 한계가 있기 때문에 내부 환경을 외부 환경에 적합시켜야 사업을 성공할 수 있는데 그 수단이 전략이라는 것이다. 그러므로 성공적인 전략의 수립과 실행의 필수 조건은 내부 환경과 외부 환경 간의 적합성을 달성하는 것이다. 이는 전략의 성공을 위해 전략을 수립하고 실행하는 과정에서 기업의 미션과 핵심 가치, 목표, 인적 자원, 조직 구조와 시스템 등 내부 자원과 역량이 외부 환경과 적합성을 유지하여야 함을 의미한다 그림 2 - 16 참조.

[그림 2-16] 외부 환경과 내부 환경의 적합 방법

환경과 조직의 전략적 적합성

그러면 어떠한 환경과 전략 간에 연결을 잘할 것인가? 또 이러한 적합성을 달성하기 위한 조직 구조는 어떻게 연계할 것인가? 이에 대한 답을 찾기 위해서는 환경의 동태성과 복잡성, 전략의 유형, 조직 구조의 유형 등을 조화롭게 연계하는 것을 고찰해 볼 필요가 있다. 여기에서는 환경은 불확실성 정도에 따라 불확실성이 높은 환경, 확실성이 높은 환경으로 나누고, 전략은 차별화 전략과 원가 우위 전략으로 나눈다. 또한 조직은 수평적 조직과 수직적 조직으로 나누어 설명하고자 한다.

먼저 환경과 전략과의 관계를 살펴보자. 차별화 전략은 기본적으로 혁신성을 요구하는데 이는 신제품, 품질, 디자인, 스타일, 마케팅 등에서 매력적 제품을 창출하거나 독특한 이미지를 구축하기 위한 전략적 노력이다. 혁신적인 차별화 노력은 새로운 접근을 시도하는 경향을 가지므로 환경의 불확실성을 증대시킬 것이다. 경쟁 기업과 경쟁적으로 혁신 노력을 지속한다면 이는 더욱 동태적이며 예측 불가능한 환경을 초래할 것이다. 결국 차별화 전략은 환경의 동태성 및 예측 불가능성과 정표의 관계를 가지게 될 것이다.

반면 원가 우위 전략은 공정 및 프로세스 개선, 자동화, 원가 통제, 효율성의 증대 등을 통해 경쟁우위를 달성하려는 전략적 노력이다. 이 전략은 혁신적 기능이나 제품의 이미지와 같은 것보다는 가격 경쟁력에 중점을 두고 고객을 상대하고자 할 것이다. 따라서 원가 절감을 위한 투자는 중요하게 여기지만 급격한 시장 변화와 같은 불안정성은 원하지 않을 것이다. 결국 원가 우위 전략은 차별화 전략에 비해 환경의 불확실성과 역逆의 관계에 있다고 볼 수 있다노규성, 2021.

다음으로 **전략과 조직과의 관계**를 살펴보자. 차별화 전략은 혁신을 통해 차별화를 창출하고자 한다. 그러므로 각 활동별로 전문화되고 고도로 훈련된 엔지니어, 과학자와 같은 전문 관리자들technocrats과의 상호 의존성과 긴밀한 협업을 필요로 할 것이다. 이는 필연적으로 TFTask Force나 위원회 같은 수평적 조직 구조를 요구한다. 아울러 현장 전문가들이 현장에서 즉시 의사결정을 할 수 있도록 권한의 하부 이양도 필요하다.

반면 원가 우위 전략은 생산 라인이 안정화된 상태에서 생산 효율성 제고를 위해 공정 혁신과 같은 것을 추진할 것이다. 고비용 구조의 혁신은 회피하면서 예산 통제와 모니터링 등의 수익성 제고 방향성을 가지고 있다. 전문가보다는 일반 직원들을 통해 분업화, 표준화, 자동화, 일상화된 업무로 원가를 줄이고자 할 것이다. 이는 수평적 조직 구조보다 위계 구조에 의한 수직적 통제 방식을 통해 과업을 원활하게 수행하도록 할 것이다.

결론적으로 [그림 2-17]에서 볼 수 있듯이, 차별화 전략은 불확실성이 높은 환경에 적합한데, 이 전략을 잘 실행하려면 분권화된 수평적 조직 구조가 뒷받침되어야 할 것이다. 이에 비해 원가 우위 전략은 확실성 높은 환경에 적합하며, 이 전략의 성공을 위해서는 통제 가능한 수직적 조직 구조가 뒷받침되어야 할 것이다방호열·김민숙, 2020.

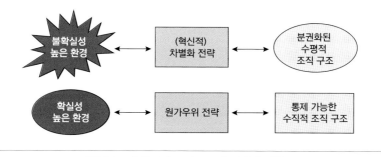

[그림 2-17] 환경과 조직 구조의 전략적 적합성

9. 전략을 성과로 이어주는 목표 설정

이상에서 알 수 있듯이 내·외부 환경 요소를 파악하게 하는 SWOT 분석은 전략 방향성을 도출하게 해준다. 그에 따른 여러 전략 대안 중 기업은 환경과 시장 상황을 잘 대응하게 할 최적의 전략을 수립 및 실행하게 된다. 이러한 전략 수립 및 실행의 첫 단계는 설정된 조직 목표와의 추진 전략의 목표를 조율하는 것이다.

목표는 기업의 미션과 비전을 달성하기 위해 기업이 처한 상황과 시간성을 고려하여 구체화한 것을 의미한다. 목표는 **달성한 성과를 평가하는 기준**이 된다. 목표는 구체적이고 계량화숫자로 표현 될수록 좋다. 즉 달성 기간이나 성과 기준이 측정 가능한 방식으로 표현되는 것이 바람직하다. 경영자나 직원의 입장에서 보면 일단 설정된 목표는 주어진 기간 내에 달성하겠다는 성과에 관한 약속이라 할 수 있다. 그러므로 적정한 목표 수준이 잘 설정되는 것이 필요한데, 김언수·김봉선2018 교수는 다음과 같은 목표 설정 원칙을 제시하고 있다.

첫째, 명확하게, 도전적으로 높은 목표여야 한다. 즉 혁신을 통해 현재 상황을 뛰어넘는 수준의 도전적 목표를 설정하는 것이 좋다.

둘째, 고객의 입장에서 설정된 목표여야 한다. 사업 내용과 고객에 대한 명확한 이해를 기반으로 목표를 설정할 필요가 있다.

셋째, 경쟁자를 뛰어넘는 수준의 목표를 설정하여야 한다. 경쟁 영역에서 가장 뛰어난 경쟁자를 넘어설 수준의 목표가 이상적이라 할 수 있다.

넷째, 지나치게 도전적인 목표 설정은 주의가 필요하다. 성공적이면서 자원 투입이 가능한 수준의 도전적 목표를 감안한 균형적 목표를 설정하여야 성공 모멘텀이 생기고 실행력이 뒷받침된다.

3

경쟁우위와
핵심 역량

CHAPTER 3

경쟁우위와 핵심 역량

전략을 수립하는 과정에서 내·외부 환경을 분석하는 일은 결국 주어진 자원을 가지고 시장에서 유리한 위치를 확보하도록 비즈니스를 설계하는 것이라 할 수 있다. 이는 경쟁자를 따돌리면서 더 좋은 수익성을 확보하도록 하는 힘을 구축하는 일과 맥을 같이 한다. 그런 힘을 경쟁우위라 하며 그 중심에 핵심 역량이 존재한다.

1. 경쟁우위는 지속되어야 한다

경쟁우위의 의미

기업이 시장에서 경쟁우위competitive advantage를 누린다고 하는 것은 시장에서 고객이 자기 기업의 제품이나 서비스를 더 가치가 있다고 생각하고 선택할 가능성이 높다는 것을 의미한다. 즉 경쟁우위는 경쟁자보다 더 나은 가치를 제공하면서 시장에서 더 좋은 위치를 점유하도록 하는 독특한 능력이나 우월한 지위를 말한다. 따라서 경쟁우위는 기업에게 경쟁 기업과 비교해 '독특한 능력'을 제공하거나, 시장에서 '우월한 지위', '높은 시장점유율', 혹은 '탁월한 수익성'으로 나타나게 해준다.

결국 경쟁우위는 우수한 기술과 자원을 가지고 저원가 구조, 생산 제품의 고품질, 우수한 유통망, 독특한 서비스를 통하여 **산업 내에서 평균 이상의 수익을 획득하도록 해준다.** 그리고 경쟁우위는 그 정도가 클수록, 그리고 경쟁우위를 누리는 기간이 길수록 기업에게 높은 수익성을 확보해 준다.

경쟁우위의 순환적 구조

경쟁우위는 [그림 3-1]에서 볼 수 있듯이 경쟁우위의 원천, 경쟁적 지위 및 실적·성과의 단계적 순환 과정으로 표현된다Day and Wensley, 1988. 경쟁우위의 원천은 경쟁적 지위를 확보할 수 있도록 해주는 원천으로 독특한 기술 및 자원인데, 이러한 요소원천들에 대한 집중적 투자를 할 때 비로소 경쟁우위를 얻게 된다. 이로 인해 확보할 수 있는 우월적 지위는 산업 내에서 경쟁 업체와 비교할 때

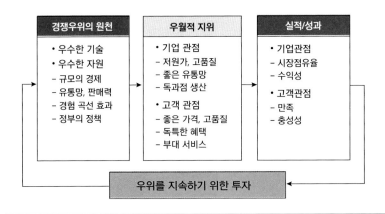

[그림 3-1] 경쟁우위의 순환적 구조

저원가, 고품질 등의 면에서 더 우월한 위치에 있다는 것을 의미한다. 물론 고객에게는 유리한 조건에 가치를 제공할 수 있게 된다.

또한 실적/성과는 우월한 경쟁우위 원천을 근간으로 경쟁적 지위를 획득했을 때 발생하는 결과를 말한다. 경쟁우위 원천을 토대로 우월한 경쟁적 지위를 확보했을 때 양호한 실적과 고성과를 시현한다고 볼 수 있다. 그리고 이러한 경쟁우위는 꾸준한집중적 투자를 통해 지속적으로 확보 내지 유지가 가능한 것이다.

기업이 누릴 수 있는 경쟁우위의 유형에는 원가 우위와 차별화 우위 두 가지가 있다. 먼저 원가 우위cost advantage는 생산이나 판매, 사후 서비스AS 등 기업의 제반 활동을 통해 경쟁자들보다 더 낮은 가격에 공급생산할 수 있는 경쟁력을 말한다. 반면 차별화 우위differentiation advantage는 우수한 품질, 독특한 디자인, 유명한 브랜드 등으로 인해 고객이 경쟁 기업의 제품과 다르다고 인식할 때 발생한다.

2. 원가 우위의 이해

원가 우위는 정말 중요하다.

우리는 소비자로서 좋은 물건을 싸게 사고 싶어한다. 이는 기업 입장에서 보면 소비자들에게 저렴하게 팔 수 있는 능력을 가져야 함을 말한다. 이런 관점에서 원가 우위cost advantage는 매우 중요하다. 저렴한 부품 조달, 규모의 경제, 효율적 조립 공정 등으로 인해 경쟁 기업에 비해 생산 원가가 낮을 때 발생하는 원가 우위는 정말

중요한 경쟁력인 것이다. 기업에 있어 원가 우위가 중요한 이유를
정리하면 다음과 같다.

첫째, 시장 경쟁에서 가장 중요한 요소는 가격이 아닐 수 없다.
그러므로 경쟁우위를 얻기 위한 최적의 대안으로 원가 우위가 중
요한 것이다.

둘째, 1차 생산품, 차별화가 어려운 제품이나 서비스 산업, 성숙
기에 접어들어 시장 경쟁이 격화된 산업의 경우 원가 우위가 생존
과 성장의 필수적인 요인이다.

셋째, 차별화가 주요 경쟁 원천인 산업에서조차 원가가 지나치게
높을 경우 차별적 경쟁우위가 상실될 우려가 있기 때문에 원가 우
위가 강조되는 것이다.

[표 3-1] 원가 우위 실현 동인

원가동인	내 용
저원가 생산 요소	주요 원료 및 부품의 조달 원가의 우위
공정관리 혁신	공정 프로세스 및 공정 기술 혁신(개선)을 통해 제조상 원가 절감
제품 디자인 역량	고객이 원하는 성능을 발휘하는 제품을 낮은 비용으로 설계 하는 역량
유리한 입지 조건	조달 및 공급의 저렴한 운송비 등 물류 비용상 우위
규모의 경제 실현	대량생산에 의한 평균 생산 원가의 절감
원가 지향적 문화	최고경영자의 관심과 조직 차원의 원가 혁신 문화 정착
경험 곡선 효과	경험 축적에 의한 단위 원가의 감소
가치사슬 혁신	가치사슬 전반의 가치 활동 방식의 혁신을 통해 원가 절감

(자료원: 방호열·김민숙, 2018 수정)

기업이 원가 우위를 얻을 수 있는 방법은 원가 동인의 활용과 가치사슬 혁신으로 요약할 수 있다표 3-1 참조. 원가 동인을 활용한다는 것은 원가 비중이 높은 가치 활동의 동인을 찾아 이를 적극적으로 활용하는 것을 의미한다. 그리고 가치사슬을 혁신한다는 것은 가치사슬 전반에 걸쳐 혁신적 재설계를 통해 원가를 지속적으로 절감토록 하는 것을 말한다.

경험 곡선에 의한 원가 우위

원가 우위의 가장 중요한 원천이라 할 수 있는 것은 경험 곡선이다. 경험 곡선experience curve은 단순하게 표현해서 **사업 규모, 생산량, 경험 등의 증가에 의한 단위당 생산 원가의 하락 효과 곡선**이다. 이는 학습, 전문화, 제품 디자인·생산 프로세스 개선, 규모의 경제, 조직 구조 개선, 저비용의 자본 조달, 저비용의 원자재 조달 등 여러 가지 요인들이 상호작용하여 나타난 시너지 효과라 할 수 있다.

일반적으로 경험 곡선은 누적 생산량이 두 배로 증가함에 따라 부가가치 단위 원가가 일정 비율로 감소하는 현상으로 정의된다. 여기에서 부가가치 단위 원가는 한 단위 제품 생산에 따르는 총생산 원가에서 외부로부터 구입한 부품이나 원재료의 생산 원가를 뺀 것이다. 요약하면 단위당 생산 원가와 산출량을 대비하여 생산량 증가에 따른 원가를 비교하여 측정하면 된다. 경험 곡선은 [그림 3-2]에서 볼 수 있듯이, 산출량이 증가함에 따라 우하향하는 곡선으로 표현된다.

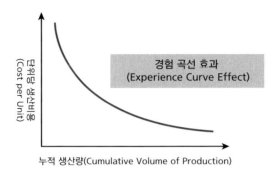

단위당 생산비용
(Cost per Unit)

경험 곡선 효과
(Experience Curve Effect)

누적 생산량(Cumulative Volume of Production)

[그림 3-2] 경험 곡선 효과

이와같은 경험 곡선은 여러 가지 원인들로부터 발생할 수 있는데 방호열·김민숙2020 교수에 의하면 다음과 같이 6가지로 정리할 수 있다그림 3 – 3 참조 .

| 학습 효과 | 규모의 경제 | 전문화 | 공정 혁신 | 요소투입 변화 | 재설계 |

경험 곡선 발생

[그림 3-3] 경험 곡선 발생 원인

첫째, 학습 효과이다. 어떤 일을 반복적으로 수행하면 그 일에 숙달되고 기술이 향상되는 효과가 발생한다.

둘째, 규모의 경제이다. 규모의 경제는 생산 규모가 증가함에 따라 단위당 생산 원가가 감소하는 현상을 말한다.

셋째, 전문화이다. 분업을 통한 전문화로 인해 작업의 효율성이 증대된다.

넷째, **공정 혁신**이다. 시간이 지날수록 생산 기술이 안정화되면 이후 생산 공정의 개선과 혁신에 의한 효과가 나타난다.

다섯째, **생산 요소의 투입 비율 변화**이다. 경험이 축적되고 생산 기술이 안정화되면 미숙련의 숙련 노동자 혹은 자동화로의 대체가 이루어진다.

여섯째, **제품의 재설계**이다. 제품에 대한 경험이 축적됨에 따라 제품의 재설계를 통해 재료를 절감하거나 부품 수를 줄이는 등 효율성 향상을 통해 효과가 나타난다.

3. 차별화 우위의 이해

차별화 우위는 다르게 보여 주는 힘이다.

가격이 싼 것을 원하는 소비자들이 있는가 하면 뭔가 다른 것을 선호하는 소비자들도 있기 마련이다. 제품이나 서비스를 제공하는 기업의 입장에서 보면 이것은 차별화를 통한 프리미엄 시장의 존재이다. 그래서 차별화 우위differentiation advantage 란 <u>소비자에게 독특한 가치를 제공함으로써 차별화에 소요된 비용 이상으로 높은 가격 프리미엄을 얻는 것</u>을 말한다. 이는 사실상 시장에서 고객의 욕구 충족에 잘 부합하는 제품서비스을 제공하고 있음을 의미한다. 이와 같은 차별화는 제품이나 서비스의 기술력, 고품질 등에 의한 탁월한 성능과 수려한 외양, 우수한 서비스, 혁신적 디자인, 브랜드 이미지 등 전반적인 가치 활동에 기인한다.

이렇듯 차별화는 제품이나 마케팅 부분만이 아니라 기업의 전반적인 가치 활동에서 만들어 낼 수 있다. 이는 상상력과 창의력에 그 기반을 두지만, 그 실체는 고객이 느끼는 가치이다. 차별화의 원천은 제품이나 서비스의 성능, 디자인, 크기, 모양, 색상, 무게, 재질 등과 같은 가시적인 특성과 신뢰성, 내구성, 시장 내 지위, 개성과 기호, 안전에 대한 욕구 등과 같은 비가시적인 특성이라 할 수 있다. 이 외에도 제품을 보완하는 서비스, 부속 장치, 확장 가능성, 인도 조건과 시기, 신용 공여 등의 요소가 차별화의 중대한 요소가 되기도 한다.

차별화가 경쟁우위로 기능하기 위해서는 고객의 욕구 분석이 필수적이라 할 수 있다. 아무리 차별화를 잘 구현했다 하더라도 고객이나 시장이 이를 가치 있다고 생각하지 않는다면 아무런 의미가 없기 때문이다. 즉 성공적인 차별화 방법은 차별적인 공급 능력을 차별화를 원하는 고객 수요욕구와 일치시키는 것이다. 따라서 고객의 욕구 분석이 매우 중요한데, 이는 고객이 특정 제품이나 서비스를 왜 구매하는지에 대해 제대로 이해하는 것으로부터 시작된다. 방호열·김민숙2020 교수는 이를 고객 가치사슬로 보고 [그림 3-4]와 같은 방법으로 고객 가치사슬을 분석할 것을 권하고 있다.

첫째, 차별화를 이루어낼 수 있는 역량을 바탕으로 기업의 가치사슬과 고객의 가치사슬을 작성하여야 한다.

둘째, 가치사슬상의 각 활동을 분석하고 이를 통해 제품서비스 차별화의 가능성을 평가하고 독특성의 원천인 변수와 행동을 파악한다.

셋째, 기업 내에서 발견한 다양한 독특성 중에서 가장 유망한 차

별화 변수를 선정한다. 이때 고려할 사항으로는 가장 큰 차별화 가
능성, 주요 가치 활동 간의 연계성, 독특성의 지속 가능성 등이다.

　넷째, 기업 가치사슬과 고객 가치사슬의 연결 부문을 찾고 이로
부터 차별화를 추진한다. 궁극적인 차별화의 목표는 고객에게 가
치를 창출해 주는 것이므로 기업 가치사슬을 고객 가치와 연결하
는 매우 중요한 차별화의 속성이라 할 수 있다.

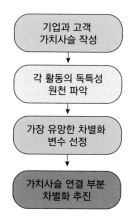

[그림 3-4] 성공적 차별화 추진 절차

　차별화의 궁극적 목적이 고객 가치 창출이므로 고객에 가치를 얻
기 위한 과정으로서 고객 가치사슬에 대해 간략히 정리해 보기로
하자. 고객 가치사슬Customer value chain 이란 간단히 표현하면 **고객
이 욕구**가치 **충족을 위해 수행하는 구매 행동 과정**을 의미한다. 예
를 들어 아마존은 디지털 기술을 활용하여 전통적인 고객의 가치
사슬을 새롭게 혁신하고 시장의 경쟁 룰을 바꾸어 버렸다. 전통적

으로 고객은 서점에 가고, 책을 찾고, 구매하고, 읽는 과정을 통해 가치를 얻었다면 아마존은 디지털 기술을 통해 고객이 서점에 가지 않고 온라인에서 책을 구매하면 집으로 배송되도록 하여, "서점을 가는" 고객가치 잠식 단계를 제거해 주었고, 더 나아가 전자책 비즈니스 모델을 만들어 책 배송 시간마저 줄여 주어 고객 가치를 극대화하였다그림 3 - 5 참조.

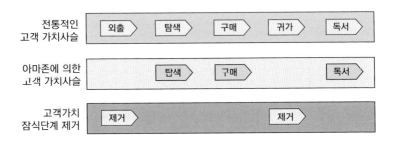

[그림 3-5] 아마존에 의한 전통적인 고객 가치사슬의 변화 모습

4. 가치 혁신으로 차별화

가치 혁신 차별화란 무엇인가?

이미 살펴본 바와 같이 경쟁우위의 획득은 원가 우위와 차별화 우위를 통해 이루어진다. 그런데 이 두 가지 경쟁우위 확보 방안은 서로 배치 관계trade - off에 있는 것으로 논의되어 왔다. 즉 두 가지 경쟁우위 확보 방안을 동시에 추구하기는 어렵다는 것이다. 그런데 최근 원가 우위와 차별화 우위를 동시에 추구할 수 있는 방안으로서 가치 혁신이라는 개념이 출현했다. 이는 블루오션 전략blue ocean strategy 이라고도 불리며 산업계의 각광을 받고 있다.

가치 혁신Value innovation 은 경쟁보다는 고객이 원하는 가치에 초점을 맞춰 그 가치를 획기적으로 증가시키는 방법을 선택한다. 이는 기업의 비용 구조를 낮게 하여 원가 우위를 달성함과 동시에 고객에게 필요한 가치를 제공하는 차별화 우위를 동시에 실현하고자 한다. 따라서 가치 혁신 차별화는 기존 시장에서의 가격이나 서비스 경쟁이 아니라 소비자의 가치 도약을 위한 새로운 시도로 이룬 차별화라 할 수 있다. 이러한 가치 혁신을 기반으로 추진하는 전략을 블루오션 전략blue ocean strategy 이라 한다. 이는 **가치 혁신을 추구하여 블루오션**존재하지 않는 산업이나 미개척 시장**을 창출함으로써 지속적으로 높은 성과를 누리는 전략**이다.

ERRC 프레임워크를 사용해 보자.

가치 혁신 차별화는 비용 구조를 낮추면서 전혀 새로운 경험을 제공하는 고객 가치를 창출하는 방법으로 ERRC 프레임워크를 이용한다. 이는 새로운 가치 혁신을 이루어 원가 우위와 차별화 우위가 동시에 달성되도록 하는 실무적 도구라 할 수 있다. 이 도구는 [그림 3-6]에서 볼 수 있듯이, 4가지 질문을 통해 고객이 누리는 실용성과 업계가 중요시하는 경쟁 요인을 도식화하고 기존의 상식을 깨는 요소들의 혁신 방안을 도출하도록 하여 신규 시장blue ocean 을 창출하도록 도와준다.

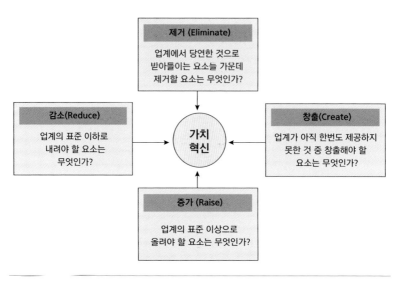

[그림 3-6] ERRC 프레임워크

(자료원: 김위찬·르네 마보안, 2005)

여기에서의 ERRC는 Eliminate제거, Reduce감소, Raise증가, Create창
출의 약자로서 다음과 같은 내용으로 구성되어 있다.

먼저 제거Eliminate는 경쟁 요소들 가운데 가치를 손상시키거나
더 이상 가치가 없음에도 불구하고 방치되고 있는 요소를 찾아 제
거하는 것을 의미한다.

둘째, 감소Reduce는 제품이나 서비스 제공 과정에서 지나치게 수
행되고 있는 것들을 찾아 반드시 필요한 수준으로 줄이는 것을 의
미한다.

셋째, 증가Raise는 가치 제공 과정에서 고객에게 더 나은 가치를
제공할 수 있는 요소들을 찾아 증가시키는 것을 의미한다.

넷째, 창출Create은 고객을 위해 제공하지 않던 새로운 가치의 원

천을 찾아 제공하거나 새로운 수요를 창출하는 것을 의미한다.

이러한 네 가지 요소에 대한 해결 방안을 찾는 과정에서 시장에서 불필요한 요소를 제거하거나 줄임으로써 비용 절감이 달성되고 산업계가 아직 제공하지 못하는 요소를 증대시키고 새롭게 창출함으로써 고객 가치는 높아지게 된다.

젊은 층에서 인기를 끌고 있는 '하이트' 맥주는 ERRC 프레임워크를 이용하여 원가 우위와 차별화 우위를 실현한 대표적인 사례이다. 하이트진로는 전통적인 맥주 시장에서 젊은 층을 공략하기 위해 고민한 끝에 ERRC 프레임워크를 활용하여 젊은 층의 소비 가치를 분석하고 블루오션을 창출하고자 과감한 전략을 추진하였다. [표 3-2]에서 볼 수 있듯이, 하이트진로는 기존 회사명인 '조선맥주'와 기존 브랜드명인 '크라운맥주'를 과감히 제거하고E 전통적인 주류 이미지는 대폭 줄였다R. 그리고 물이 좋은 맥주, 맛과 청량감이 뛰어난 맥주라는 이미지를 증가시키면서R 젊은 고객층을 공략하는 새로운 맥주 브랜드 '하이트'를 창출했다c.

[표 3-2] 하이트진로의 ERRC 프레임워크 적용 사례

Eliminate(제거)	Raise(증가)
기존 회사명 '조선맥주' 기존 브랜드명 '크라운맥주'	물이 좋은 맥주 맛과 청량감이 뛰어난 맥주
Reduce(감소)	Create(창출)
전통적인 주류 이미지	새로운 맥주 브랜드 '하이트'로 젊은 고객층 공략

5. 경쟁우위를 창출하고 강화하라

경쟁우위의 창출을 위해

아무리 좋은 내부 자원을 가지고 있더라도 외부 환경과의 적합성이 결여된다면 그것은 경쟁우위로서 기능을 하기 어려울 것이다. 따라서 <u>외부 환경 변화</u>를 즉시 감지하고 그로부터 기회를 포착하는 것이 경쟁우위 창출의 첫걸음일 것이다. 이는 신속한 정보 수집 및 분석 능력과 직결되는 중요한 경쟁우위 창출 역량이라 할 수 있다. 예를 들어 어느 기업의 경우 정부 규제의 완화, 환율의 변동과 같은 외부 환경 변화는 경쟁우위를 발생시키는 주요 요인 중 하나이다. 특히 해당 산업과 관련되는 외부 환경의 변화가 심해질수록 기업의 상대적인 경쟁우위의 변화도 심화될 것이기 때문에 기업은 불규칙한 시장 변화에 민첩하게 대응할 수 있는 능력을 확보하여야 한다.

이와 같은 외부 환경 변화로부터 파악된 비즈니스 기회는 내부 자원, 특히 **내부 혁신 역량과의 적합성**을 통해 실현되게 되면 목표하는 성과를 얻게 될 것이다. 이때의 새로운 혁신은 경쟁우위 창출의 중요한 원천이라 할 수 있다. 예를 들어 기술 혁신을 통해서 신제품을 만들어 내거나, 획기적으로 원가를 줄일 수 있는 방법을 개발하는 등의 혁신을 이루어낼 때, 경쟁우위가 발생하게 된다. 기업의 탁월한 역량에 의한 전략적 혁신은 경쟁우위뿐 아니라, 산업 구조 자체의 변화를 리드하고 새로운 경쟁 패러다임을 창출하게 하기도 한다.

지속 가능한 경쟁우위 확보 방안

이와 같이 환경 분석과 내부 혁신은 경쟁전략 수립이나 경쟁우위 창출에 있어 매우 중요하다. 그러나 경쟁우위를 지속적으로 유지하도록 하는 데에는 도움이 크게 안 될 수 있다. 기업이 분석해 얻은 환경으로부터의 정보는 쉽게 노출되는 경향이 있기 때문이다. 그리고 물질적 자원을 통한 경쟁우위 역시 지속성을 담보하기 어렵다. 예외적인 경우가 있긴 하지만, 통상 물질적인 자원의 모방은 그리 어렵지 않기 때문이다. 그러므로 경쟁우위를 지속적으로 유지하는 일에 관심을 가지고 노력할 필요가 있다. 김언수·김봉선 2018 교수는 지속적인 경쟁우위 확보를 위한 대안을 다음과 같이 제시하고 있다.

첫째, **무형 자원**에 **집중**하여야 한다. 무형의 자원은 모방을 당할 확률이 낮으며 보통 공개된 시장에서 사들일 수도 없다.

둘째, 조직의 **축적된 긍정 문화를 활용**해야 한다. 과거의 낡은 관습이 아니라 성공하면서 쌓아온 조직의 전통, 자긍심, 변화 분위기와 같은 긍정적 문화는 경쟁우위를 더욱 견고하게 하는 데 도움이 된다.

셋째, **변화를 포용하는 강한 문화**를 개발하여야 한다. 강한 문화는 구성원들이 일체감을 느끼게 하고 공통의 목표를 향해 함께 일하는 분위기를 만들어 준다. 변화가 필요한 경우 특히 강한 문화가 뒷받침되어야 한다.

넷째, 무엇보다 독특하고 가치 있는 역량에 대해 **지속적인 투자**를 통해 자원이나 역량을 구축하는 것이 요구된다. 경쟁우위의 핵심적인 요소인 핵심 역량은 오랜 시간, 지속적으로 꾸준히 축적된 학습을 통해 확보된다. 어떠한 역량이나 자원도 적절한 투자가 뒤따르지 않으면 시간이 지남에 따라 그것은 경쟁우위의 요소로 작용하기 어려워질 가능성이 높다.

다섯째, **교육훈련**에 지속적으로 투자하여야 한다. 경쟁우위의 근본적인 인프라는 인적 자원이다. 훈련된 인적 자원이 결국 경쟁우위의 지속성을 담보할 것이다.

여섯째, **모범적인 리더십**을 발휘하여야 한다. 경쟁우위의 지속적 유지란 그리 간단한 일이 아니다. 솔선수범하되 조직의 비전을 향한 구성원들의 몰입을 이끌어내기 위한 강력한 리더십이 요구된다.

일곱째, **권한을 이양**하여야 한다. 경쟁전략을 수행하는 현장에서는 의사결정을 상관에게 의뢰할 시간적인 여유가 없다. 현장에서 책임을 지고 즉시 결정하고 행동으로 옮기는 과정에서 구성원들의 의사결정의 질이 향상됨과 동시에 업무 수행 역량이 축적되어 결국 경쟁우위의 지속성을 뒷받침하게 된다.

모방으로부터의 방어 전술

이상에서 볼 수 있듯이, 각 기업의 경쟁우위는 노력 여하에 따라 지속적으로 유지될 수 있다. 그러나 이는 분명 지속적인 투자와 노력의 산물일 것이다. 그렇지만 특정 기업에 시장을 리드할 경쟁우위 요소가 있다는 것이 포착되는 순간 경쟁자들은 그 요소에 대한 벤치마킹 등을 통해 그 경쟁우위를 무력화하고자 할 것이다. 그 외에 경쟁자들의 다른 혁신에 의해 혹은 신규 진입 기업의 새로운 방법에 의해 그 경쟁우위는 무력화될 수 있다.

이와 같은 상황에서 경쟁자들의 모방으로부터 자사의 경쟁우위 요소를 방어하는 것은 매우 중요한 일이다. 요즈음은 정보에 대한 접근이 쉽고, 가치 있는 자원의 확보 및 역량 획득 인센티브가 강하기 때문에 경쟁자들의 모방에 쉽게 공략될 수 있다. 그러므로 무엇보다 무형 자산_{기술, R&D. 혁신}이나 인적 자원과 같이 쉽게 모방하기 어려운 역량_{희소하고 가치있는 자원} 중심으로 경쟁우위를 확보하는 것이 필요하다. 새로운 아이디어나 혁신은 S자 커브를 그리며 확산되므로 역량과 자원은 최소한 확산 전까지는 경쟁우위에 공헌하게 된다.

이와 같은 관점에서 볼 때 경쟁자의 모방을 어렵게 하는 방법들을 정리하면 다음과 같다_{김언수.김봉선, 2018}.

첫째, <u>특허</u>는 모방을 차단하게 하는 제도적 장벽이다. 통상적으로 특허는 기술에 대한 독점권을 10년 정도 보장해 주므로 특허를 통해 권리를 확보할 필요가 있다. 반면 특허를 획득하는 과정에서 해당 정보가 노출되어 오히려 합법적인 '우회적 모방'을 제공하는 계기가 될 수 있는 경우에는 특허를 피하는 것이 방법이다.

둘째, 핵심 자원이나 권리에 대한 <u>독점적·배타적 소유</u>를 확보하는 방법이 있다. 이를 대체할 혁신이 나오기 전까지는 경쟁우위의 지속성을 보장해 줄 것이다.

셋째, <u>시장점유율</u>을 빠른 시일 내에 최대한으로 높이게 되면 특정 경쟁우위 요소에 대한 모방을 실질적으로 막는 역할을 할 것이다.

넷째, 경쟁우위 요소에 대한 확산 속도를 늦추기 위한 <u>법적 대응</u>

도 하나의 전술이다. 최근 글로벌 첨단 기업들이 경쟁자들을 상대로 기술적 소송을 하는 것이 이에 해당한다.

다섯째, 독특한 경쟁우위 확보를 위한 다양한 요소나 가치 활동들이 독자적으로 작용하기보다는 통합적으로 작용하게 되면 더욱 큰 시너지를 발휘할 가능성이 있다. 특히 여러 복잡한 요소들 간의 인과관계가 모호해지면 경쟁자들은 어떤 요소에 의해 경쟁우위를 누리고 있는지를 분석하거나 이해하기 어려워 모방이나 무력화가 불가능해진다.

7. 초경쟁 시대의 경쟁우위 확보

초경쟁 시대의 지속 가능한 경쟁우위

다트머스대학교의 리차드 다베니 Richard D'Aveni 교수는 오늘날을 '초경쟁 시대'라고 주장하면서 이로 인해 시장에서 경쟁우위가 먹히는 시간이 점차 짧아지고 있다고 했다. 기업의 현장을 보면 타당한 견해라는 생각이 든다. 그의 주장대로라면 지속적인 경쟁우위로 기업을 운영하는 것은 위험한 발상이다. 모든 경쟁우위는 궁극적으로 모방당하거나 새로운 혁신에 의해 무력화되곤 하기 때문이다.

이와 같은 초경쟁 시대에선 지속 가능한 경쟁우위란 존재하기 어렵다. 따라서 이런 시대에 경쟁에서 살아남기 위해서는 여러 개의 일시적인 경쟁우위가 어떤 순서대로 벌어질지에 대한 시나리오를 준비하고 미리미리 대응해야 한다. 즉 초경쟁 시대에는 장기 계획과 지속적 경쟁우위 대신, 종종 쉽게 모방되는 소규모의 전략적 공격을 연달아 실행하는 방법이 효과적이다. 짧은 기간 동안 유지되는 경쟁우위를 계속 만듦으로써 기업은 시장에서 장기적으로 지속 가능한 경쟁우위를 확보할 수 있는 것이다 그림 3-7 참조.

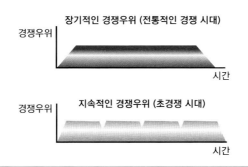

[그림 3-7] 전통적인 경쟁우위와 초경쟁 시대의 경쟁우위

(자료원: Richard A. D'Aveni, 2010)

초경쟁 환경에서의 전략 목표는 기존의 상태를 뒤흔들어 일시적 우위를 계속 창출함으로써 주도권을 유지하는 것이다. 초경쟁 기업의 목표는 업계 내 혼란을 일으켜 새로운 우위를 만들고 또 다른 우위로 계속 옮겨감으로써 경쟁사의 우위를 잠식하는 형식으로 설계될 것이다. 결국 소비자고객에게 제공할 차별적 가치를 다각적으로 끊임없이 창출해 제공하는 전략을 지속적으로 추진할 때 비로소 지속 가능한 경쟁우위를 확보하게 되는 것이다.

일시적 경쟁우위와 라이프사이클 5단계

콜롬비아대학교의 리타 맥그레이스Rita McGrath 교수 역시 급변하는 시장 변화와 초경쟁 시대에 대응하기 위한 '일시적 경쟁우위'

대안을 소개했다. 그에 의하면, 기업이 기존의 비즈니스 모델의 경쟁우위에 의한 성공에 젖어 있다 보면 쉽게 타성에 빠지게 된다. 그러다가 시장에 새로운 변화나 도전이 몰아쳐 오면 문제를 무시하거나 뒤늦게 대처하다가 결국 추락하고 만다.

이와 같이 시장 변화가 자주 일어나거나 경쟁우위가 단기간에 소멸될 수 있다고 생각되면, **되도록 다수의 일시적 경쟁우위를 동시에 추구하는 방식**을 취하는 것이 현명하다. 그러면 하나하나의 경쟁우위는 단기간 밖에 지속될 수 없지만, 전체적으로는 여러 개의 경쟁우위 조합으로 인해 장기간 지속 가능 경쟁우위를 유지할 수 있게 될 것이다. 맥그레이스 교수는 일시적인 경쟁우위가 확보되었다가 끝날 때까지의 흐름을 [그림 3-8]과 같이 5단계의 라이프 사이클로 제시하고 이의 반복적 추진을 제안했다글로비스 경영대학원, 2020.

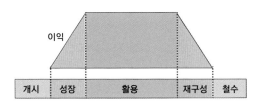

[그림 3-8] 5단계의 라이프 사이클
(자료원: 글로비스경영대학원, 2020)

1단계개시: 새로운 사업 기회를 발견하면 신속하게 자원을 확보하여 사업을 시작한다.

2단계성장: 시장 진입과 사업 확대를 위해 신속하게 시스템과 프로세스를 구축한다.

3단계_{활용} : 경쟁우위를 확보하고 시장점유율과 이익 확대를 도모한다.

4단계_{재구성} : 새로운 우위성 확립을 위해 다른 사업 기회를 모색하고 자원을 재분배한다.

5단계_{철수} : 우위성이 사라진 사업을 신속히 매각, 폐쇄, 전용 등을 통해 철수한다.

8. 핵심 역량 축적에 진력해야

핵심 역량의 중요성

1990년대 이후 기업의 경쟁우위 원천으로 지속적으로 강조되고 있는 것이 핵심 역량이다. 과거에 적당한 수준의 기술력으로 성공했던 기업들이 갑작스런 환경 변화로 위기에 빠지거나 신규 진입자의 탁월한 차별화로 시장을 잠식당하게 되자 지속 가능한 경쟁우위 요소를 찾기 시작하면서 부각된 것이다.

핵심 역량은 경쟁 기업에 비해서 우월한 경쟁우위를 가져다주는 기업의 특별히 뛰어난 자원이나 능력으로서 기업 성장의 근원이라 할 수 있다. 결국 오늘날 경영에서 탁월한 핵심 역량의 개발과 축적이 사업 성공의 필수적 요건으로 부상하게 되었다. 이와 같은 핵심 역량은 사용할수록, 여러 곳에 응용할수록, 기업 전체가 공유할수록 더 강화되고 가치가 커진다. 그렇기 때문에 최근 아웃소싱이 중요한 전략 대안으로 부상했음에도 불구하고 핵심 부분만큼은 자체적으로 개발 및 축적하여 핵심 역량으로 키워가야 한다고 강조되고 있다.

핵심 역량의 의미

통상적으로 핵심 역량이라 하면 <u>회사가 뛰어난 성과를 보이고 있는 영역의 전문성 또는 기술</u>을 의미한다. 이는 고객에게 가치를 높이거나 전달하는 과정에서 남보다 더 잘할 수 있는 특별한 능력을 말하기도 한다. 즉 고객에게 특별한 효용을 제공할 수 있게 하는 것으로서 기업을 성공으로 이끄는 여러 제품들의 바탕이 되는 핵심적인 기술이나 노하우, 특히 복합적인 지식이나 기술의 묶음인 것이다김언수·김봉선, 2018. 결국 핵심 역량은 경쟁우위의 원천이자 기업성장의 근원이라 할 수 있다. 기업은 제품이나 서비스를 통해 고객에게 다른 기업보다 더 나은 가치를 제공하여야 하는데, 통상적으로 핵심 역량은 [그림 3-9]와 같이 나무에 비유하여 설명된다.

핵심 역량, 핵심 제품, 그리고 제품과의 관계

[그림 3-9] 핵심 역량, 핵심 제품 및 제품과의 관계

즉 나무의 둥지와 큰 가지는 핵심 제품에 비유되며, 작은 단위

나 가지에 붙어있는 잎과 꽃, 열매는 최종 제품에 비유된다. 그리고 이들에게 자양분을 공급해 주고 나무를 지탱하게 해주는 뿌리는 핵심 역량에 해당한다. 이렇듯 좋은 열매가 익어가기 위해서는 핵심 역량, 핵심 제품, 핵심 프로세스의 조화로운 구성이 뒷받침되어야 한다.

여기에서 핵심 역량은 핵심 제품을 기반으로 각 사업부의 제품의 경쟁우위를 확보하도록 하는 근간뿌리이며, 핵심 제품은 핵심 역량을 물리적으로 체화하고 있는 제품최종 제품 가치 증대를 위한 중간재. 자동차 제조사의 경우 자동차 엔진이다. 그리고 핵심 프로세스는 가치 있는 결과를 산출하는 핵심 활동인 것이다.

이와 같이 기업 성장의 근원인 핵심 역량의 특징을 정리하면 다음과 같다.

첫째, 다양한 시장으로의 진출 가능성을 제공한다.

둘째, 최종 제품을 통해 고객이 느끼는 편익을 증대시킨다.

셋째, 경쟁 기업의 모방과 추적을 철저히 차단하도록 해준다.

모든 것이 핵심역량이 될 수 없다.

기업은 사업을 전개하면서 다양한 분야의 능력과 자원을 활용한다. 그렇지만 기업의 능력이나 자원이 모두 핵심 역량이 될 수는 없다. 즉 자원이나 능력 중 다음과 같은 조건을 갖추었다고 하면 그 능력은 핵심 역량이라 할 수 있을 것이다김연수·김봉선, 2018.

첫째, 핵심 역량은 고객을 만족하게 하는 가치효용의 우수성을 갖추어야 한다. 전통적으로 경쟁력의 근원으로 삼아 왔던 제조 기술 정도로는 핵심 역량이라 할 수 없다.

둘째, 핵심 역량은 다른 회사에 비해 **월등히 우수한 차별성**을 보일 수 있어야 한다. 뛰어나다고 자부하는 능력이라 하더라도 다른 기업이 보유하고 있다면 그것은 핵심 역량이라 할 수 없을 것이다.

셋째, 핵심 역량은 **다양한 제품**서비스**의 원천**이 되어야 한다. 그러기 위해서는 제품 중심의 사고에서 역량 중심의 사고로 전환할 필요가 있다.

넷째, 핵심 역량은 자세히 묘사될 수 있는 **구체적인 능력**이어야 한다. 역량 중심의 사고라고 해서 추상적이어도 된다는 것은 아니다. 그 핵심 역량을 구성하고 있는 기술, 인적 자원, 브랜드, 품질, 프로세스 등 구체적으로 표현되어야 한다.

한편 효과적인 전략 실행을 뒷받침하도록 할 핵심 역량의 조건을 정리해 보면 다음과 같다.

① 꾸준한 축적을 통해 가진 자신만의 독창성지속 가능성
② 경쟁 기업의 강점과 비교한 상대적 우월성탁월한 경쟁력
③ 경쟁 기업이 쉽게 모방하기 어려운 유일성모방 불가능성
④ 창출한 가치의 결실을 필수적으로 확보타당성

4

전략 실행,
유지 및 관리

CHAPTER **4**

전략 실행, 유지 및 관리

오늘날 전략은 회사의 필수품이 되었지만 실행이 없는 전략은 무의미하다. 그리고 전략은 경쟁자가 쉽게 모방할 수 있지만, 실행 역량은 모방하기 쉽지 않다. 차별화의 결정 요인 역시 전략의 유무가 아니라 실행 역량이라 할 수 있다. 물론 최상의 상황은 좋은 전략에 대한 좋은 실행에 의해 연출될 것이다. 그리고 실행 과정에 대한 체계적인 관리와 피드백에 의해 더욱 향상된 전략경영 과정이 지속된다.

1. 전략은 실행으로 완성된다

전략의 수립은 주도면밀한 시장 분석과 내부 역량 파악을 토대로 이루어지므로 전략을 잘 만들면 모든 게 끝난 것 같다. 그러나 수립된 전략의 수립은 전략의 실행의 뒷받침 없이는 아무것도 아니다. 전략은 우수한 성과를 내기 위한 하나의 계획이다. 계획은 어디까지나 설계도에 지나지 않는다. 실행이 체계적으로 뒷받침될 때 비로소 전략이 성과로 이어지는 것이다.

전략 수립은 무엇을 할 것인가를 결정하는 것이라면 전략 실행은 어떻게 할 것인가를 결정하고 추진하는 것이다. 전략 실행 implementation 은 **전략적인 의도가 구체적인 행동으로 바뀌는 과정** 이다. 전략 실행은 실행 단계 활동 계획 수립, 활동 수행 지시, 계획의 준수의 진행 상황의 주기적인 체크 등이 포함된다. 전략의 수립은 사업가적 사고와 시장 중심의 사고에 의해 탄생되지만, 전략의 실행은 회사의 운영 프로세스에 집중함으로써 진행된다. 성공적인 전략은 가용한 자원을 전략에 최대한 집중함으로써 달성할 수 있는 것이다.

전략의 수립과 전략의 실행은 근본적으로 차이가 있다. 두 개념에서 사용하는 용어들도 매우 다르다. 예를 들어 전략 수립은 분석과 계획, 사고하기, 위에서 at the top 주도하기, 기업가적 사고, 목표 수립 등을 포함한다. 반면 전략 실행은 실행, 행동하기, 아래에서 at the bottom 따르기, 운영적 행동, 목표 달성 등을 포함한다.

2. 실천력이 담보된 실행 계획

전략의 실행은 실천력이 담보된 실행 계획에 의해 성공적으로 진행될 수 있다. 그러기 위해서는 실행 계획은 구체적이어야 한다. 즉 달성하고자 하는 전략 목표를 명확히 규정해야 하고, 실현 가능한 현실적인 진행 단계에 근거해 측정 방법을 정의하여야 한다. 또한 필요한 자원을 확보하도록 세밀해야 하며 진행 상황이 철저히 관리되도록 하는 지침을 마련해야 한다. 실행 계획은 전략과 전략의 실행을 연결시켜 주는 부분이다. 그러므로 실행 계획은 중간 관리자의 철저한 모니터링과 관리를 매우 중요하게 다룬다.

대체로 전략 계획은 전사적인 것이므로 이를 실행하기 위한 실행 계획은 부문 조직의 것과 공통적인 것의 통합 계획이라 할 수 있다. 그리고 이 계획은 측정 가능한 목표를 담고 있어야 한다. 결국 전사의 전략 계획 달성을 위해서는 부문 조직 및 공통의 실행 계획과 성과 측정과의 정렬이 잘 이루어져야 한다.

전사적으로 연계된 목표 수립

회사의 미션과 전략 목표는 회사 전체와 각 부문 활동의 시작점이다. 이는 또한 회사가 자원과 노력을 어디에 쏟아부을 것인지를 결정하는 중요한 지표가 된다. 그러므로 회사 내의 각 부분 조직들은 회사 전체의 전략적 목표를 정확히 이해하여 명확하고 측정 가능한 목표를 만들어야 할 것이다. 결국 총합에 의한 전사적 목표 달성을 위해서는 조직 부문별 목표의 타당성 확보가 중요하다. 이는 회사의 목표, 부문과 팀의 목표, 그리고 개인의 목표가 잘 연결되고 조정되는 것을 말한다.

목표 달성을 위한 성과의 측정

실행 계획을 수립하는 과정에서 목표를 설정하게 되면 목표 달성의 정도를 측정할 수 있는 방법을 찾아야 한다. 성과에 대한 측정 방법은 합리적이고 명확하게 정의되어야 한다. 실행은 곧 업무와 처리 과정이므로 각 부문의 업무에 타당한 성과 영역과 지표 개발이 중요한 것이다. 성과를 측정하는 방법은 매우 다양하다. 전통적으로 회사는 재무적 관점의 성과 지표를 주로 사용해 왔다. 예를 들면 매출, 1인당 매출, 이익, 이익률, 투자 수익률ROI 등이 그것이다.

그러나 재무적 지표만으로는 전략의 전체적인 성과를 측정하기 어려운 점이 있다. 즉 [표 4-1]에서 볼 수 있듯이, 실행 계획에 따라 업무를 추진하는 각 부문의 성과에는 비재무적 성과가 다수 포함되어 있기 때문이다. 따라서 각 부문에 합리적인 성과 지표가 설계되어야 할 것이다. 각 부문의 주요한 성과 영역이 결정되면 분명한 측정 방법에 의해 타당한 수준을 설정하는 것도 필요하다. 결국 각 부문의 측정 지표는 구체적이고 측정 가능하여야 하며 현실적으로 달성 가능한 수준이어야 개인 및 부분의 성과가 전사적인 전략 실행의 성과와 잘 연계될 것이다.

[표 4-1] 부문별 성과 영역과 지표 예시

생산 부문	마케팅·영업 부문	인적자원 부문
생산량	매출액	채용
품질/불량률	시장점유율	교육
원가	고객 만족도	이직률
효율성	배송 시간	연봉
프로세스 혁신	신제품 판매율	직무 만족도

실행 계획의 주요 내용

부문 단위에서 목표와 측정 지표가 설정되었다면 이 목표를 달성하도록 하는 실행 단계를 구체화하는 문제가 대두된다. 실행 계획의 주요 내용은 [그림 4-1]과 같이 실행 단계의 구체화, 소요 자원의 결정, 협업 방식의 정의, 재무설계 등을 포함한다.

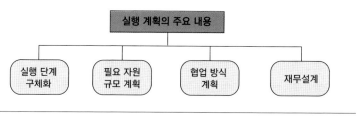

[그림 4-1] 실행 계획의 주요 내용

먼저 실행 단계의 구체화는 목표 달성을 위한 필요한 단계들을 추려내고 이를 세부적인 하위 단계로 나누는 작업부터 시작된다. 이러한 작업은 각 하부 단계가 명확히 정의될 때까지 반복한다.

둘째, 실행 계획은 필요 자원에 대한 계획이 수립되어야 완전해진다. 전형적인 소요 자원은 인적 자원, 자금, 기술, 공간, 지원 부문, 전략적 파트너, 소요 일정, 교육훈련 등이다. 통상적으로 전략 실행시에는 계획된 자원 이상이 소요된다. 이는 갈등을 야기하게 되고 자칫 전략 실행을 성공시키지 못하게 된다. 따라서 소요 자원의 규모를 결정할 때에는 해당 부문의 책임자의 의견을 수렴할 필요가 있다. 아울러 계획된 규모 외에 다소간의 여유분을 사전에 준비하는 것도 요구된다. 미리 계획하고 전략적으로 사고하여 자원의 활용을 극대화하는 것은 주어진 조건하에서 전략 실행을 성공적으로 추진하도록 하는 방법인 것이다.

셋째, **협업 방식**을 구체화해야 한다. 단독으로 일을 처리할 수 있는 조직은 거의 없다. 조직 내는 물론 외부 조직과의 협업도 요구되는 경우가 많다. 협업은 서로 다른 부문 간에 주고받는 형태를 띠는 것이 일반적이지만 경우에 따라서는 일방적인 지원을 받기도 한다. 협업할 일이 많아지면 별도의 협업 팀cooperation team을 구성한다. 달성하고자 하는 목표에 따라 팀의 구성이 각기 달라진다. 협업 팀이 구성되면 협업 대상 간의 역할과 책임, 주요 일정, 산출물, 의사결정 프로세스 등을 결정해야 한다. 통상적으로 관리와 자원 배분, 책임 소재, 수익 배분 등의 문제가 협업을 어렵게 할 수 있다. 따라서 팀을 구성하기 전에 문제의 소지 및 책임 소재 등에 대해 명확하게 정하는 것이 필요하다.

넷째, **재무 설계** 역시 실행 계획 수립 시 중요하다. 전략 실행과 관련된 비용과 실현 수익 추정 등 재무적인 관점의 세밀한 분석과 예측이 필요한 것이다.

이상에서 살펴본 바와 같이, 전략이 수립되면 곧 실행으로 이어지는 것이 아니다. 세밀한 실행 계획을 기반으로 실행된 전략만이 성공을 보장받을 수 있는 것이다. 실행 계획 수립 시 유의사항을 정리하면 다음과 같다.

첫째, **단순화**해야 한다. 복잡한 계획은 혼란만 가중시킬 뿐이다.

둘째, **실행 주체가 참여**해야 한다. 전략 실행을 행동으로 옮길 사람의 참여는 자발성을 촉발하여 실행을 성공하게 한다.

셋째, 현실적인 계획이어야 한다. 지나친 의욕보다 실현 가능한 현실적 계획 수립이어야 한다.

넷째, 권한과 의무의 명확화가 요구된다. 부문, 팀, 개인 등에 대한 명확한 책임과 권한이 부여되어야 결과에 대한 책임도 인정하게 된다.

다섯째, 유연하게 실행하도록 한다. 전략 실행은 다양한 환경 변화와 장애로 인해 계획대로 안 되는 경우가 많다. 이를 감안하여 언제든지 계획은 수정 가능해야 한다.

3. 전략과 자원의 연계인 정렬

성공적인 전략 실행은 회사의 가용한 자원을 해당 전략에 최대한 집중함으로써 달성된다. 여기에서의 집중은 전략 실행을 위한 전략과 자원의 적절한 연계, 즉 정렬alignment 을 말한다. 하버드 경영대학원2005은 전략 실행의 정렬 요소를 [그림 4-2]와 같이 인적 자원, 인센티브 구조, 지원 시스템, 조직 구조, 조직 문화, 리더십 등으로 제시했다.

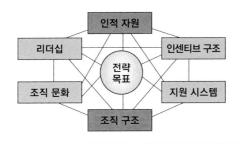

[그림 4-2] 전략 실행의 정렬 요소

인적 자원

전략의 실행은 결국 사람이 하는 것이다. 그러므로 모든 구성원들의 전략에 대한 명확한 이해와 빠짐없는 참여가 필수적인 요소이다. 이를 위해 경영진은 회사의 전략 방향에 대해 끊임없이 소통해야 한다. 또한 전략 실행을 위해 일처리 방식에 변화가 필요한 경우 이에 대해 전 직원이 명확하게 인식하도록 하는 것도 필요하다. 인적 자원과 관련되는 전략 실행 요건으로 점검할 사항은 전략 성공에 필요한 역량의 직원, 전략에 대한 직원들의 수용 태도, 원활한 일처리에 필요한 자원 등이라 할 수 있다. 인적 자원에 대해서는 뒤에서 보다 상세히 다루기로 한다.

인센티브 구조

인센티브incentive는 전략 실행력을 높이는 데에 있어 매우 중요한 요소이다. 전략을 실행할 사람에게 아무런 동기가 없다면 전략의 실패 가능성은 상존한다. 전략 실행에 있어 가장 확실한 동기는 인센티브, 즉 보상이다. 회사의 보상 시스템이 전략의 실행과 연계되어야 함은 당연하다. 이를 위해서는 사전에 명확하고 측정 가능한 목표가 준비되어야 한다. 그리고 이 목표는 성과 지표로 작동하고 그 결과에 따른 보상이 연계되어야 한다. 특히 제도로서 인센티브가 직원이 느끼는 실제 보상과 거리Gap가 있는 인센티브는 동기 부여로서 작용하지 않는다는 점을 명심해야 한다.

지원 시스템

전략이란 상호 의존적인 부분들이 작동하는 방식의 시스템화를 의미한다. 서로 관련 없어 보이는 지원 활동들의 상호 보완적 시너지가 전략 실행의 성공적인 결과를 도출하는 것이다. 예를 들어 투입, 생산, 마케팅과 영업, 서비스와 같은 주요 활동을 지원하는 채용, 교육, 물류, 가격 결정과 같은 보조 활동들이 구체적인 프로그램과 실행 프로세스화 되어 체계적으로 운영되는 것과 같은 것이다. 만약 주문 처리의 정확성과 신속성이 고객 신뢰를 얻게 하고 이게 전략적 핵심 요소라면, 판매, 주문 처리, 생산, 배송과 같은 활동에서의 오류와 시간 낭비를 최소화하는 노력이 매우 중요할 것이다.

조직 구조

새로운 전략의 수립과 실행은 조직 구조의 개편 혹은 새로운 체계의 뒷받침에 의해 달성된다. 전략의 실행은 사람, 자원, 조직 구조 등이 전략목표을 향해 정렬되는 것을 요구하므로 이를 사전에 점검할 필요가 있다. 즉 인적 자원, 자원, 조직 구조 등 조직의 각 구성단위가 전체 전략의 목표 달성 요소로서 적합하게 조직화되고 걸맞은 목표를 설정하도록 하여야 하는 것이다. 예를 들어 신속하고 정확한 주문 처리가 요구된다면 조직 구성, 생산 방식, 설비, 공급업체가 새롭게 재편되어야 실행 가능해질 것이다. 또한 민첩함이 핵심 요소라면 의사결정 및 생산, 진행 상황의 모니터링 등을 위한 단순한 조직 구조가 필요할 것이다. 조직 구조에 대해서는 뒤에서 보다 상세히 다루기로 한다.

조직 문화

조직 문화는 앞에서도 살펴본 바와 같이 구성원들이 받아들이고 함께 살아가는 신념, 행동 유형, 가치관이다. 이는 회사의 가치, 전통, 운영 방식의 함축적 의미이나 측정 불가능한 요소이다. 그런 반면 조직 문화는 회사의 경영 방식, 직원의 행동 방식에 지대한 영향을 미친다. 특히 조직 문화는 전략적 성과에 순기능으로 작용한다. 즉 이는 구성원들에게 일체감 내지 동질감 형성, 조직에 대한 충성도 내지 몰입도 고양, 조직의 안정감 증진, 구성원들의 학습을 통한 행동 유도 및 형성 장치로 작용하는 데에 기인한다.

이와 같이 조직 문화는 전략 실행에 중대한 영향_{강점 혹은 방해} 요소로 작용한다. 따라서 변화된 전략이 성공적으로 실행되려면 조직 문화의 변화가 필수적으로 요구된다. 새로운 전략 실행을 위해 조직 구조를 바꾸더라도, 문화가 바뀌지 않으면 직원들은 옛날 방식으로 일하려 들기 때문에 전략 실행은 어려움에 봉착하게 될 것이다. 예를 들어 차별화 우위 전략을 추진하기 위해서는 혁신, 도전, 실패나 위험 감수 등의 감내 문화가 필요할 것이다. 반면 원가 우위 전략을 추진할 경우에는 근면, 규율, 세부사항에 대한 관심 등을 중시하는 문화가 요구될 것이다. 특히 존폐 위기의 기업이라면 전략의 대폭적 수정이 필요한데, 이는 조직 문화의 전면적 변화가 병행되어야만 가능할 것이다.

이와 같이 문화와 전략을 정렬시키는 것이 중요한데, 이는 전적으로 CEO와 경영진의 몫이다. 기업 상황에 따라 다르겠지만, 탑다운top-down 방식에 의한 방법이 유효하다는 얘기이다. 하바드 경영대학원2005은 다음과 같이 전략을 문화에 접목하도록 정렬시키는 방법을 제안했다.

① 전략 실행에 필요한 문화를 **명확히 정의**하고 이에 집중하여야 한다. 예를 들어 고객 집중, 아이디어의 자유로운 제안, 수평적 토론 문화, 오픈 이노베이션, 품질 중심주의 등이 명확한 정의의 예라 할 수 있다.

② 창출하고자 하는 **가치와 모델**을 개발하고 실행한다. 예컨대 고객 집중이 필요할 경우에는 고객 접촉 및 관계를 강화하고, 원가 우위 전략을 구사할 경우에는 비용 절감을 솔선수범하는 것이 이에 해당한다.

③ 가급적 전략에 관한 **일체감**을 형성할 필요가 있다이를 위해 리더와 직원들의 자유로운 소통 필수.

④ 성과 목표의 기준은 가능한 수준에서 높게 정하는 것이 필요하다.

⑤ 변화 목표가 달성되었을 경우 **축하 이벤트**를 개최하여 분위기를 고양시킨다.

⑥ 목표 달성을 위해 고군분투하는 직원들에 대한 **적절한 보상**금전, 승진 등 역시 필요하다.

리더십

리더십은 구성원들로 하여금 전략을 효과적으로 수행하도록 하기 위해 영향력을 행사하는 것을 의미한다. CEO는 물론 중간, 하위 관리자들의 리더십 역시 중요하다. 전략적 리더십은 구성원들을 전략적으로 바람직한 방향으로 상호 협력하며 최선을 다해 움직이도록 동기 부여하고 자극하는 역할을 수행한다. 리더십은 조직의 보상 체계가 전략적 방향과 정렬되도록, 즉 일관성을 유지하도록 관리한다. 최근에는 조직과 전략의 비전을 제시하고 확신시키며, 직원들이 열정적으로 몰입하도록 하는 변혁적 리더십 transformational leadership [7]으로 진화·발전하고 있다.

4. 전략 실행은 지속적으로 관리되어야

전략 실행력을 유지하려면

통상 새로운 전략 과제를 추진하다 보면 종종 일에 묻혀 목표는 잊혀지고 성과도 목표와 많은 차이가 발생하곤 한다. 이는 전략 실행 과정에 대한 체계적인 관리가 계획대로 이루어지지 않아 발생된 결과라 할 수 있다. 즉 실행 과정에서 적절한 시기에 실행 점검을 실시하면 문제점을 피해갈 수 있는데 이러한 일들이 간과되곤 하기 때문이다. 결국 전략이 성공하려면, 주기적 혹은 적절한 시기에 실행 상황에 대한 점검을 실시하는 것이 필요한 것이다. 이를 통해 실행 과정의 문제점을 미리 발견만 하게 되면 적은 노력으로 쉽

---

7) 변혁적 리더십은 조직 구성원들로 하여금 리더에 대한 신뢰를 갖게 하는 카리스마와 조직 변화의 필요성을 감지하고 그러한 변화를 이끌어 낼 수 있는 새로운 비전을 제시할 수 있는 능력의 리더십을 말한다.

게 해결하면서 정상적인 궤도로 돌아갈 수 있는 것이다.

전략 실행 과정상에서의 이탈 및 목표 미달 요소를 사전에 감지하도록 하는 방법으로는 ① 실행 계획에 대한 성과 지표 및 목표 설정, ② 주기적인 현황 보고 및 진행 상황 검토, ③ 관리자의 현장 모니터링 등을 들 수 있다. 이러한 방법 등을 통해 사전에 문제점을 파악하는 것은 매우 중요하다.

이런 과정에서 파악될 수 있는 문제점을 도출하고 그것을 해결하는 프로세스를 정리하면 [그림 4-3]과 같다. 첫째, 먼저 진행 상황을 늘 검토하면서 우려되는 상황을 파악한다. 성과 지표의 점검 및 현황 점검, 사례 보고 및 현장 시찰 등을 통해 가능하다. 둘째, 문제점이 발견되면 이에 대한 근본적인 원인이 무엇인지를 분석한다. 셋째, 분석된 원인을 해결할 가능한 복수의 대안을 도출한다. 넷째, 그중에서 최적의 처방 대안을 마련한다. 다섯째, 처방의 해결 대안을 실행하여 문제를 해결한다. 그리고 이와 같은 과정은 피드백 등을 통해 상시적으로 관리하여야 할 것이다.

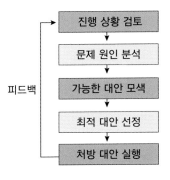

[그림 4-3] 실행 과정의 문제 도출 및 해결 프로세스
(자료원: Harvard Business School, 2005, 수정)

전략 실행을 모니터링한다.

전략 실행에 관한 모니터링은 크게 주기적인 검토, 성과 지표에 의한 분석, 분기별 점검 및 수시 점검 등으로 나누어 할 수 있다.

첫째, 전략 실행에 관한 <u>주기적인 검토</u>는 매우 효과적인 전략의 실행력 제고 수단이다. 각 실행 단계마다 설정된 성과 지표를 가지고 진행 상황을 체크하는 것은 전략의 성공적 실행을 위해 반드시 필요한 일이다. 부문이나 팀의 실행 관리는 주별 또는 월별 주기적인 진행 상황 검토 회의를 통해 모니터링하면서 이루어진다. 실행 초기에는 가급적 검토 주기를 짧게 잡고 시행하는 것이 좋다.

둘째, 진행 관리는 <u>성과 지표를 기반</u>으로 하는 것이 객관성과 타당성을 담보할 수 있다. 각 단계별 성과 지표를 예시해 보면 1인당 매출, 단위당 생산 원가, 제품당 불량률, 업무 완료 기간 등을 들 수 있다. 모든 지표는 반드시 시간적인 요소를 고려해야 한다. 일정이 고려된 지표는 전략 실행이 목표한 방향으로 일정이 지켜지면서 진행되고 있는지에 대한 정보를 제공하기 때문에 관리자로 하여금 상황에 따른 문제를 빠르게 인식하고 즉시 대처하게 해준다.

셋째, 전략 진행 <u>상황 모니터링</u>에 관한 또 하나의 중요한 수단으로 정기적인 분기별 점검을 들 수있다. 분기별로 전사적 차원의 전략 수립 진행에 대해 점검하게 되면 큰 틀에서 한눈에 진행 상황을 파악하게 되고 필요한 보완 조치를 통해 전사적 전략의 실행력을 잘 가지게 된다. 각 부문의 분기별 보고서에는 목표 달성도와 목표 달성 내용 및 미달성 내용, 해결이 필요한 문제나 이슈, 경영진의 의사결정 사항 등을 포함하는 것이 좋다.

넷째, 수시 점검 역시 전략 실행을 모니터링하는 중요한 수단의 하나이다. 책임 있는 관리자에 의한 현장에 대한 수시 점검은 무척 효과적인 모니터링 도구이다. 문서에 의한 보고는 자칫 현장의 살아 있는 목소리가 생략되기도 하여 전략 실행의 실패를 야기할 수도 있다. 따라서 전략 실행을 관리하는 책임자는 수시 점검을 통해 현장에서의 진행 상황, 자원의 충분 정도, 추진상 장애물, 경영진의 지원 애로 등을 파악할 필요가 있다. 수시 점검의 또 다른 장점은 현장 직원들과 소통을 통해 전략 실행의 중요성을 일깨워줌으로써 직원들이 자부심과 사명감을 갖고 더욱 열정을 갖고 일에 임하게 한다는 점이다.

평가와 통제 시스템의 중요성

조직이 전략 실행 과정에서 원하는 방향으로 성과를 창출하도록 하기 위해서는 일할 마음이 생기도록 하는 통제와 보상 시스템이 마련되어야 한다. 즉 통제와 평가 시스템은 조직 구조와 구성원들의 전략 실행 과정에 대한 기준을 기반으로 성과를 측정하고 측정된 성과에 대한 분석을 통해 보상을 하거나 전략 수정을 위한 피드백과 관련된 일련의 시스템을 의미한다.

여기에서 효과적인 통제라 함은 전략 실행을 위한 목표를 결정하고 성과를 평가하는 데 유용하게 쓰일 정보를 제공하는 것을 의미한다. 즉 조직은 통제를 통해 성과가 미약할 경우에는 문제의 원인을 찾아 전략상 부정적인 효과를 제거하여야 하고, 성과가 초과될 경우에는 성공 이유를 찾아 조직이 새로운 것을 학습하도록 하는 긍정적인 영향을 도모하게 된다.

평가와 통제 프로세스

평가와 통제 프로세스를 정리하면 [그림 4-4]와 같다. 먼저 실행의 성과를 측정한다. 둘째, 원래의 목표와 측정된 성과의 결과 차이를 파악한다. 셋째, 차이의 원인을 분석하고 평가한다. 넷째, 결과를 토대로 책임 있는 사람에게 보상 혹은 제재를 함과 동시에 다음 전략 수립에 피드백을 준다. 긍정적인 성과는 지속하게 하되 부정적인 차이는 행동을 수정할 기회를 주어야 한다. 특히 실수가 용납되는 문화가 조성되어야 하며 필요시 목표를 수정하는 것도 고려해야 한다.

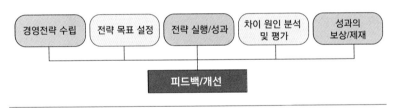

[그림 4-4] 평가와 통제 프로세스

늘 조직은 통제 시스템의 실패로 원하는 결과가 나오지 않는 것에 대비해야 한다. 통제 시스템이 제대로 작동하지 않는 데에는 여러 가지 이유들이 있을 수 있는데 김언수·김봉선 2018 교수는 그 원인을 다음과 같이 정리하고 있다.

첫째, 잘못된 목표 설정이다. 목표를 측정하기 어렵거나 지나친

흑백논리식 목표를 설정할 경우가 이에 해당한다. 둘째, **정보 처리 상 오류나 능력 부족** 문제이다. 성과 평가를 위한 데이터가 부족하거나 정보의 전달과 소통이 어려운 경우 혹은 통제 시스템이 잘 갖추어져 있지 않는 경우가 이에 해당한다. 셋째, **성과 평가 방법의 부적절성**이다. 이는 단기 운영 목표와 장기 전략 목표가 동시에 균형적으로 평가되지 못함을 의미한다. 넷째, **지나친 부정적 피드백**이다. 목표치에 미달한 결과가 발생했을 때 제재를 통해 목표를 달성하고자 할 경우 동기 부여가 감소되고 보수적인 분위기가 조장될 수 있다.

따라서 통제 시스템은 적정 수준의 확실한 목표 설정, 정보 처리 능력 확보, 장단기 목표에 대한 균형적인 평가 방법의 설계, 실수에 대한 용납과 관용, 피드백의 과감성 등을 토대로 잘 구축되어야 한다. 이와 같이 하여 통제 시스템이 제대로 작동될 경우 탁월한 성과에 대한 보상, 목표의 변화, 행동의 수정, 다른 대안의 개발 등을 통해 전략의 실행력이 지속적으로 확보될 수 있을 것이다.

전략적 통제 시스템

전략의 실행은 조직의 상부에서 최하부에 이르기까지 모든 부분이 성과를 내는 방향으로 하나의 일관성을 가지면서 진행되어야 한다. 이렇듯 조직 전체 차원에서 방향성이 있는 통합을 이루도록 전략을 추진하도록 하는 것을 전략적 평가와 통제 시스템이라 한다. 결국 전사적 차원에서 전략이 방향성을 잃지 않고 실행되도록 하기 위한 시스템이 전략적 통제 시스템인 것이다. 전략적 통제 시스템은 보다 정교하고 치밀한 정교한 기준을 가지고 실행되어야 조직 차원에서 성과를 낼 수 있게 한다.

진략적 통제 시스템은 진사적 차원에서의 통제를 하므로 보다 많은 데이터와 정보를 필요로 한다. 그러나 이는 불확실성과 부정확성 등 미래 지향적 성격을 가지므로 관리자들 간의 합의에 의존한다는 점을 감안해야 한다. 그리고 조직 전체의 목표는 단기_{하위} 성과의 통합을 통해 측정 가능하지만 큰 틀에서 보면 각 부문의 성과 최적화가 강조되므로 통합의 어려움을 내포하고 있다. 성과 평가와 관련하여 단기 목표의 달성 여부가 부각되는 경향이 있기에 더욱 그렇다.

따라서 전략적 기여에 대한 평가와 보상, 전략적 예산의 별도 수립 등을 통해 사업 단위 및 프로젝트 간의 목표 통합을 조정하는 것이 필요하다. 여기에서 전략적 기여에 대한 평가와 보상이란 단기적인 평가와 보상이 아니라 중장기적인 성과의 종합에 대한 평가와 보상을 의미한다. 전략적 예산이란 전략 수립의 결과로 나오는 장기 전략 프로그램이나 전략적 활동에 쓰이도록 지정된 예산으로서 상시적인 기업 운영에 필요한 단기적 운영 예산과 대비되는 것이라 할 수 있다 김언수·김봉선, 2018 .

5. 전략의 성과 측정과 보상

통제와 평가는 정확한 성과_{performance} 측정이 뒷받침되어야 가능해진다. 앞에서 통제 시스템의 실패를 막기 위한 방법으로 적절한 측정 기준의 중요성을 언급했다. 통상적으로 재무지표에 의한 성과 측정 도구가 널리 사용되고 있지만 이 도구로 종업원의 개발이나 ESG 경영과 같은 비재무적 부문을 측정할 수는 없다. 특히 재무적 측정 도구는 과거에 대한 성과를 측정하는 데에는 유용하나 미래에 대해 예측하는 데에는 부적절하다. 그리고 혁신이나 새로운 제품 개발에 전략적 초점이 맞추어진 기업의 경우에는 재무적 성과보다는 비재무적 성과를 더 중요시하는 경향이 있다. 그럼에도 불구하고 재무적 지표는 성과를 명확하게 보여 준다는 점에서 아직도 많은 성과 측정 도구로 사용되고 있다.

재무지표에 의한 성과 측정

전략의 성과는 재무제표, 특히 재무상태표와 손익계산서에도 잘 나타날 수 있다. 재무상태표 Statement of Financial Position 란 연말 결산기와 같은 특정 시점의 기업의 자산, 부채와 자본 등의 내용을 정리한 표이다. 반면 손익계산서 Income Statement 는 1년, 분기 등 특정 기간 동안의 수익과 비용을 비교한 결과로서의 경영 실적을 정리한 표이다. 이와 같은 재무제표상의 수치를 이용한 각종 수익률 분석은 전략 성과에 관한 중요한 정보를 제공한다. 물론 전략 실행에 대한 명확한 성과 측정 자료는 아니지만, 전략의 실행이 잘 진행되고 있는지에 대한 점검에는 도움이 된다.

먼저 수익성 지표 Profitability Ratios 는 수익과 이를 발생시키는데 투입된 자원의 비율로 표현된다. 한정된 자원으로부터 최대한 많은 이익을 창출하는 것이 전략의 목적이므로 수익성 지표를 파악해 보는 것은 매우 중요하다. [그림 4-5]에서 볼 수 있듯이, 주요 수익성 지표에는 총자산 이익률, 자기자본 이익률, 영업 이익률 등이 있다.

ROA(총자산 이익률)	ROE(자기 자본 이익률)	영업 이익률(OM)
$= \dfrac{순이익}{총자산(자본+부채)} \times 100$	$= \dfrac{순이익}{자기 자본} \times 100$	$= \dfrac{영업 이익}{순매출액} \times 100$

[그림 4-5] 주요 수익성지표 예

총자산 이익률ROA, Return on Assets은 투여된 모든 재무적 자원과 창출된 순이익과의 관계로서 자원의 효율적 사용 여부를 측정한다. 자기 자본 이익률ROE, Return on Equity은 주주들이 투자한 재원과 창출된 순이익과의 관계로서 주주 지분의 효율적 사용 여부를 측정한다. 영업 이익률Operating Margin은 회사의 영업 활동에 의해 창출된 수익성 측정 지표로서 순수한 경영 역량이율, 세금 제외에 의한 성과를 측정한다.

예를 들어 어느 기업의 재무제표상의 주요 내용이 자기 자본 1,500,000원, 총자산 4,400,000원, 순매출액 4,000,000원, 순이익 400,000원이라면, ROA = 400,000/4,400,000 = 9.0%, ROE = 400,000/1,500,000 = 26.7%, OM = 400,000/4,000,000 = 10.0%로 계산할 수 있다.

BSC에 의한 성과 측정

지금까지의 성과 측정에 관한 기준 및 시스템은 주로 재무적인 것들이었다. 그러나 최근에 와서 재무지표 중심의 성과 평가 시스템의 한계를 극복하고자 등장한 성과 평가 시스템이 균형성과표 BSC: Balanced Scorecard 이다. BSC는 **재무적 성과, 고객, 내부 프로세스, 학습과 성장 등 4가지 부문의 균형적 관점에서 균형 잡히고 종합적인 성과를 평가하는 수단**이다. BSC는 전략과 평가 지표 간의 연계를 중요시한다. 즉 BSC는 평가 지표들이 비전, 미션, 목표와 관련되어 있어서 구성원들이 이의 달성을 위한 자신들의 역할을 인식하고 4가지 관점의 균형적 지표 관리를 가능하게 한다.

[그림 4-6]에서 볼 수 있듯이, BSC는 재무적 관점, 고객 관점, 내부 프로세스 관점, 학습과 성장 관점의 4가지 관점으로 성과 지표를 작성하고 이를 기준으로 성과를 측정하는 성과 평가 시스템인 것이다.

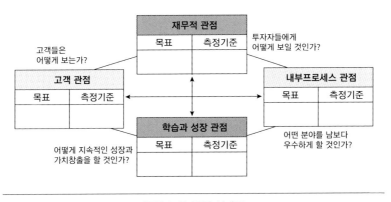

[그림 4-6] 균형 성과표

먼저 '투자자들에게 어떻게 보일 것인가'라는 재무적 관점은 이미 논의한 재무적 성과 지표들을 통해 파악할 수 있는 것들에 해당한다. 둘째, '고객들은 어떻게 보는가'라는 고객 관점은 고객 및 시장 세분화, 그 시장에서의 성과 지표 등을 명확하게 해준다. 주요 측정 지표로는 고객 만족도, 신규 고객 확보, 고객 유지율, 시장점유율 등을 들 수 있다. 셋째, 내부 프로세스 관점의 '어떤 분야를 남보다 우수하게 할 것인가'는 고객 만족과 재무적 목표를 달성하는데 가장 큰 영향을 미치게 될 내부 프로세스 혁신에 초점을 맞춘다. 주요 측정 지표로는 원가와 품질, 납기 준수 및 대응 시간, 신제품 비율 등을 들 수 있다. 넷째, '어떻게 지속적인 성장과 가치 창출을 할 것인가'라는 혁신과 성장 관점은 조직이 장기적으로 성장하고 개선하기 위해 반드시 구축해야 할 혁신과 학습 능력을 의미한다. 주요 측정 지표로는 학습 정도, 지식 공유, 혁신 및 연구개발 투자, 디지털화 정도 등을 들 수 있다Harvard Business School. 2005 .

고객 관점	
목표	측정 기준
신제품	독점적이고 새로운 제품에서 나오는 매출 비율
신뢰받는 공급자	적시 배달(고객이 정한 기준)
선호하는 공급자	핵심 고객의 구매 비율
고객과의 파트너십	협력적 제품 개발 노력의 수

재무적 관점	
목표	측정 기준
생존	현금 흐름
성공	각 사업부 분기별 매출 성장률과 영업 이익
번영	시장점유율과 ROE

학습과 성장 관점	
목표	측정 기준
기술적 리더십	차세대 제품 개발 소요 시간
제조 리더십	제조 리더십 제조 공정 시간
제품 집중도	매출 70%를 차지하는 제품이 전체 수익에서 차지하는 비중
스피드 경영	경쟁사 대비 신제품 출시 속도

내부 프로세스 관점	
목표	측정 기준
기술 역량	경쟁사 대비 기술 우위성
제조의 탁월성	제조 사이클, 단위원가, 수율
디자인	고객 여정 맵의 탁월성
생산성	엔지니어링 효율성
신제품	신제품 혁신 및 출시 일정관리

[그림 4-7] BSC에 의한 성과 측정(제조업의 BSC 예시)

(자료원: 김언수·김봉선, 2018 수정)

[그림 4-7]은 BSC의 4가지 관점으로 성과 목표를 정하고 관련되는 측정 기준을 마련한 제조업의 BSC 예시이다. BSC가 전통적인 측정 방법에 비해 뛰어난 이유는 4가지 관점 중 고객, 내부 프로세스 및 학습과 성장 관점은 '미래 지향적 방향성'을 제시하고 있다는 것이다. BSC와 전통적인 재무지표를 함께 사용한다면 경영진은 전략 실행의 성과를 더 정확히 측정할 뿐 아니라 개선이 필요한 부분도 정확히 파악해 낼 수 있을 것이다.

BSC의 경쟁우위적 강점

BSC는 경쟁우위의 변화를 반영한다는 점에서 기존의 재무적 성과 지표에 비해 큰 강점을 가지고 있다. 즉 BSC는 외부, 미래, 혁신 관점에서의 지표를 개발하도록 함으로써 새로운 전략의 성공적 추진을 위한 미래 지향적 방향성에 의한 경쟁우위의 지속적 확보를 조직과 구성원들이 추구할 수 있도록 하는 강점을 보유하고 있는 것이다. 특히 오늘날 경쟁우위의 원천으로 급부상한 무형 자산의 축적과 활용 과정을 파악하게 한다는 점에서 전략의 성과 평가를 위한 중요한 수단으로 부상하게 되었다.

보상 시스템의 기본 원칙

보상 시스템은 성과 평가를 바탕으로 구성원과 조직을 원하는 방향으로 움직이게 하는 요소라 할 수 있다. 즉 보상 시스템은 인센티브와 함께 개인이 자신을 위해 일하다 보면 자연적으로 조직을 위해서 일하게 되는 환경을 마련해 주는 체계인 것이다. 사람은 누구나 자신을 평가하고 보상을 결정하는 성과 측정 기준에 가장 신경을 많이 쓰게 된다. 따라서 일의 구조와 보상 체계 사이에는 명확한 일관성이 있어야 한다. 그렇지 못하면 사람들은 혼란스러운 상황에서 일하게 되어 원하는 성과를 내기 어려울 것이다. 따라서 보상 시스템은 다음과 같은 기본 원칙을 기반으로 구축되어야 할 것이다_{김언수·김봉선, 2018}.

첫째, 보상은 **성과와 명백하게 연결**되어야 한다. 아울러 성과에 대한 구체적인 기준과 목표가 직접 연결되어야 한다.

둘째, 보상은 팀별, 개인별 등 조직의 각 수준에게 요구하는 성과의 속성과 직접적으로 연결되어야 한다.

셋째, 보상은 평가 대상자의 권한이나 통제권 안에서 달성 가능한 목표와 직접적으로 연결되어야 한다.

넷째, 보상을 결정하는 대상 기간과 성과가 달성되는 기간은 정확히 일치하여야 한다.

6. 무엇보다 중요한 인적 자원

효과적인 추진 팀 구성

전략 실행은 시스템에 의한 것으로 생각하기 쉽지만 사실 전략 실행의 가장 중요한 요소는 사람이다. 사람들이 전략적 변화와 그 성공을 중요하게 느끼고 실행 동기 부여를 받아야 하고 열정적으로 실행한 것에 대한 실질적인 보상을 명확하게 인식하지 못한다면 전략 실행은 성공을 담보할 수가 없다.

보통 전략 실행은 순탄하지 않다. 외부 요인에 의해 일정이 꼬이기도 하고 경영진의 관심이 다른 곳으로 가기도 한다. 여하간 전략 실행의 가장 큰 방해 요인은 사람으로부터 비롯된다. 예를 들어 핵심 인력이 퇴사나 이동하기도 하고 상하 간의 관계 소원이나 커뮤니케이션 단절로 일이 지연되기도 한다. 어떤 경우에는 업무 처리가 미숙한 직원이 배치되어 일이 진척되지 않거나 중대한 실수로 커다란 문제가 발생하기도 한다.

하버드 경영대학원2004은 전략 실행 프로젝트를 계획대로 추진하고자 한다면 효과적인 팀을 구성해야 한다고 조언하고 있다. 즉 **효과적인 추진 팀의 구성**을 위해 회사의 핵심 인재영향력 있는 인재를 충분히 갖출 것, 전문 지식과 현명한 의사결정 역량을 갖춘 팀원들로 구성할 것, 업무 수행과 의사결정에 탁월한 넓은 통찰력과 훈련이 잘된 팀으로 구성할 것, 조직 내에서 그의 결정을 신뢰하는 사람을 보유하도록 구성할 것, 개인적인 것보다 전사적 목표 달성에 집중할 팀원들로 구성할 것 등을 주문했다.

말이 통해야 제대로 실행된다.

전략은 조직 및 구성원들의 업무 변화를 야기하므로 구성원들의 직·간접적인 동의와 적극적인 참여가 뒷받침되어야 제대로 실행될 수 있다. 구성원들의 동의와 참여는 그들의 분명한 이해와 공감을 통해 얻어낼 수 있다. 이는 의사소통의 중요성을 대변한다. 결국 경영진은 전략 실행 도구로서 의사소통을 가장 중요하게 여겨야 한다. 즉 경영진은 **전략의 내용, 전략의 중요성, 전략 성과가 줄 이**

익, 전략 실행을 위해 해야 할 각자의 역할 등에 대해 전략적으로 소통을 해야 하는 것이다.

의사소통은 전략의 실행 순간부터 성공을 좌우하는 핵심 요소이므로 직원들에게 동기를 부여하고 변화에 대한 준비를 하게 해주어야 하며, 혹시 나타날 수 있는 저항감을 극복하게 해주어야 하는 방향으로 지속적으로 이루어져야 한다.

7. 전략적 조직 관리란?

조직 구조의 전략상 의미

조직 구조는 전략의 성공적 실행을 뒷받침하는 가장 중요한 요소 중 하나이다. 즉 조직 구조는 전략의 실행을 원활하게 하고 원하는 성과를 내도록 하는 경영상의 장치이다. 전략의 실행이 성과를 내도록 필요한 활동과 사람들을 조직화하는 것이 조직이기 때문이다. 기업은 직무 결정, 업무 프로세스 결정, 동기 부여 설계, 정보의 흐름 결정 등과 같은 조직 디자인을 통해 조직 기능이 전략 실행과 관련하여 제대로 발휘되도록 한다. 그러므로 조직 구조는 전략을 현실로 바꾸는 도구인 것이다.

조직의 구성 요소

우리는 흔히 조직을 얘기하면 조직도 Organizational Chart 를 떠올리곤 한다. 조직도는 조직내 직무 기능과 그 기능을 담당할 사람, 상·하위 구성 등을 나타낼 뿐이다. 그러므로 이것만 가지고 성과를 내는 기업의 조직이라고 말할 수는 없다. 조직 구조 외에 몇 가지 구성 요소가 더 있다김언수·김봉선, 2018.

첫째, **일을 하는 사람**이다. 목적 달성을 위해 필요한 사람들의 지식, 기술, 경험, 행동 방식과 같은 특성에 대해 정리되어야 한다.

둘째, 조직 목적 달성에 필요한 **기본적 활동**으로서 직무업무가 있다. 이는 조직의 목적 달성에 필요한 기본적인 활동들을 의미한다.

셋째, **공식적인 조직**이다. 이는 조직 구조, 업무 프로세스, 시스템, 절차 등을 묶어 사람들이 활동 수행하도록 역할을 한다.

넷째, **비공식적 조직**이다. 비공식 조직이라 함은 공식적인 조직도 등에는 나타나지 않지만 실질적인 성과에 영향을 미치는 조직을 말한다. 비공식적 조직은 조직상 형식이나 절차와 관련이 적기 때문에 의사소통이 원활해 문제 해결이나 아이디어 교환에 유익하여 성과 창출에 긍정적인 영향을 미친다.

기업 환경, 전략, 조직 구조의 정렬

우리는 앞에서 전략 수립 과정을 통해 환경 변화가 전략에 영향을 주는 것을 논의했다. 즉 환경 변화는 전략에 영향을 주어 전략의 수정 내지 새로운 전략 개발을 하게 한다. 그리고 전략의 변화는 조직 구조의 변화에 영향을 준다. 그런가 하면 조직 구조가 전략에 영향을 미치기도 한다. 그러므로 환경-전략-조직 구조가 일직선상에서 정렬되지 못하면 전략 실행의 성과는 타격을 받을 수밖에 없다.

결국 전략의 실행은 조직 구조와의 정렬이 매우 중요하다는 것이다. 따라서 새로운 전략 실행을 위해 설계할 조직 구조는 ① 일 처리 방식의 변화, ② 의사결정 권한의 조정, ③ 규칙과 통제 시스템의 유인성 부여, ④ 권한 이양 성도 등에 대한 조정과 변화 등의 고려사항을 반영할 필요가 있는 것이다.

이상에서 살펴보았듯이 전략 변화에 걸맞게 조직 구조를 유연하게 변경할 수 있는 기업은 상당한 경쟁우위를 확보할 수가 있다.

5

리스크 관리와
회복탄력성
강화

CHAPTER 5

리스크 관리와 회복탄력성 강화

기업이 비즈니스를 수행함에 있어 리스크risk는 그림자와 같은 것이다. 따라서 비즈니스 전략 수립에는 리스크를 감안하는 것이 필수적이다. 그러나 평상시에는 리스크로 인한 위기감이 피부에 와 닿지 않기 때문에 리스크 관리 계획이 형식적인 경우가 대부분이다. 그러다가 막상 비즈니스 위기가 발생하면 허둥지둥 캐비닛에 넣어 두었던 리스크 관리 매뉴얼을 챙기곤 한다. 이미 막대한 손실은 발생한 상황이다. 그런데 코로나로 인해 출장, 여행 및 원자재 조달 등이 매우 불안정해지고 생산라인이 멈출 수 있는 심각한 상황이 우려되면서 전략 수립에 있어 효율성보다는 리스크 관리와 회복탄력성resilience이 더 중요한 이슈가 되었다. 이에 기업들은 예측 불가능한 제조 중단 사태를 대비해 공급망을 더욱 신중하게 점검하는 한편, 회복탄력성을 기르는 것을 보다 중시하게 되었다. 원가 절감과 효율성도 중요하지만 공급 지역 다변화를 통한 회복탄력성 확보의 중요성을 확인하게 된 것이다.

1. 리스크에 관한 이해

'리스크'는 위험한 것인가?

네이버 지식백과에 의하면 리스크risk는 불확실성에 노출exposure to uncertainty된 정도를 의미하며 그로 인한 결과치의 변동성을 말한다. 즉 리스크는 부정적 상황만을 의미하는 것이 아니라 긍정적 가능성도 내포하고 있는 것이다. 특히, 경제, 경영, 금융 등에서 사용되는 리스크는 불확실한 미래 상황에 노출된 상태로서 미래 결과에 따라 좋을 수도 있고 나쁠 수도 있게 된다. 따라서 부정적인 결과만 있는 위험danger과는 구분되어야 한다. 예를 들어 환율이 어떻게 변할지 모르는 상황을 가리켜 환리스크라고 하는데 수출 기업의 경우 환율이 상승하면 결과적으로 유리하게 되고 하락하면 불리해진다.

그런데 'risk'와 'danger'를 모두 '위험'으로 번역하다 보니 다소 혼란이 생기기도 한다. 사실 우리가 일상적으로 쓰는 위험은 'danger'에 가깝다. 반면 우리가 여기서 다루는 리스크risk는 앞에서 설명한 바와 같이 부정적 상황뿐 아니라 긍정적인 가능성도 내포하고 있다. 만약 기업 경영에 있어 불확실성에 대한 대비를 잘하게 되면 리스크는 사라지고 좋은 성과를 내게 되는 것이다. 그런 의미에서 여기에서는 'danger'의 의미까지 포함하는 '위험'이란 용어 대신 '리스크'를 사용하고자 한다.

리스크의 유형도 다양하다.

리스크의 유형은 전문가의 시각에 따라 매우 다양하게 분류할 수 있다. 대표적인 리스크의 유형에 대해 간략히 소개해 보자. 먼저 긍정적 리스크positive risk는 기업가 정신이 발휘되는 가운데 리스크를 감수하고 도전해 기업 가치를 보전하거나 창출하도록 하는 리스크인 반면, 부정적 리스크negative risk는 손실, 피해, 위험을 초래하는 상황에서 손실을 최소화해야 하는 리스크를 말한다조지프 콜터, 2016. 그런가 하면 정태적 리스크static risk는 시간이 지나도 리스크의 강도나 특성이 비슷한 리스크를 말하며, 동태적 리스크dynamic risk는 시간이 지날수록 진화해 강도나 특성이 변해 그 영향이 확대되는 리스크를 말한다류근옥, 2012. 또한 기업 내부의 관리를 통해 통제가 가능한가의 여부에 따라 통제 가능 리스크와 통제 불가능 리스크로, 사전에 예측이 가능한가의 여부에 따라 예측 가능 리스크와 예측 불가능 리스크로, 리스크의 발생 기간에 따라 단기적 리스크, 장기적 리스크로 구분하기도 한다. 이외에 오세경2015은 기업유형에 따라 금융기관 리스크, 보험회사 리스크, 일반 기업 리스크로 구분하기도 하였다.

이와 같이 리스크의 유형은 다양하게 분류해볼 수 있다. 그런데 여기에서는 코로나 팬데믹으로 야기된 리스크와 그를 관리하기 위한 회복탄력성에 대해 설명하고자 하므로 리스크의 발생 원천즉 내부와 외부으로 구분한 김영식2021의 기업 내부 원천 리스크와 기업 외부 원천 리스크 유형에 대해 소개하고자 한다표 5-1 참조.

[표 5-1] 기업 내부 원천 리스크와 기업 외부 원천 리스크

구분	기업 내부 원천 리스크	기업 외부 원천 리스크
리스크 유형	• 최고경영층 리스크 • 전략 리스크 • 운영 리스크	• 국가 리스크 • 자연재해 리스크 • 전염성 질병(팬데믹) 리스크 • 자원 리스크 • 국제금융 리스크 • 국제통상 리스크

(자료원: 김영식, 2021)

기업 내부 원천 리스크는 크게 최고경영층 리스크, 전략 리스크, 운영 리스크로 분류할 수 있다. 먼저 최고경영층 리스크는 안정적인 경영권 행사와 관련되는 지배 구조 리스크, 지배 주주의 사적 이익 추구 리스크, CEO의 건강 문제, 스캔들, 불법 행위, 지위 남용 행위, 공금 횡령 등의 CEO 리스크를 포함한다. 전략 리스크는 인수합병, 신규 시장 진출, 구조조정, 해외 진출 시의 현지 리스크 등 전략 수립 및 실행과 관련되는 리스크를 포함한다. 기업 운영상의 리스크는 원자재 수급, 주문 처리, 불량품 반품 사고, 고객 불만 증대, 온라인상의 신뢰성 훼손, 재난 및 안전사고, 과다 재고 발생, 채권 사고, 노사 분규, 각종 소송 등 수도 없이 많다. 내부 원천 리스크는 많은 경우 통제 가능 리스크에 해당하므로 각 리스크에 대한 과거 데이터, 사례와 경험을 바탕으로 한 사전 분석, 시뮬레이션 등을 통해 사전 관리 및 사후 대처 방안 등을 수립하는 것이 필요하다.

기업 외부 원천 리스크는 크게 국가 리스크, 자연재해와 전염성 질병 팬데믹 리스크, 자원 리스크, 국제금융 리스크, 국제통상 리스크 등으로 구분할 수 있다. 외부 원천 리스크는 예측 가능성이 낮은 반면 리스크로 인한 피해가 클 수 있다. 그러므로 사전에 각 상황에 대한 관리 계획과 대처 방안을 사전에 마련해 두어야 한다. 상황 발생 시에는 신속하고 능동적으로 대처해야 할 것이다.

한편 공급망에서의 리스크는 여러 연구자들의 견해를 종합해 볼 때 공급 리스크, 수요 리스크, 운영 리스크, 프로세스 리스크, 네트워크 리스크, 기업 수준 리스크, 외부 환경 리스크 등으로 구분할 수 있다 박강우·신영란, 2020: 이충배·김현중, 2020: Sodhi and Tang, 2012.

리스크가 갖고 있는 성질

리스크의 대표적인 속성은 <u>양면성</u>이다. 비즈니스는 기본적으로 리스크를 택한 상황에서 그 리스크를 해결하고 대가를 얻는 것이기 때문에 양면성을 가질 수밖에 없다. 즉 리스크는 잘 관리하면 기업가치를 창출하게 하지만 그렇지 못하게 되면 기업에 심각한 타격을 줄 수도 있다.

리스크의 두 번째 속성은 <u>사전에 징후가 나타난다</u>는 것이다. 리스크의 징후를 미리 간파하기만 해도 리스크를 사전에 차단할 수 있을 것이다. 그러나 만약 리스크를 사전에 파악하지 못하거나 그 파괴력을 간과하게 되면 크나큰 피해를 입을 수 있다. 수도 없이 많은 통제 가능한 리스크 징후에 대한 관리 매뉴얼 준비, 즉각적인 대처 방안 마련이 필요한 이유이다.

리스크의 세 번째 속성은 <u>진화한다</u>는 것이다. 리스크를 발생 초기에 차단하지 못하면 자칫 더 큰 리스크를 불러일으킬 수 있다는 것이다. 그렇게 되면 서로 다른 리스크가 연계되어 범위가 확대되고 파급 효과가 더욱 커진다. 부득이 발생한 리스크를 초기에 신속히 대응하는 것이 매우 중요하다는 것을 의미한다_{김영식, 2021}.

마지막으로 모든 리스크는 <u>재무적 성과로 귀결</u>된다. 전략을 수행하는 과정에서 리스크를 어떻게 대응하느냐에 따라 전략의 성패가 결정되어 수익에 지대한 영향을 미치기도 한다. 또한 안전사고, 법률적 대응, 여론이나 평판 관리 등과 관련되는 운영 리스크를 관리하는 데에는 이의 축소를 위한 다양한 비용이 발생한다_{물론 이 비용은 투자의 성격에 가깝다}. 그런데 이 리스크가 잘 관리되지 않았을 경우에는 엄청난 재무적 손실을 발생시킨다.

2. 리스크를 관리하라

리스크 관리란?

경영 리스크 관리_{risk management}는 기업 경영에 있어 전략 수행상 수반되는 리스크를 분석해 대책을 수립함으로써 리스크를 제거 또는 회피하거나 불가피한 경우 피해와 손실을 최소화해 경쟁우위를 확보하도록 하는 관리를 의미한다_{김영식, 2021}. 그러므로 리스크 관리는 무슨 일이 발생할 것인가를 사전에 규명하고, 준비하는 활동으로서, 바람직하지 않은 사건을 해결하기 위한 조치와 그 사건들로 인해 원하지 않는 다른 부정적인 영향을 받거나 비용이 소요되는 것을 제거하거나 줄일 수 있는 활동을 망라한다. 이런 점에서 리스크 관리는 그 자체가 목적이 아니라 목적 달성을 위한 수단이므로 일상적인 업무 속에서 통합되어야 하며, 기업은 이러한 관리 활동을 통하여 예기치 못한 사건에 대한 사후 처리보다는 사전 대응을 먼저 할 수 있게 된다한국기업교육학회, 2010.

불확실성은 의사결정의 방향성을 방해하는 주된 요인으로서 전략경영의 최대 난적의 하나이다. 그런 관점에서 리스크 관리는 제반 경영 리스크와 관련되는 불확실성을 줄이고자 하는 노력의 일환이다. 따라서 리스크 관리는 리스크의 사전 차단 및 사후 대응을 준비하도록 하여 리스크 관련 불확실성을 최소화하는가 하면 상황 전개 시 불확실성을 객관화하고 피해 규모를 계량화하면서 변동성을 최소화해 경영을 정상 궤도에 이르게 하는 모든 과정을 의미한다고 볼 수 있다.

리스크 관리 프로세스

리스크 관리 프로세스는 기업의 상황과 환경에 따라 다르게 이루어진다고 할 수 있다. 김영식2021은 일반적인 리스크 관리 프로세스를 크게 전략 리스크 관리 프로세스, 예방 중심 리스크 관리 프로세스, 상황 발생 후 프로세스 등 3가지로 구분하고 각각의 진행 절차를 제시하였다그림 5-1 참조. 먼저 전략 리스크 관리 프로세스는 사업 기회의 식별, 전략 수립, 시뮬레이션에 의한 리스크 요인 발굴, 영향도·발생 가능성 측정 및 계량화, 리스크 분산 등 헤징

hedging[8] 대책 수립, 전략 반영, 기업가치 증대의 프로세스로 이루어진다. 예방 중심 리스크 관리 프로세스는 리스크의 발생 가능성 및 빈도에 대한 인식식별, 피해 예측 및 변동성 측정, 예방 대책 수립, 통제주요 지표에 의한 상시 관리체계, 조치, 피드백사후관리의 순으로 이루어진다. 상황 발생 후 프로세스는 신속한 대응을 위해 현상 파악, 현장 점검 및 피해 분석, 복구 조치, 통제, 사후관리 등의 순으로 구성된다.

전략 리스크 관리 프로세스

예방 중심 리스크 관리 프로세스

상황 발생 후 프로세스

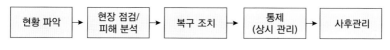

[그림 5-1] 리스크 관리 프로세스 세 가지 유형

(자료원: 김영식, 2021 수정)

8) 리스크 헤징(risk hedging)이란 대비책을 통해 리스크의 노출을 줄이는 것, 즉 리스크 축소를 의미한다.

풀무원의 리스크 관리 거버넌스

풀무원은 리스크를 체계적으로 관리하고, 위기와 기회 요인을 분석함으로써 활용 가능한 민첩성agility 강화와 사업 중단 위기 발생 시를 대비한 복원력resilience 축적, 생존과 성장의 경쟁력 확보를 위한 경영 전략의 일환으로 전사 리스크 관리 체계를 구축·운영 중에 있다www.pulmuone.co.kr.

풀무원은 리스크의 사전적 예방 활동과 사후관리 활동 등 효과적인 모니터링 및 관리를 위한 리스크관리위원회를 운영하고 있다. 리스크관리위원회는 총괄 CEO를 포함한 회사의 최고경영진으로 구성되며, 리스크 관리 정책과 전략을 수립할 뿐만 아니라 리스크 관리 현황을 주기적으로 모니터링하고 리스크의 발생에 대한 사전 예방 및 사후 대응 활동 등에 대한 프로세스를 총괄 관리한다. 또한 사업 단위별 리스크관리위원회를 별도로 설치 및 운영함으로써 사업 단위 차원의 관리 대상 리스크risk pool 선정, 대응 전략 수립, 운영 현황 등을 모니터링 및 관리하고 있다.

이러한 리스크관리위원회 운영을 통한 리스크 관리 활동 결과는 감사위원회에 보고된다. 이와 함께 효율적인 리스크 관리를 위해 전담 부서를 지정하고 전담 인력을 배치하고 있다. 이 전담 부서는 풀무원의 리스크 관리 정책과 절차를 정의하고 지속 가능성을 저해할 수 있는 전사 차원의 리스크에 대한 사전·사후 관리 활동을 수행한다.

3. 회복탄력성이란?

회복탄력성[9]이란?

원래 회복탄력성은 심리학이나 정신의학 분야에서 사용되는 용어로서 크고 작은 다양한 역경과 시련과 실패에 대한 인식을 도약의 발판으로 삼아 더 높이 뛰어오르는 마음의 근력을 의미한다. 이와 같이 사람에게 적용되던 회복탄력성이 기업과 같은 조직이 위기나 역경을 딛고 일어서도록 하는 전략적 개념으로 도입되면서 주목을 받기 시작했다. 그런 의미에서 조직의 회복탄력성resilience은 경영 환경이 변화하는 가운데 <u>스트레스를 흡수하고 정상적으로 기능을 회복</u>해 성과를 창출해 낼 수 있도록 하는 조직의 역량을 의미한다. 그런데 급속한 기술 발전, 복잡하게 연결된 글로벌 공급망, 글로벌 자원 시장의 변동성 심화, 기후 변화와 이로 인한 감염병 팬데믹 등 여러 문제로 인한 리스크가 경영 환경을 압박해 오고 있다. 이처럼 비즈니스 환경이 점점 더 역동적으로 변하고 예측 불가능해지면서 회복탄력성의 중요성이 더욱 커지고 있다류종기. 2020.

사실 코로나 팬데믹 이전에도 비즈니스를 수행함에 있어서 늘 리스크는 존재했고 이를 관리하여 왔다. 그러나 적절히 대응하면 해결되는 수준이었다고들 생각하곤 했다. 실제로 리스크 관리나 회복탄력성은 늘 다른 경영 이슈에 밀리곤 했다. 리스크 관리가 후순위가 될 수밖에 없는 대표적인 이유는 기업의 속성이다. 기업은 주

---

9) 이하 기업들의 위기 대응 및 회복탄력성 관련 주요 내용은 류종기 저서 《리질리언스9》 (2020)와 EY의 컨설턴트 및 전문가 들이 소개한 자료를 참고하여 정리하였다.

주 가치 극대화를 중심으로 운영된다. 그러다 보니 대부분 단기적인 수익 극대화에 초점을 맞추는 경향이 있다. 또한 대부분의 비즈니스 전략과 계획은 인과관계가 명확하고 예측 가능하며 변화가 적을 때 잘 작동되는 안정적인 상황을 기반으로 설계되고 실행된다.

그러나 리스크 관리는 비즈니스에 심각한 영향을 미칠 수 있는 예측 불가능한 것, 변화하기 쉬운 것, 중장기적인 것, 별도의 비용이 수반되는 것을 다루어야 하기 때문에 우선순위에서 밀리기 십상인 것이다. 물론 기업들이 리스크를 관리하지 않고 있다는 것은 아니다. 그러나 대부분 이미 알려진 특정 리스크에 대한 폐해를 이해하고 이를 최소화하기 위해 노력하는 수준에 머물러 있었다는 것이다.

그런데 코로나19 바이러스로 인해 인류의 생명과 안전을 위협하는 상황이 전개되었고 이는 기업에게 있어 비즈니스를 중단해야 할 만큼 커다란 리스크로 다가왔다. 경제 활동은 극도로 악화되고 매우 복잡하게 얽혀 있는 글로벌 공급망이 무너지면서 공급망 회복탄력성 회복이 최대 현안이 되기에 이르렀다. 코로나19 사태는 역동적인 환경 속에서 여러 가지 비즈니스 위협 요인을 입체적으로 파악하고 빠르게 대응하는 역량으로서의 회복탄력성이 매우 중요하다는 사실을 각인시키는 계기가 된 것이다.

팬데믹의 대응 방안

코로나 팬데믹과 같은 감염병은 통상적으로 해외 발생기, 국내 발생 초기, 감염 확대기, 만연기, 회복기를 거쳐 소강기에 이르는 4단계를 거쳐 확산된다. 그리고 감염병의 주요 특징은 다른 재난·재해에 비해 그 영향을 미치는 기간이 길다는 점, 사람에게 직접적인 피해를 준다는 점, 피해 지역이 광범위하다는 점, 정상적인 비즈니스가 어려울 수 있다는 점 등이다. 그러므로 감염병의 시간적 흐름 4단계를 감안하되 그 자체가 갖는 특징을 이해하고 대응 전략을 수립해야 한다.

CEO는 이러한 감염병의 특징을 감안하여 효과적인 팬데믹 대응 계획을 수립하면서 모든 임직원이 비상 상황을 인식하도록 리드하여야 한다. 특히 비즈니스가 신속하게 정상으로 회복되도록 하는 명확한 방침과 목표를 설정하고 [그림 5-2]와 같은 대응 방안을 마련하고 실행에 옮기도록 해야 한다. 류종기 2020 가 제시한 대응 방안을 정리하여 소개하면 다음과 같다.

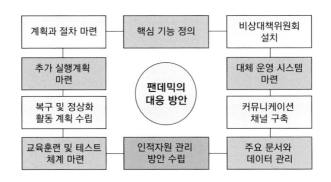

[그림 5-2] 팬데믹의 대응 방안
(자료원: 류종기, 2020 참고)

1. 팬데믹에 대응하는 실행 계획과 절차를 마련한다. 기존의 리스크 관리 계획을 참고하거나 연계한다.
2. 연속성 확보가 필요한 비즈니스 기능, 조직, 시스템과 관련되는 업무를 정의한다. 여기에는 복구 우선순위 설정, 필요한 자원의 확보, 공급망 안정화 등을 포함한다.
3. 비상대책위원회를 구성하고 이의 운영 시스템을 마련한다. 즉각적인 실행 체계를 위해 필요한 만큼의 권한을 하부에 위임한다.
4. 비상 상황을 대비하여 본사 외에 대체 업무 공간, 원격근무 체계와 관련 시스템을 마련한다.
5. 실행 계획이 원활하게 이행되도록 비상연락망 등 커뮤니케이션 채널을 확보한다.
6. 가동 중단 사태가 발생할 경우 즉각적인 복구를 위해 주요 문서와 데이터를 백업backup[10]하고 분산하여 보관한다.
7. 구성원의 안전 보호, 건강 유지, 감염 시 치료 및 업무 재개 시의 백업 요원 확보 등 인적 자원 대응 계획을 수립한다. 인적 손실이 큰 경우를 대비하여 업무 이전 및 통제, 리더십 이양 및 교체 등의 방안도 마련한다.
8. 전 이해관계자들에 대한 팬데믹에의 대응, 핵심 인력의 업무 연속성 대응과 복구 테스트 수행에 관한 교육·훈련 및 테스트 체계를 마련한다.

---

10) 백업(backup)이란 데이터를 미리 임시로 복제하여 문제가 일어나도 데이터를 복구할 수 있도록 준비해 두는 것을 말한다.

9. 위기를 수습한 뒤 핵심 업무로의 복구를 중심으로 정상화 및 복구 단계에 관한 활동 계획을 수립한다.
10. 팬데믹 상기화에 대비하여 재부 및 공급망 안정화 대책, 사회적 책임 이행 등의 추가적인 실행 계획을 수립한다.

이 각각의 대응 방안은 순차적으로 혹은 병렬적으로 마련하여 신속하게 대응할 수 있도록 하여야 할 것이다.

대외 위기 발생 시의 고려사항

코로나19와 같은 위기 상황이 갑작스럽게 몰려오면 임기응변식 대응에 급급해 하는 기업들이 꽤 많다. 그런 반면 사전에 마련된 대책과 회복 계획에 의해 이를 슬기롭게 대응하는 기업들도 있다. EY의 Harsha Basnayake 등 2020은 코로나19가 초기에 영향을 미친 여러 국가의 관점과 경험을 바탕으로 비즈니스 리더가 검토해야 할 5가지 최우선 고려사항을 제시했다. 이를 소개하면 다음과 같다.

첫째, 이미 앞의 대응 방안에서 언급한 바와 같이 임직원들의 안전과 업무 지속성을 최우선적으로 고려해야 한다. 직장 내 직원들의 안전과 복지를 보장하는 것은 무엇보다 중요하다. 투명하고 공개된 방식으로 직원들의 우려를 불식시키면 직원들은 업무에 지속적으로 몰입할 수 있으며, 사업 영속성도 보장받게 된다. 이를 위해 기업이 도입해야 할 사항 중 하나는 사람들이 안전하게 근무를 할 수 있도록 원격근무제나 유연근무제를 도입하는 것이다. 재택근무나 유연근무제가 불가능하고 직원들이 사업장에 꼭 나와야 하거나 고객과 대면 업무를 해야 한다면 감염 방지 대책을 마련하는 것이 필요하다.

둘째, <u>단기 유동성을 파악</u>하고 대처해야 한다. 단기적인 현금 흐름 모니터링 체계를 마련해 현금 흐름의 영향을 예측하고 적시에 조치해야 한다. 또한 운전 자본을 엄격하게 관리하고 매출 채권 회수와 재고 자산의 관리에 집중해야 한다.

셋째, <u>재무 및 운영 리스크를 평가</u>하고 신속하게 대응해야 한다. 직접적인 비용 증가와 전체 상품 수익에 미치는 요인을 파악하고 이에 대해 신속한 조치를 취해야 한다. 변화에 따른 대응이 느리거나 새로운 계약 조건을 제안할 수 없는 기업은 자금 압박을 겪을 수 있으며 이는 경영 위기로 이어질 수 있다.

넷째, <u>고객, 공급 업체, 하도급 업체 또는 협력 업체의 변화</u>도 모니터링해야 한다. 이 중 큰 타격을 입을 수 있는 협력 업체에 대해서는 스트레스 테스트stress testing [11]를 진행해야 한다. 아울러 은행 등 금융기관과의 계약 위반 여부가 없는지에 대한 정보도 입수하여 세심하게 살펴보아야 한다. 이는 전반적인 재무제표 건전성에 영향을 줄 수 있다. 외부 공급 업체에 대한 의존도가 높은 산업의 경우 특히 중요하다.

다섯째, <u>공급망의 대안</u>을 고려하여야 한다. 타격이 큰 지역의 공급 업체로부터 부품이나 원자재를 납품받을 경우에는 시급하게 대안을 모색해야 한다. 신속한 대처는 고객의 수요에 대응할 수 있는

---

11) 스트레스 테스트(stress testing)는 주어진 시스템이나 실체의 안정성을 결정하기 위해 진행되는 신중하고도 면밀한 테스트이다.

여유를 확보할 수 있다 Harsha Basnayake 등, 2020 . 공급망 회복탄력성에 대해서는 뒤이어 보다 상세하게 다룬다.

4. 공급망 탄력성을 회복하려면

공급망 회복 탄력성의 이해

포춘 1,000대 기업 중 94%가 코로나19로 인한 공급망 균열을 경험했다. 이로 인한 생산 및 고객 대응 차질, 신뢰성 추락 등에 의한 심각한 손실을 조속히 회복할 대안으로서 공급망 탄력성 회복이 중요한 전략경영 이슈로 부상한 상황이다. 공급망에서의 회복탄력성이란 공급망에서 리스크 상황이 발생하는 경우 공급망의 주체인 공급망 구성원들이 얼마나 신속하게 리스크로부터 회복할 수 있을 것인가를 의미한다 Simch－Levi, Kyratzoglou and Vassiliadis, 2013 . Ponomarov and Holcomb 2009 은 회복탄력성을 공급망에서의 예측하지 못한 사건에 대해 미리 준비하고, 공급망 붕괴 및 붕괴 가능성에 대응하고 기업과 공급망의 구조 및 기능을 통제하며 사전에 결정된 목표 수준을 유지하면서도 운영을 지속하게 함으로써 발생한 사건 및 붕괴로부터 회복할 수 있는 역량으로 정의하고 있다. 요약하면 공급망 탄력성 회복은 공급망 차질 위기를 극복하고 긍정적인 상태로 되돌리는 역량인 것이다. 이러한 공급망 탄력성을 회복하는 방법은 상황에 따라 다양하게 전개될 수 있을 것이다.

그중 가장 쉽게 생각할 수 있는 대안이 중간 재고나 안전 재고를 보유하는 것이다. 축적된 데이터를 분석하면 가치사슬 전반에 최적의 재고 보유를 결정할 수 있을 것이다. 다만 재고 부담으로 인한 노후화 리스크와 자산의 고정화 문제가 있을 수 있다. 그러므로 공급망 탄력성 회복과의 균형을 감안하여 적정 규모를 정하는 것이 필요할 것이다. 또한 최근에 여러 국가의 공급망 확보 정책으로 중요하게 다루어지고 있는 <u>리쇼어링</u>reshoring [12]을 활용하는 방안도 있다. 리쇼어링을 포함하여 공급망을 국내·외로 다양화하고 주요 공급 업체와 협력적인 관계를 강화하면 장기적인 회복탄력성과 유연성을 마련할 수 있을 것이다.

그러나 많은 비즈니스의 경우 글로벌 공급망을 모두 국내 공급망으로 전환하는 것은 쉬운 일이 아니다. 결국 가능한 범위에서 국내·외 공급망을 보다 안정적으로 확보하는 방향으로 전개하되 확보된 복수의 공급망에 대한 체계적인 관리 방안을 강구하는 것이 필요할 것이다. 이와 관련하여 EY Global 2020은 공급망을 민첩하고 상호 연결된 생태계로 전환할 것과 <u>**디지털 기반의 탄력적인 공급망을 구축**</u>할 것을 조언하고 있다.

생태계 기반 공급망 혁신 방안

코로나 팬데믹으로 야기된 공급망 붕괴 위기에 봉착하게 되면 기업은 공급망의 회복탄력성을 갖기 위해 사전에 무엇을 준비해야 할까? 이에 대해 Glenn Steinberg 2020은 경직되고 일차원적인 공급망에서 벗어나 민첩하고 상호 연결된 생태계로 전환하는 공급망

---

12) 리쇼어링(reshoring)은 기업이 해외로 진출했다가 다시 본국으로 돌아오는 것을 일컫는 말이다.

혁신을 주문하고 이를 위해 집중해야 할 5가지 영역을 제시했다. 이를 정리하면 다음과 같다.

첫째, 공급망 전반에 대한 리스크를 평가하여 주요 리스크 시나리오를 확인하고 잠재적인 대응책을 준비해야 한다.

둘째, 대체 공급자 확보 전략, 대체 비즈니스 운영 모델, 네트워크 유연성과 민첩한 계획 수립 등 주요 공급망 관련 기능과 역량을 강화해야 한다.

셋째, 리스크 모니터링 및 보고 툴tool을 활용하여 상시적인 지능형 모니터링 체계를 구축하고 리스크나 혼란에 대해 신속하게 대응할 수 있는 조기 경보 시스템을 구현해야 한다.

넷째, 공급 차질 시의 대응과 운영 절차를 담은 대체 계획을 사전에 마련해 혼란을 초래하는 상황에 대비해야 한다. 명확한 권한 위임과 현장 중심 의사결정 체계를 확립해야 한다.

다섯째, 사전 대응 방식이 불충분한 주요 사안에 대해서는 별도의 위기 관리 프레임워크를 마련할 필요가 있다. 여기에는 거버넌스 절차와 추구하는 최적 운영 모델 및 업무 표준도 포함된다.

디지털 기반 탄력적인 공급망 구축 방안

이미 살펴본 바와 같이 코로나19 팬데믹으로 글로벌 공급망의 교란을 경험한 기업들은 리스크를 줄이고 충격을 완화하기 위해 가치사슬 곳곳에 여유분의 재고 자산을 비축하는 등의 탄력성 회복 대안을 고려하게 되었다. 그러나 잉여와 중복은 상당한 비용을 수반하기 마련이다. 그렇다면 비용을 최소화하면서 탄력성을 갖추기 위해 무엇을 해야 할까? 이에 대한 답은 다름 아닌 디지털 기술에서 찾을 수 있다.

EY Global 2020은 코로나 바이러스 사태와 같이 예기치 못한 위기를 견딜 준비가 미흡한 기업들에게 미래의 운영 중단 사태를 대비하기 위해 회복탄력성을 갖춘 공급망 구축에 나설 것을 권고하고 있다. 그 주요 내용은 디지털 기반의 시스템 구축을 통해 위기 발생을 분석적이고 체계적으로 신속하게 대응하도록 준비하는 것인데, 이를 정리하면 다음과 같다.

첫째, 공급망 지도를 작성하고 이와 관련되는 리스크 관리 방법론과 프로세스를 갖추는 것이다. 최종 소비자로부터 공급 업체까지 아우르는 디지털 기반의 공급망network 지도를 작성하고 이를 토대로 공급 업체를 저·중·고 리스크 유형으로 분류하는 것이 필요하다. 이에는 소비자 채널, 창고, 공장, 공급 업체 등 공급망의 운송수단 별로 리스크 관리 방법론을 준비하는 것도 포함된다.

둘째, 제조 기능의 자동화와 디지털화를 통해 제조의 탄력성을 확보하는 것이다. 자동화와 IoTInternet of Things 솔루션을 활용해 스마트 제조 환경을 구현하면 특정 인력에 대한 의존 부담을 줄일 수 있다. 자동화된 제조 기능은 교체가 가능한 인력을 제조 공정에 투입하도록 지원함으로써 특정 인력에의 의존도를 낮추게 해준다. 또한 IoT는 제조 현장의 최신 데이터를 제공해 줌으로써 사용자들이 언제라도 정보 기반의 의사결정을 할 수 있도록 지원한다.

셋째, 디지털 기술을 활용하여 구매·조달의 우선순위를 조정하고 협업 체계를 확립하는 것이다. 디지털 기술로 구현되는 **민첩한 구매·조달 시스템**은 원가, 품질, 납품, 혁신 등 각종 변수에 따른 카테고리 우선순위를 반영하므로 회복력 제고에 일조할 수 있다. 또한 구매 및 공급 업체 수명주기 관리에 있어 공급 업체 소셜네트워크를 구성하도록 하여 공급망 위기의 시기에 구매 역량을 증대하고 공급 업체와의 협업을 강화할 수 있다.

넷째, **수요 예측 및 물류 경로 추적 시스템** 구축을 통해 주문과 공급 이행의 협업성과 민첩성을 제고하는 것이다. 소셜미디어social media 상의 수요 행동을 분석하는 예측 솔루션이나 상품 경로를 추적하는 IoT 장치 등의 디지털 기술은 시장 수요에 대한 신호demand signal를 파악하고 이에 신속히 대응하도록 해준다. 이와 같은 기능들은 정상적인 비즈니스 수행 상황에서도 중요한 역할을 하지만 팬데믹과 같은 위기 상황에는 공급망의 회복탄력성을 크게 높여준다EY Global, 2020.

회복탄력성을 도와주는 인공지능

인공지능AI은 방대한 양의 데이터를 분석하고 학습하여 인간의 행동을 대신해 주는가 하면 상황에 대한 정확한 예측을 통해 문제를 미연에 방지하거나 해결하게 해준다. 이러한 AI가 공급망 관리에 활용되면 재고 및 운영 비용을 줄이면서 공급 탄력성을 확보하게 하여 피해를 최소화할 수 있게 된다. 또한 최첨단 AI 기반의 생산 로봇은 저임금 국가에 위치한 대규모 공장 운영에 비해 고객 가까이서 더 많은 수의 시설을 더 효율적으로 운영하도록 해줌으로써 공급망 교란 리스크를 줄임과 동시에 보다 저렴한 원가에 더 나은 품질과 생산성을 담보해 줄 수 있다. 류종기2020는 포스트 코로나 시대의 AI 도입 효과를 4가지로 제시하였는데, 이 중 공급 탄력성 회복과 직접적으로 연관되는 2가지를 정리하면 다음과 같다표 5-2 참조.

[표 5-2] 공급 탄력성 과제와 AI 활용 시의 이점

도전 과제	AI 활용 시의 이점	활용 사례
불확실하고 가변적인 공급과 수요	• 실시간 모니터링을 통해 수요와 공급 예측 • 대응 의사결정의 신속화	• 디지털 컨트롤 타워와 경영 의사결정 지원
사업 운영과 공급(조달)의 중단	• 자원의 유연한 재배치 • 비용 대비 효과의 개선	• 유연한 실시간 대응으로 가치사슬 최적화

(자료원: 류종기, 2020 수정)

먼저 공급 및 수요의 가변성과 불확실성은 재고의 중복성을 요구하고 이는 피치 못할 비용을 발생시킨다. 이때 AI는 비즈니스 규모와 가치사슬상의 유연한 대응 및 최소한의 중복성을 가능하게 함으로써 비용을 줄여 준다.

그리고 공급 및 조달의 부족 등으로 인한 조업의 중단은 경영상 막대한 손실을 초래한다. 그런데 AI는 상황에 대한 사전 예측을 통해 즉각적으로 자원의 유연한 재배치를 가능하게 해주어 조업의 중단을 최소화하고 자원의 비용 효과를 개선시켜 준다.

AI는 제 기능을 수행하기 위해 데이터를 필요로 한다. 회복탄력

성을 지원하는 AI의 경우에도 이와 관련되는 데이터를 체계적으로 확보하고 이에 대한 분석과 학습 기반을 갖추는 것이 요구된다. 류종기2020는 선도 기업들이 중요하게 여기는 **9가지 데이터 원천** sources을 정리하였다. 이에는 물류와 공급망에 영향을 미치는 날씨 정보, 생산 시설이나 공급 업체와 관련되는 지역의 사건·사고 관련 뉴스, 사물인터넷 등으로부터의 센서 데이터, 공급 업체의 현장 파악 및 검증 정보와 공급 기반 모니터링 정보, 공급망 관련 구성 요소의 이력 추적 데이터, 소셜미디어social media 모니터링 정보, 해당 지역의 정부 정책 및 규제의 변화 정보 등이 포함된다. 위에서 열거된 모든 데이터가 모든 조직과 AI에 다 필요한 것은 아닐 것이다. 조직의 상황 및 활용하고자 하는 AI가 필요로 하는 데이터를 축적하여야 할 것이다.

5. 회복탄력적 기업은 이러하다

앞에서 살펴본 회복탄력성을 제고하기 위한 다양한 방안을 한꺼번에 모두 갖추기는 쉽지 않을 것이다. 그럼에도 팬데믹이나 기술 진보 등에 의한 경영 위기 상황에 대한 대비는 아무리 강조해도 지나치지 않다. 그러므로 위기를 기회로 인식하면서 디지털을 활용한 시스템 기반으로 조직의 구조와 의사결정 프로세스를 혁신하면 회복탄력성을 확보하게 될 것이다.

결국 조직이 회복탄력성을 보유하게 되면 재난 및 위기 상황이 발생한 이후에 원래의 상태, 정상적인 작동의 상태, 재난 및 위기가 발생하기 전보다 더 향상된 상태로 신속하게 복귀할 수 있는 역량을 가지게 되는 것이다 Koslowski and Longstaff. 2015 . 류종기 2020 는 회복탄력성 확보 기업이 갖는 특징을 다음과 같이 정리하였다.

첫째, 단기적으로는 효율성의 일부가 희생되는 한이 있더라도 시스템에 완충 장치를 마련한다. 핵심 요소를 복수로 가져가거나 <u>기능의 중복성</u>redundancy을 갖도록 설계하면 회복탄력성을 키울 수 있다.

둘째, 전체 시스템을 <u>모듈화</u>modularity 13) 개념에 따라 소규모 단위로 운영하면 일부분에서 장애가 발생하거나 문제가 생기더라도 전체 시스템의 붕괴는 막을 수 있을 것이다.

셋째, 시행착오를 통해 개선해 가면서 진화하는 <u>적응성</u>adaptability을 갖게 되면 위기 상황을 슬기롭게 대처할 역량이 배양될 것이다. 적응적 조직은 유연성을 높이고 지속적으로 학습하도록 운영된다.

넷째, 미래의 위기에 대한 예방적 원칙을 수립하고 <u>신중함</u>prudence에 근거해 조치를 취하는 것은 회복탄력적 기업의 필수 요건이다. 이에는 리스크에 대한 비상 계획을 마련하고 미리 대응하는 준비가 포함된다.

다섯째, 기업의 목표와 활동을 비즈니스 생태계는 물론 경제사회 및 자연 생태계의 목표와 일치시키는 <u>내재성</u>embeddedness을 갖도록 하는 것 역시 회복탄력적 기업의 중요한 특징이다. 이는 생태계 내에서 이해관계자들과 소통하면서 공생과 장기적인 성장 및 발전을

---

13) 모듈화란 하나의 문제 혹은 시스템을 작은 조각의 문제 혹은 하위 시스템으로 나누어 다루기 쉽도록 하는 과정을 말한다.

추구하는 것을 의미한다.

여섯째, 새로운 스트레스에 대응하기 위한 **다양성** diversity 의 확보는 전체 시스템이 어려움을 겪는 것을 막을 수 있다. 서로 다른 배경이나 지식, 경력을 가진 사람들을 고용하거나 다양한 사고방식과 행동을 장려하는 문화를 만드는 것이 이에 해당한다.

일곱째, 이상의 6가지 특징을 체계적으로 확보하도록 하는 기반으로서 **디지털 기술**을 활용한다. AI, IoT, 빅데이터 등의 디지털 기술은 공급망 운영과 관련되는 제반 데이터를 기반으로 공급망 운영 상황을 상시적으로 모니터링하다가 균열이나 위기 발생 시 효과적·효율적으로 회복탄력성을 발휘하도록 지원해 준다.

이상에서 살펴본 바와 같이 위기는 잘 대처하게 되면 또 다른 기회가 될 수 있다. 실제로 팬데믹으로 겪고 있는 경영상의 위기를 회복탄력성 강화 등 혁신의 기회로 인식하는 기업이 상당히 많은 것으로 조사되었다. 2020년 12월 마이크로소프트가 시장조사 기관 IDC와 공동으로 조사한 〈아태·한국 기업 혁신 문화〉 보고서에 따르면, 국내 기업의 48%가 작금의 팬데믹 상황을 새로운 기회로 인식했다. 이 중 81%의 기업은 회복탄력성을 확보하는 데에 있어 기술 기반의 혁신 능력을 중요하게 생각했다 백지영, 2020 . 마치 고무줄을 당겼을 때 원래대로 돌아가는 탄력성처럼 위기의 국면을 빨리 대처하는 회복탄력성을 키우려면 기술 플랫폼과 디지털 기반 운영 모델이 갖추어져야 하는 것이다.

6

디지털
트랜스포메이션
전략

CHAPTER 6

디지털 트랜스포메이션 전략

코로나로 인한 영향이 더 크지만, 소비자의 행태 변화로 인해 온택트 비즈니스로의 전환이 가속화되고 있다. 다양한 디지털 기술 기반의 경험이 일상화되고 제품과 서비스의 디지털 전환이 촉진되고 있다. 특히 전통적인 유통 기업인 이마트가 살아남기 위해 이베이코리아를 인수하는 등 e-커머스 경쟁에의 합류가 본격화하고 있다. 또한 재택근무, 스마트워크 등에 관한 효익이 근로자와 기업들에게 동시에 나타나면서 비즈니스 프로세스 전반의 디지털화도 가속화되고 있다. 이런 상황에서 조직 내의 디지털 역량 확보외부 인력 조달, 내부 재교육, 디지털 투자 확대도 매우 시급한 이슈로 등장하고 있다.

1. 디지털 트랜스포메이션의 이해

디지털 트랜스포메이션Digital Transformation은 비즈니스의 영역과 프로세스process 중 일부 혹은 전부를 디지털 기술IoT, 빅데이터, 인공지능 혹은 기존의 ICT과 결합하여 기업의 전통적인 운영 방식과 서비스 등을 혁신하는 것을 말한다. 즉 환경 변화에 적응하면서 새로운 가치를 창출하기 위해 디지털 기술을 활용하는 것이라 할 수 있다. '융합, 연결, 협업, 생태계, 데이터, 지능화, 개인화, 플랫폼' 등 많은 키워드를 담아내면서 이루어지는 시대적 혁신이라 할 수 있다.

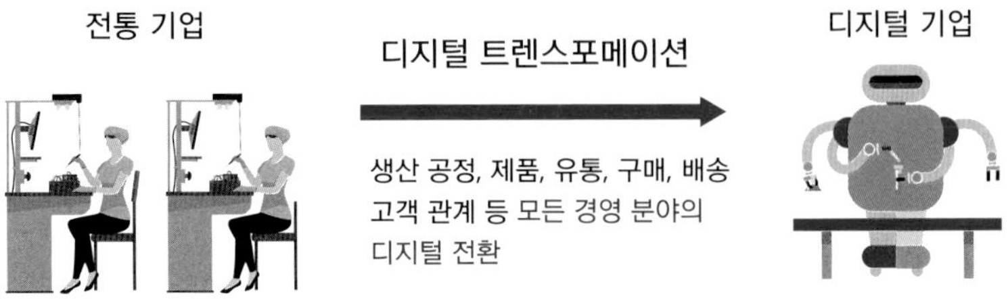

전통 기업   디지털 트랜스포메이션   디지털 기업

생산 공정, 제품, 유통, 구매, 배송 고객 관계 등 모든 경영 분야의 디지털 전환

[그림 6-1] 디지털 트랜스포메이션의 의미

이러한 디지털 트랜스포메이션을 왜 추진해야 하는 가에 대한 대답은 '디지털 기술 기반으로 업무 프로세스를 바꾸거나 고객의 새로운 니즈needs를 충족할 신제품이나 서비스를 만들어내야만 살아남을 수 있기 때문'이다. 디지털 트랜스포메이션에 의해 프로세스가 혁신적으로 변하게 되면 생산성이 높아지고, 새로운 제품이나 서비스가 시장에 선보이게 되면 고객의 니즈를 충족하게 되어 시장에서 리드를 할 수 있을 것이다. 결국 디지털 트랜스포메이션은 디지털 기술이 먼저가 아니라 비즈니스가 먼저라는 점을 내포하고 있다.

2. 디지털 트랜스포메이션의 추진 유형

그렇다면 기존 기업들이 디지털화를 추진하는 유형은 어떠한 것이 있을까? 기존 기업들이 디지털을 중심으로 변화를 추구한다고 할 때, 변화의 대상이 되는 영역은 크게 사업 영역과 비즈니스 프로세스가 된다. 사업 영역이란 기존 기업이 시장에 제공하는 제품과 서비스를 일컫는 것이며, 비즈니스 프로세스란 기업이 업무를 추진하는 과정과 절차, 방법을 말한다. 디지털이 전략적인 가치로서 기업에 도입될 때, 크게는 이 두 가지 영역에서 변화가 수반되는 것이다.

디지털 트랜스포메이션은 [그림 6-2]에서 볼 수 있듯이 크게 프로세스 변화, 제품 및 서비스 변화, 신규 비즈니스 창출 등 세 가지 유형으로 추진된다. 기업이 디지털 트랜스포메이션을 어떠한 형태로 실행할 것인지 여부는 현재 외부의 환경과 자사의 역량 분석을 토대로 한 새로운 가치 창출 가능성과 혁신을 통한 업무 효율화와 비용 절감 등의 효과를 어디에서 어떻게 볼 수 있을 것인지를 파악하는 것에 달려 있다.

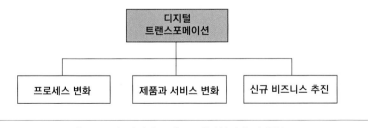

[그림 6-2] 디지털 트랜스포메이션의 추진 유형

프로세스를 바꾼다.

프로세스 변화는 기업이 추진하고 있던 업무, 구매, 절차, 방법 등을 디지털 트랜스포메이션을 통해 바꾸는 것을 의미한다. 제조 기업의 스마트공장smart factory, 스마트워크smart work, 기존의 오프라인 은행의 온라인 점포 서비스 등이 프로세스 변화의 예라 할 수 있다.

현재 정부는 중소 제조 기업들의 생산성 향상을 위해 지능화, 연결화, 서비스화를 구현할 수 있도록 지원하고 있다. 2022년까지 3만 개의 스마트공장 구축을 목표로 하고 있다. 정부의 지원 사업을 통해 스마트공장을 구축하여 고객사의 품질 수준을 맞추면서도 원가를 절감한 중소기업의 성공 사례는 수도 없이 많다. 더구나 고객 신뢰가 향상되면서 주문이 늘어나 인력을 충원하여 일자리가 없어질 것이라는 우려를 불식시키고 있다.

한편 코로나 팬데믹으로 급부상한 스마트워크는 종래의 사무실 개념을 탈피하여 언제 어디서나 편리하고 효율적으로 일을 할 수 있도록 업무 환경을 바꾸고 있다. 즉 스마트워크는 디지털 기술 기반으로 언제 어디서나 편리하고 똑똑하게 근무하도록 함으로써 업무 효율성을 향상시킬 수 있다. 최근 메타버스metaverse [14] 기술의 출현으로 스마트워크는 사실상의 디지털트윈digital twin [15]이 가능한

---

14) 메타버스(metaverse)는 '가상', '초월' 등을 뜻하는 '메타(Meta)'와 '우주'를 뜻하는 '유니버스(Universe)'의 합성어로 현실 세계와 같이 사회·경제·문화 활동이 이루어지는 3차원 가상세계를 일컫는 용어이다.

15) 디지털트윈(digital twin)은 가상 공간에 실물과 똑같은 물체(쌍둥이)를 만들어 다양한 모의시험을 통해 검증해 보는 기술을 말한다. 2000년대 들어 제조업에 도입되기 시작

가상 오피스로 진화하고 있다.

제품 및 서비스가 변화한다.

디지털 기술을 활용하여 제품이나 서비스를 변화시켜 성공한 기업들의 사례는 갈수록 증가하고 있다. 교보문고는 전통적인 오프라인 서점으로 현재 국내에서 제일 큰 대형 서점이다. 이러한 교보문고도 2000년대에 들어 크나큰 위기에 봉착했다. 바로 온라인에 기반한 온라인 서점들이 등장을 하였기 때문이다. 미국에서는 아마존닷컴이 1995년부터 온라인 서점으로 시작하였지만, 당시 국내에는 그 영향이 크지 않았다. 그러나 예스24, 알라딘 등의 온라인 서점들이 등장을 하게 되면서 크나큰 위기를 맞이하게 되었다. 교보문고는 긴급하게 2009년 5월 26일 인터넷 교보문고를 론칭하고 바로드림 서비스를 시행하기 시작했다. 바로드림은 인터넷에서 결제하고, 배송료 없이 영업점에서 찾아가는 업계 최초의 서비스였다노규성 외, 2019.

SSG는 신세계가 만든 전자상거래 플랫폼이다. 기존의 이마트, 신세계몰 등 유통 관련 자원들을 하나로 묶어서 만든 플랫폼이다. 이마트, 신세계백화점, 트레이더스 등 여러 유통 계열사를 거느린 신세계그룹의 온·오프라인 마케팅 포인트는 '따로 또 같이'다. 각 계열사 특성에 맞게 운영 중인 모바일 앱과 별도로 새로운 쇼핑 플

했으며 항공, 건설, 헬스케어, 에너지, 국방, 도시 설계, 게임 등 다양한 분야에서 활용되고 있다. 최근에는 현실 세계와 가상 공간을 실체적으로 연결되는 분야로까지 발전하고 있다.

랫폼을 선보인 것이다. 신세계백화점, 이마트, 트레이더스 등의 온라인 쇼핑 사이트를 하나로 묶은 통합 온라인 쇼핑 플랫폼 SSG닷컴ssg.com이 바로 그것이다. 기존 사이트에서 취급하던 150만여 개의 상품을 통합했으며 기존 아이디로 로그인해 쇼핑할 수 있도록 시스템을 개편해 쇼핑 편의를 높였다.

신규 비즈니스가 창출된다.

디지털 트랜스포메이션을 통해 새로운 비즈니스나 서비스를 개발하는 경우도 많다. 이는 기존에 자사가 속한 산업 분야가 아닌 새로운 산업 분야로 진출하는 것도 포함된다. 몬산토의 예를 들어 보자.

GMOGenetically Modified Organism. 유전자 변형 농수산물 관련 특허 90%를 보유하고 있는 몬산토는 종자 및 농약회사였다. 그러던 몬산토가 2013년 기상 데이터 스타트업인 클라이밋을 9억 3천만 달러에 인수하였다. 이후 기존의 종묘 기업의 이미지를 벗고 4차 산업혁명 시대에 농업을 리드하는 빅데이터 분석 기반 농업 융합 기반 플랫폼 기업으로 탈바꿈하였다. 몬산토는 인공위성, 디지털 기술, 생물학 등을 활용하여 토양, 기후, 작물의 성장 등 농업과 관련된 빅데이터를 수집하고 이를 분석하여, 농민들이 농사를 지을 때, 올바른 의사결정을 할 수 있도록 도움을 주는 혁신 기업으로 변모하고 있다.

3. 디지털 트랜스포메이션 추진 모델

어떤 일이든 목표 달성을 위해서는 자신의 현 수준을 정확히 돌아보고 이해할 수 있어야 한다. 디지털 변혁의 여정에서도 그 여정의 전체 모습과 지금 어디에 위치하고 있는지를 이해하는 것이 중요하다. 또한 목표를 성공적으로 달성하기 위해서는 어떠한 역량이 필요한지 파악하고 대안을 마련해야 한다.

그럼 성공적인 디지털 트랜스포메이션 추진을 위해 필요한 요소는 무엇일까? 디지털 혁신을 위해 필요한 요소는 [그림 6-2]에서 볼 수 있듯이, 달성하고자 하는 비전과 목표, 이를 이끌기 위한 리더십과 거버넌스, 혁신 대상 과제, 이를 추진하기 위한 기술, 인력과 자원 및 조직 문화가 필요하다. 이들 요소 각각에 대해 간략히 살펴보기로 하자.

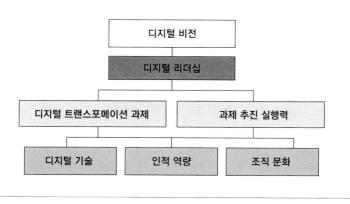

[그림 6-2] 디지털 트랜스포메이션 추진 모델

4. 디지털 비전부터 체크하라.

디지털 트랜스포메이션에 있어서도 제대로 된 비전의 정립과 공유는 가장 중요한 요소 중 하나이다. 비전의 불명확성은 많은 디지털 트랜스포메이션과 혁신을 실패하게 하는 요인 중 하나라는 점은 이미 입증된 사실이다. 경영진은 디지털 혁신의 비전을 명확히 하고 이에 걸맞은 목표와 지향점을 분명히 할 필요가 있다. 그러한 비전과 목표는 비즈니스 전략 및 목표와 잘 연계되어야 한다.

그렇다면 디지털 비전은 어떠한 가치value를 반영하는 게 좋은가? 디지털 비전은 혁신 대상 과제와 관련되는 운영 프로세스 혁신, 비즈니스 모델 혁신, 고객 접점 효율화와 마케팅 혁신, 협업과 정보 공유 강화 등에 대한 미래 모습을 구체적으로 담도록 표현되어야 한다. 점진적인 변화보다는 혁신적이고 파괴적인 비전이 되어야 하며, 또한 그것은 기술 그 자체보다는 비즈니스의 변혁에 초점을 맞추어야 한다.

앞에서 살펴본 글로벌 농업 기업 몬산토Monsanto는 다음과 같이 '디지털 농업Digital Agriculture'을 비전으로 삼고 논밭을 디지털 세계로 바꾸어 가고 있다노규성 외. 2019. "몬산토의 장비를 사용하는 농부들은 태양은 얼마나 밝은지, 바람은 얼마나 부는지, 온도와 습도는 적정한지, 흙의 상태는 어떤지, 병충해는 없는지 등에 대해 굳이 논밭에 나가지 않더라도 집에서 파악할 수 있다. 상상력이 풍부한 농부는 눈을 감으면 자신이 직접 논밭 한가운데에서 주변을 살펴보는 것처럼 느낄 수도 있을 것이다. 농부들은 집에서 컴퓨터나 태블릿으로 논밭을 살피고 씨를 뿌리고 농약도 치며 농사지을 것이다. 농부는 이 과정을 직접 하기보다 소프트웨어에 일임할 수도 있다. 사전에 씨를 뿌리기에 적합한 온도와 습도, 흙의 상태 등을 설정해 놓으면, 이에 따라 장비들이 자동적으로 움직일 수 있기 때문이다."

5. 디지털 리더십을 발휘하라.

그럴듯한 디지털 비전이 선포되었다 해도 만약 경영진에게 디지털 리더십 역량이 부족하다면 어떠한 결과가 초래될까? 이에 대한 답은 '심각한 실패'이다. 왜냐하면 혁신은 실패 확률이 높아서 대부분 강력한 리더십에 의해 톱다운top down 방식으로 추진되어야 하기 때문이다. 그런데 리더십 역량이 부족하다면 리더의 그릇된 이해와 판단으로 엉뚱한 투자와 자원 소모가 초래될 수 있다. 따라서 경영진은 디지털 트랜스포메이션에 대한 이해도를 높여야만 한다. 관련 도서나 세미나 등을 통해 관련 지식을 쌓고 필요하면 자문위원이나 외부 전문가를 통해 이해도를 넓혀 나가야 한다. 폭넓은 이해를 바탕으로 디지털 트랜스포메이션에 관한 비전과 목표를 잘 설정하고 이의 추진에 대한 강한 의지와 성과에 대한 확신을 가지고 조직 구성원과 공유하는 노력이 절대적으로 필요하다 노규성, 2019.

결론적으로 디지털 혁신 추진에 필요한 리더십이 갖추어져야 하는데, 이러한 리더십을 정리하면 다음과 같다.

첫째, 디지털 트랜스포메이션이 추구하고자 하는 비전을 제시할
수 있어야 한다. 그 비전은 디지털 기술이 비즈니스와 최적의 적합
성을 갖도록 하는 것이어야 한다.

둘째, 디지털 인재상을 확립하고 이에 걸맞은 인재를 발굴하고
육성해야 한다. 요즘 많은 기업에서 전 직원에 대한 디지털 역량 강
화에 혼신을 기울이고 있다는 점을 상기할 필요가 있다.

셋째, 데이터에 근거한 의사결정 체계를 확립해야 한다. 경영은
과학이다. 그리고 그 과학적 기반은 데이터와 정보 기반의 통찰력
이라 할 수 있다.

넷째, 조직 문화의 변화를 이끌어내야 한다. 혁신은 쉽게 이루어
지는 것이 아니다. 구성원들의 생각과 행동 및 의사결정에 영향을
주는 조직 문화가 디지털 혁신을 능동적으로 수용할 수 있게 형성
되어야 한다.

6. 디지털 트랜스포메이션 과제 유형

세계에서 가장 브랜드 가치가 높은 코카콜라 역시 디지털 트랜스포
메이션을 선도적으로 추진하고 있다. 즉 코카콜라는 고객 경험 트랜
스포메이션 experience transformation, 운영 트랜스포메이션 operation
transformation, 비즈니스 트랜스포메이션 business transformation, 문화 트랜
스포메이션 culture transformation 등의 4가지 디지털 트랜스포메이션
을 추진하여 새로운 비즈니스 패러다임에 잘 대응하면서 여전히
높은 브랜드 인지도를 기반으로 고객 취향을 맞추어가고 있다.

이렇듯 디지털 트랜스포메이션은 비즈니스 현장의 문제점이나 애로를 개선하거나 새로운 비즈니스 기회를 발굴하는 등의 추진 과제를 도출해야 하는 것이다. 전략 과제는 전략 과제 도출 및 우선 순위 결정이라는 두 가지 차원에서 검토한다. 즉 어떠한 분야의 것을 대상으로 디지털화할 것인가를 도출한 다음 어떤 것부터 추진할 것인가를 결정하는 것이다.

그럼 디지털 트랜스포메이션 과제를 선정하기 위해서 어느 영역을 살펴보아야 할까? 여기에서는 그 영역을 운영 효율성 제고, 비즈니스 모델business model 혁신, 고객 접점 효율화 및 마케팅 혁신, 협업과 정보 공유 등 4가지로 구분하였다. 그럼 이 4가지 영역에서 디지털 트랜스포메이션을 추진하는 유형은 어떤 것들이 있는지 살펴보자노규성. 2019 .

운영 효율성 제고

디지털 트랜스포메이션을 추진해 운영 효율성을 높이도록 하는 방법은 4가지 유형으로 나누어 살펴볼 수 있다.

첫째, 회사의 프로세스를 표준화·통합화하는 유형이다. 그간 기업들은 디지털 기술과 솔루션을 활용하여 프로세스를 정보화 내지 자동화함으로써 운영 효율성을 높여왔다. 이때 기업의 프로세스가 표준화되고 통합되는 것이 중요하다. 표준화는 생산성을 높일 것이며, 통합화는 주요 프로세스의 연계를 통해 데이터와 정보를 공유하고 업무 흐름을 원활히 하게 할 것이다.

둘째, 특정 프로세스를 고도화하는 유형이다. 디지털 기술을 활용하여 특정 프로세스를 최적화함으로써 경쟁우위를 높이는 유형을 말한다. 사물인터넷, 로봇, 인공지능, 빅데이터 등을 이용하여 전체적인 생산 프로세스를 디지털화, 최적화하는 스마트공장smart factory이 이의 좋은 사례일 것이다. 특히 4차 산업혁명과 코로나19 팬데믹으로 인해 모든 산업이 고객, 수요, 제품, 서비스, 공급망, 가치사슬, 프로세스 등 각 부문에서 엄청난 변화를 맞이하고 있는데, 이러한 변화에 대응하기 위해서는 디지털 기술을 기반으로 하는 특정 프로세스의 최적화가 절실하다.

셋째, **사람이 하던 일을 대체하거나 사람과 협업**하는 유형이다. 코로나19 팬데믹은 비대면 상황을 야기하였는데, 이러한 상황을 디지털 기술이 해결해 주었다. 즉 디지털 기술은 사람의 일을 대체하거나 협업을 하도록 지원해 주면서 운영 효율성을 높였다. 소매 상점에서 일어나는 변화를 보도록 하자. 소매점에는 입구에서부터 고객의 구매 동선, 재고 추적 및 보충, 모바일 쿠폰 및 피드백, 계산 등의 프로세스가 있는데, 코로나로 인해 이 프로세스가 멈추게 되자 모바일, 키오스크 등의 디지털 기술이 접목되어 프로세스를 살리고 운영 효율성을 향상시켰다. 그리고 이러한 추세는 직원이 상주하지 않아도 운영이 가능한 무인점포로 전환되는 방향으로 가고 있다.

넷째, **정형적이고 반복적인 업무 프로세스를 자동화**하는 유형이다. ERP 등 기존의 디지털 기술이 적용됐다고 해서 업무 프로세스가 완전히 자동화되는 것은 아니다. 이 유형의 기술은 사람의 개입이 필요한 부분 중 반복적이고 정형화된 업무를 디지털 기술로 자동화하는 것에 한정되어 있다. 그런데 최근에 로봇 프로세스 자동화RPA, Robotic Process Automation 도구가 출현하면서 상황이 달라지고 있다. RPA는 일정한 로직과 룰logic and rule에 의해 자동으로 업무를 처리하는 소프트웨어 로봇이다. 이러한 RPA는 반복적인 작업을 자동화해 비용 절감뿐 아니라 프로세스를 보다 신속하게 완료할 수 있게 해준다. RPA는 거래 처리는 물론 데이터를 조정하고 특정 요구에 대응하며 다른 시스템과 통신을 할 수 있어 응용 범위가 광범위하다.

비즈니스 모델 혁신

디지털 트랜스포메이션은 디지털 '탈바꿈'이라고 불릴 정도의 획기적인 변화를 야기한다. 이러한 관점에서 보면 비즈니스 모델의 창출 내지 변형은 디지털 트랜스포메이션의 본질과 가장 가깝다고 할 수 있다. 구글, 아마존, 넷플릭스, 우버, 에어비앤비 등 많은 디지털 기업들은 디지털에 의한 비즈니스 모델 혁신으로 탄생했다.

물론 새로운 비즈니스 모델의 등장에 의한 시장의 파괴는 늘 있어 왔다. 그러나 디지털 비즈니스 모델의 파괴력은 그 이상이다. 규모가 작은 디지털 혁신 기업이 새로운 비즈니스 모델을 무기로 몸집이 큰 기업의 영역을 잠식하거나 새로운 니치마켓niche market [16]을 열어 가면서 시장 파괴를 야기한다. 이러한 변화는 많은 산업에

---

16) 니치마켓(niche market)은 수요와 공급이 비어 있는 완전히 새로운 틈새시장을 말한다.

서 매우 빠르고 파괴적으로 진행되고 있다.

디지털 트랜스포메이션을 통해 비즈니스 모델을 혁신하는 방법은 5가지 유형으로 나누어 살펴볼 수 있다.

첫째, 플랫폼platform[17])에 의한 비즈니스 모델 혁신 유형을 들 수 있다. 플랫폼 사업자의 가장 중요한 역할은 이용자들이 효율적으로 제품과 서비스를 교환할 수 있도록 해 주는 데 있다. 플랫폼 기업은 자산을 보유하지도 않고 직접 가치를 만들지도 않는다. 자산은 외부의 이용자들이 보유하고 있고 가치는 그들이 창출하여 교환한다. 플랫폼 기업인 아마존은 인터넷과 스마트폰의 대중적 확산과 더불어 폭발적으로 성장했다. 이와같은 플랫폼 기업은 공급자가 소비자를 끌어들이고, 소비자가 공급자를 끌어들이는 네트워크 효과를 통해 생태계의 선순환 구조의 가치 극대화를 실현하고 있다.

둘째, 디지털 기술을 접목하여 기존 제품이나 서비스를 지능화하여 부가가치를 높이는 유형이다. 항공기 엔진, 선박 엔진, 파워플랜트, 헬스케어 장비 등을 만드는 하드웨어 기업인 제너럴 일렉트릭GE은 일찌감치 소프트웨어 기업으로의 전환을 선언했다. 그리고 GE는 기계에 센서를 부착하고 사물인터넷 IoT과 빅데이터 기술을 접목해 기계의 성능을 향상시키고 지속적으로 서비스하는 프레딕스Predix를 개발해 기존 비즈니스를 혁신하였다.

---

17) '플랫폼'이란 외부의 공급자와 소비자가 서로 연결되어 상호작용을 하면서 가치를 창출할 수 있는 디지털 인프라를 가리킨다. 플랫폼에 관한 상세한 내용은 'CHAPTER 12 개방형 혁신의 플랫폼 전략'을 참고하기 바란다.

셋째, 새로운 디지털 기술과 포맷으로 기존 제품과 서비스를 대체하는 유형이 있다. 예를 들어 넷플릭스Netflix는 비디오 유통 서비스를 인터넷 기반으로 탈바꿈하고, 주문형 스트리밍 서비스 부문에 역량을 집중했다. 단돈 만 원 정도만 내면 한 달간 원하는 동영상을 마음껏 즐길 수 있는 OTT 서비스인터넷 동영상 서비스가 그것이다. 인터넷만 연결되어 있다면 PC나 TV, 스마트폰에서 자기가 원하는 콘텐츠를 언제, 어디서나 볼 수 있게 한 것이다. 산업이 디지털 기반의 서비스 방식으로 완전히 대체되면서 기존 방식의 사업자는 시장에서 사라지고 말았다.

넷째, 가치 전달 프로세스 재편을 통해 비즈니스 모델을 혁신하는 유형이다. 일본 출판사 '트랜스뷰'는 도서의 유통 구조를 완전히 바꾸었다. 도매상을 통한 밀어내기식 영업에서 서점에서 원하는 만큼 책을 택배로 보내는 방식으로 공급 사슬을 바꿨다. 중간상이 사라지니 비용이 확 줄었고, 서점이 직거래 방식에 불편을 느끼지 않도록 단 한 권의 책만 주문해도 즉시 택배로 보냈다.

다섯째, 디지털 기반으로 가격 정책을 변경하는 유형도 있다. 미국 스타트업 '달러 쉐이브 클럽'은 2011년 월정액을 내면 매달 면도날 4~5개를 집으로 배송해 주는 비즈니스 모델로 창업해 성공했다. 창업 5년 만에 320만 명 이상 회원을 확보한 이 회사는 유니레버에 10억 달러에 매각되었다. 그 후 이 모델은 칫솔, 란제리 등전 상품 분야로 확산됐다. 클라우드 서비스를 하는 회사들은 대부분 이러한 사용료 기반의 구독 모델을 제공하고 있다.

고객 접점 효율화와 마케팅 혁신

다음 영역은 고객 접점의 효율화와 마케팅 혁신 부분이다. 모든 비즈니스 활동은 고객 가치에 집중되어야 한다[18]. 고객이 필요로 하는 것은 무엇이고 무엇에 관심을 갖는지, 어떤 행동을 보이는지를 끊임없이 모니터링하고 고객에 대한 통찰력을 확보해야 한다. 그간 기업은 전통적인 방식의 오프라인 기반으로 고객 데이터를 모으고 마케팅 활동을 하였다. 그러다 보니 부정확한 고객 데이터와 정보가 분산되어 있거나 잘 관리되지 못했다. 이제 고객은 온라인을 통해 구매하고 느낌을 표출하고 사람들과 공유한다. 그 과정에서 고객의 행동과 소비 패턴은 소위 '디지털 보디랭귀지digital body language'로 남는다. 그렇게 축적된 엄청난 양의 고객 데이터와 정보가 고객의 생각과 행동을 예측할 수 있게 해준다. 그러면 고객의 요구와 니즈에 '개인화되고 맞춤화된 서비스'가 가능해진다.

디지털 트랜스포메이션에 의한 고객 접점의 효율화 및 마케팅 혁신 방법은 4가지 유형으로 나누어 볼 수 있다.

첫째, 고객 데이터의 통합 관리로 **고객에 대한 싱글 뷰**single view[19]를 확보하는 것이다. 고객의 특성을 분석하고, 효과적인 마케팅을 수행하려면 먼저 고객 프로파일, 고객의 구매 이력 등 고객 데이터가 통합되어야 한다. 고객 데이터의 통합은 고객 마케팅, 추천, 고객 경험 등 모든 고객 관계를 위한 필수적인 선행 요건이다. 예를

---

18) 고객가치 중심의 비즈니스에 관해서는 'CHAPTER 13. 고객가치 지향 전략'을 참고하기 바란다.
19) '고객에 대한 싱글 뷰'란 한 자리에서 고객 데이터를 일괄적으로 보며, 고객에 대해 필요한 데이터를 전방위적으로 조회할 수 있는 것을 의미한다.

들어 항상 A 화장품만 사용하는 고객은 A 화장품에 대한 확고한 충성고객이다. 그러나 그 고객이 늘 동일한 매장에서만 구매하는 것은 아니다. 집 근처나 직장 앞 매장에서도 사고, 자주 가는 백화점이나 면세점에서도 산다. 그런데 각 매장에서 발생한 이 고객에 관한 데이터를 통합 관리하지 못한다면, 회사는 이 고객을 그저 뜨내기 소비자로 파악할 가능성이 있다. 이는 자칫 이 고객에 대한 관리를 소홀히 하게 되고, 결국 고객을 타 화장품으로 이탈하게 할 수도 있다. 결론적으로 고객에 대한 정보를 제대로 파악하여 잘 관리하기 위해서는 고객 데이터 통합을 통한 '싱글 뷰single view'를 지녀야 할 것이다.

둘째, **디지털 기술로 고객 경험을 증대**시키는 것이다. 고객 경험 관리는 제품이나 회사에 대한 고객의 전반적인 경험을 전략적으로 관리하는 프로세스로서 오늘날 중요한 이슈가 되고 있다. 고객에게 감동적인 경험을 하도록 함으로써 고객에게 제대로 가치를 주고 고객의 감동을 유발하도록 관리하는 것이다. 새로운 디지털 채널을 만들거나 물리적 경험을 디지털 기술과 연결해 차별화된 경험을 제공하는 방법이 여기에 속한다. 고객 경험 증대를 위한 대표적인 분석 도구가 고객 여정 지도customer journey map [20]이다. 이는 고객이 움직이는 모든 프로세스 내에서의 고객의 활동을 파악한 다

---

20) 고객 여정 지도(Customer Journey Map)는 제품이나 서비스 설계 과정에서 고객이 제품이나 서비스를 경험하게 되는 과정을 정의하고, 그 과정에서 생기는 고객 체험을 시각화하기 위해 사용되는 방법이다. 고객이 제품(서비스)과 처음 만나는 접점에서부터 끝나는 순간까지의 과정을 분석하여 고객의 불만 사항(pain point)을 찾아내어 고객 가치를 높이는 설계 도구로 활용된다.

음 이를 기반으로 고객의 감동적인 경험을 증대시키도록 프로세스 혁신을 도와준다.

셋째, 소셜, 모바일 등을 통한 캠페인 및 홍보, 추천 등 **디지털 마케팅**[21]을 **수행**하는 것이다. 디지털 마케팅 도구는 특정 고객에게 수행하는 캠페인을 효율적으로 기획하고 실행할 수 있도록 지원한다. 가장 일반적인 수단으로서 이메일 마케팅은 아직도 강력한 캠페인 도구로 사용되고 있다. 고객에게 메일이 잘 도착했는지, 도착한 메일을 열어 보았는지, 열어본 메일에서 첨부된 콘텐츠를 살펴보았는지, 장바구니에 담아두었는지, 결제를 했는지, 결제한 후 피드백은 어떠한지 등을 파악할 수 있다. 고객의 성향, 특성, 유효한 마케팅 수단, 적절한 채널의 선택, 콘텐츠에 대한 반응 모니터링 등을 모두 가능하게 하는 것이 디지털 마케팅의 강점이라 할 수 있다. 최근 들어 디지털 기술이 발달하면서 디지털 마케팅은 이메일, 문자 메시지, 광고, 베너 등의 전통적인 방식을 넘어 데이터 분석 및 인공지능 기반의 개인 맞춤형 마케팅으로 진화하고 있다.

넷째, **온라인과 오프라인을 통합, 연계**O2O[22]하는 것이다. 스마트폰이 보편화되어 언제 어디에서나 구매할 수 있는 스마트 쇼핑이 가능해지면서 O2O 서비스 플랫폼이 발전하는 결정적 계기로 작용

---

21) 디지털 마케팅(digital marketing)이란 인터넷을 기반으로 하는 장치와 온라인을 통해 각종 기법과 콘텐츠를 통해 소비자들에게 제품과 서비스를 알리고 판매하는 것을 말한다.
22) O2O는 '온라인에서 오프라인으로(Online-to-Offline)', '오프라인에서 온라인으로(Offline-to-Online)'의 약어로, 온라인과 오프라인 서비스를 서로 연결해 소비자의 구매 활동을 도와주는 새로운 서비스 플랫폼이다.

했다. 그러자 많은 기업이 비즈니스에 O2O 서비스를 접목하면서 고객 접점 효율화를 시현해 가고 있다. 이 영향으로 인해 최근 온·오프라인을 넘나들며 비정형적인 쇼핑 행태를 보이는 크로스오버cross over 고객의 비중이 59%를 넘어서고 있다. O2O 서비스는 소비 욕구의 발생 시점과 해소 시점 사이의 간격을 획기적으로 단축시켜 준다. 소비자가 원하는 것을 스마트폰의 구매 애플리케이션을 이용해 예약하면 원하는 시간에 배송을 해주거나 서비스를 받을 수 있어 소비자 혜택도 늘어난다. 소비자들의 입장에서는 모바일 기기를 활용해 소비 욕구를 곧바로 충족시킬 수 있게 된 것이다.

협업과 정보 공유 강화

기존에는 자신의 특정한 분야 업무만 잘하면 되는 분업과 전문성이 강조되었다. 그런데 최근 디지털 기술이 제품이나 서비스에 결합되면서 새로운 가치가 만들어지자 '융합과 공유'가 매우 중요한 이슈로 등장하였다. 즉 디지털 트랜스포메이션에 의한 협업과 정보 공유의 중요성이 더욱 부각되었다 할 수 있다.

첫째, **디지털 기술 기반의 협업**을 들 수 있다. 협업이란 각 이해관계자들이 소통과 협력을 통해 공동의 목표를 달성하고 성과를 창출하는 행동이다. 코로나19 팬데믹이 불러온 비대면 사회에서 사람 간 협업은 또 다른 모습으로 나타난다. 같은 공간과 시간이 아니라 언제 어디서나 온라인에 의한 협업을 하여야 하는 상황에 직면하게 된 것이다. 한 자리에서 특정 사안이나 이슈를 토론하고 결정할 수 있는 온라인 공간이 있다면 직급이나 연령의 고저를 떠나 함께 모여 이슈의 해결에만 더욱 몰입할 수 있게 된다. 누구의 강요가 아닌 자율 참여이기 때문에 좀 더 주도적으로 기여할 수 있다. 이러한 이유로 최근 디지털 협업 도구가 많은 인기를 끌고 있으며, 메타버스라는 새로운 공간의 출현으로 이러한 흐름은 가속화되고 있다.

둘째, 데이터와 정보의 축적 및 공유가 중요해지고 있다. 이는 오랫동안 강조되어 온 것이기도 하다. 다만 최근 들어 경쟁우위의 핵심으로 데이터, 정보 및 지식이 부각되면서 이에 대한 기반 구축이 디지털 트랜스포메이션의 중요한 축으로 등장한 것이다. 특히 클라우드와 데이터 산업의 부상에 따라 데이터와 정보의 축적 및 공유에 소요되는 비용이 획기적으로 낮아지고 있다. 이에 따라 이를 활용한 시스템 구축 및 정보 공유가 가속화될 것이다.

디지털 기술이 협업과 정보 공유에 큰 기여를 하는 것은 분명하지만, 그것의 성공 여부는 '사람'과 '문화'라는 점을 잊어서는 안된다. 종업원들이 적극적으로 협업하고 정보를 공유하도록 하는 환경 조성이 매우 중요하다 하겠다.

7. 과제를 도출하고 우선순위를 결정하라

디지털 트랜스포메이션을 추진하기 위해서는 먼저 앞에서 살펴본 디지털화 대상 과제의 유형 중 추진할 대상 과제를 도출해야 한다. 그럼 대상 과제를 도출하고 그중에서 무엇보다 실행할 것인가에 대한 순위를 결정하는 방법에 대해 살펴보기로 하자.

과제의 도출

디지털 트랜스포메이션은 여러 각도에서 다양한 추진 과제의 대안들을 찾는 것으로부터 시작된다. 통상적으로 과제의 도출은 전사적 시각으로부터 출발하여 세부적 실행 과제를 발굴하는 과정을 거치게 된다. 이는 크게 전사 차원의 전략 과제 도출, 실행 과제의 세분화, 도출된 실행 과제의 정의 및 검증의 세 단계로 나눌 수 있다_{노규성, 2019}.

첫 번째 단계는 **전사 차원의 디지털 비전과 목표로부터의 전략 과제를 도출**하고 정의하는 것이다. 전사적 차원의 디지털 비전과 목표의 핵심 메시지로부터 디지털 전략의 방향성과 거시적 차원의 과제를 찾는 것이다. 전략 방향성 및 거시적 측면에서의 전략 과제는 비즈니스 모델 개편, 운영 효율화, 고객 접점 효율화 및 고객 경험 증대, 협업 및 정보 관리, 디지털 인적 역량 강화 및 조직 문화 개선 등으로 수렴되는 것이 일반적이다. 이러한 거시적인 전략 과제를 바탕으로 중점 추진 과제를 각 사업부서나 조직 차원, 프로세스 차원에서 세부적으로 분석하여 실행 과제로 도출하고 이를 연계, 통합하게 된다.

두 번째 단계는 **세부적으로 사업 단위 또는 하위의 비즈니스 프로세스 체인상에서 실행 과제를 도출**해 내는 것이다. 주요 업무 프로세스별로 개선 포인트나 새로운 기회를 탐색하고 디지털화를 통해 업무 성과를 높일 수 있는 영역을 발굴해 내는 것이다. 가치사슬 value chain 측면에서는 크게 2가지로 구분해 볼 수 있다. 하나는 업종 고유의 프로세스이고, 다른 하나는 공통적인 프로세스이다. 업종 고유의 프로세스는 해당 기업의 속해 있는 산업적 특성에 따른 것이다. 예컨대 건설 업종의 경우 계약관리, 실행관리, 협력 업체 관리, 구매자재관리, 노무관리, 장비관리, 일정관리 등이 포함된다. 공통적인 프로세스에는 인사·급여관리, 회계관리, 원가관리 등이 있다. 모든 프로세스는 각기 세부적인 프로세스와 직무 기능으로 나눌 수 있다. 이들을 펼쳐 놓고 운영 효율성 제고, 신규 비즈니스 모델 혁신, 고객 경험 증대, 협업 강화, 인적 역량 및 조직 문화 개선 등의 관점에서 디지털 기술과 솔루션을 접목했을 때 개선되거나 새로운 기회를 창출할 수 있는 부분이 어디인지 분석해야 한다. 이렇게 하여 도출된 디지털 혁신 과제는 다시 디지털 비전과 목표, 전략적 방향성과 연계되도록 하는 적합성 작업이 이루어져야 한다.

세 번째 단계는 각 도출된 과제를 검증하고 세부적으로 정의하는 과정이다. 이 과정에서 과제가 통합, 조정 혹은 폐기될 수 있다. 과제 정의에는 과제의 목적, 과제 개요, 현재 상황as-is, 개선 방안 to-be, 핵심 성과지표KPI, 투입 예산, 디지털 기술 및 솔루션, 일정 등이 포함된다.

이상의 단계를 통해 도출된 과제는 복수인 경우가 많다. 그런데 대부분의 기업에서는 자원의 제약이나 여건상 이들 과제를 모두 한꺼번에 추진할 수가 없다. 그러므로 효과가 크고 추진이 용이한 과제를 선정하기 위한 우선순위 결정 기준를 마련하고 이를 근거로 우선순위를 결정해야 한다.

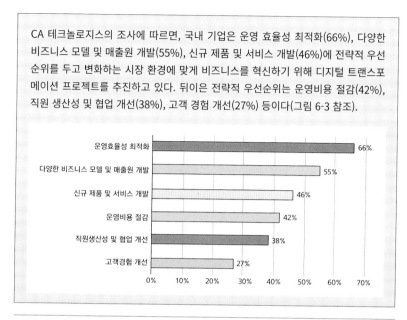

CA 테크놀로지스의 조사에 따르면, 국내 기업은 운영 효율성 최적화(66%), 다양한 비즈니스 모델 및 매출원 개발(55%), 신규 제품 및 서비스 개발(46%)에 전략적 우선순위를 두고 변화하는 시장 환경에 맞게 비즈니스를 혁신하기 위해 디지털 트랜스포메이션 프로젝트를 추진하고 있다. 뒤이은 전략적 우선순위는 운영비용 절감(42%), 직원 생산성 및 협업 개선(38%), 고객 경험 개선(27%) 등이다(그림 6-3 참조).

[그림 6-4] 디지털 트랜스포메이션 추진 과제의 전략적 우선순위
(자료: CA 테크놀로지스, 2018)

전략 과제 도출 시의 고려사항

전사적 차원의 전략 과제는 큰 방향성을 가지고 디지털 비전과 목표에 부합되도록 하는 과제로 도출되는 경향이 있다. 그렇기 때문에 전략 과제는 실제 추진 과정에서 다수의 실행 과제로 세분화되어 추진되는 경우가 많다. 전략 과제를 도출할 때 고려해야 할 사항을 정리하면 다음과 같다.

첫째, 전략 과제는 **디지털 비전과 목표에 잘 연계되어야** 한다. 또한 세부적인 사업 단위, 업무 영역, 프로세스 등에서 도출된 실행 과제와 연계되어 통합된 모습을 갖추어야 한다.

둘째, 디지털 전략 과제는 **구체적이고 체계화된 형태**로 정의되어야 한다. 사업부서나 조직별로 도출된 아이디어와 과제는 서로 중복 혹은 상충될 수 있기 때문에 주관하는 부서가 과제를 평가하고 조율해야 한다. 과제의 정의에 관한 기준과 지침을 기반으로 점검하고 보완하되 많은 토론을 거쳐 다수의 이해와 합의로 만들어져야 한다. 도출된 과제들이 전체적인 전략 방향성에 부합하는지도 점검해야 한다. 구성원들의 참여로 아이디어를 모으고 과제하는 방식이든 정보 전략 계획ISP 등의 방식을 통해 보다 체계화·정교화하는 방식이든 이해관계자들의 심도 있는 토론을 끌어낼 수 있어야 한다. 이때 고객과 외부 전문가도 참여토록 하는 것이 좋다.

셋째, 디지털 전략 과제는 **고객의 가치를 극대화**하는 데 초점이 맞추어져야 한다. 심지어 내부의 운영 효율성이나 협업 등의 과제조차도 궁극적으로 '고객의 가치' 관점에서 설계되어야 한다.

넷째, 디지털 전략 과제는 **비즈니스 환경과 특성, 동종 업계 및 경쟁자의 변화를 잘 반영**하고 있어야 한다. 전략 과제는 기업의 비즈니스 본질과 궤를 같이 하는 것이므로 디지털 기술이나 솔루션의 접목을 통하여 자사의 강점을 강화하고 약점을 보완하며, 기회를 최대한 활용하고 위협 요인을 제거 내지 회피해 나가도록 하는 것이어야 한다.

다섯째, 우선순위에 따른 **일정 계획이 수립**되어야 한다. 전사적인 디지털 트랜스포메이션 과제는 3~5년 정도의 기간이 소요되겠지만, 개별 프로젝트는 3개월~1년 정도 소요된다. 다만, 여러 과제가 추진되어야 할 경우 과제 간에 상호 연계성이나 선후 관계가 존재할 수 있으므로 이를 반영하여 일정 계획을 수립할 필요가 있다.

8. 과제 추진 실행력을 확보해야

도출된 디지털 과제는 실행력이 담보되어야 비로소 성공적 추진을 위한 발걸음을 내딛게 된다. 그러면 디지털 과제의 실행력을 높이기 위한 방안에 대해 살펴보기로 하자.

첫째, 과제 수행에 필요한 자원, 담당 조직과 전문 인력, 필요한 제도를 확보해야 한다. 과제를 성공적으로 수행하게 하려면 담당 조직과 인력을 잘 구성해 주어야 한다. 주관 부서를 선정하고 과제를 추진해야 할 현업 부서와 체계적으로 조율할 수 있도록 제도가 뒷받침되어야 한다. 필요하면 조직 개편이나 인사 이동, 규정 개정 등을 통해 과제를 효과적으로 수행할 기반을 마련한다.

둘째, 디지털 과제별로 역할과 책임이 명확히 설정되어 있어야 한다. 전사 차원의 전략 과제나 몇 개 부서가 연계된 과제는 디지털 트랜스포메이션의 컨트롤 타워나 프로젝트 관리 조직에서 주관해야 한다. 다만 특정 부서의 과업이 명확할 때에는 해당 부서가 주관하도록 한다.

셋째, 디지털 과제를 수행하는데 필요한 예산이 적절히 반영된 자금 조달 계획이 수립되어야 한다. 과제의 도출 및 정의 못지않게 중요한 것이 예산 수립이다. 전사 차원의 과제가 많을 경우 상당한 양의 자금 투입이 요구된다. 그러나 대부분의 조직에서 투자 가능한 자금은 제한적이다. 따라서 시급성을 감안하여 우선순위를 정하고 순차적으로 재원을 투입해야 할 것이다.

넷째, 추진 과제에 대해 정기적으로 **수행 현황과 진도를 검토 및 모니터링**하고 필요할 때 보완해야 한다. 디지털 과제의 수행 관리의 복잡성은 과제의 규모에 따라 각기 다르다. 시스템 구축 후에는 실제 성과를 모니터링하고 최신의 데이터로 운영될 수 있도록 지속적으로 관리해야 한다. 꾸준히 고객이나 내부 사용자의 피드백을 반영해 시스템을 지속적으로 고도화할 필요가 있다.

다섯째, 과제의 **성과에 대한 평가지표**가 마련되어 있어야 하고, 성과에 대한 피드백과 전파 및 공유 방안이 보상과 연계되어야 한다. 과제 정의 시 과제 수행으로 무엇이 바뀌고 어떠한 기대 효과가 있는지를 명확히 설정해야 한다. 이와 관련되는 성과지표와 목표를 명확히 하여 성과에 대한 피드백과 성공적인 사례에 대한 상호 학습이 이루어지도록 한다. 성과에 따른 보상 제도가 잘 연계되어야 구성원들에게 동기를 부여할 수 있다.

9. 역시 사람과 조직 문화가 중요하다

디지털 혁신에 있어 인적 역량과 조직 문화는 매우 중요한 요소이다. 디지털 혁신은 구성원들의 참여를 통해 이루어지고, 그 과정에서 구성원과 조직 문화의 변화를 이끌어 내야 하기 때문이다. 인적 역량 측면에서는 내부 인력에 대한 디지털 교육 및 훈련이 필요하며, 필요시 외부 전문 인력의 영입도 고려해야 한다. 조직 문화의 측면에서는 개방성, 혁신에 대한 수용성, 도전 지향성, 적극적인 참여가 필요하다.

인적 역량을 확보하라.

먼저, 인적 역량 강화가 절대적으로 필요하다. 최근 들어 많은 기업이 디지털 인재의 부족을 호소하고 있다. 디지털 인재 부족 현상은 급속한 디지털 기술에 의한 융합화로 인해 ICT 관련 산업 부문은 물론 비ICT 산업에서조차 디지털 인력에 대한 수요가 급증하고 있기 때문이다.

'디지털 트랜스포메이션에 대한 수요 및 인식'에 관한 한 조사 결과에 의하면, 디지털 트랜스포메이션에 대한 준비와 대응을 제대로 못하고 있는 이유로 '디지털 트랜스포메이션에 대한 이해 부족'이 47%, '전문 인력 및 인재 부족'이 45.5%를 차지하였다. 특히 중소기업은 디지털 역량 관련 교육을 받아본 적도 없고, 절반 이상 기업이 이러한 변화에 대응할 엄두도 내지 못하고 있는 것으로 파악되고 있다.

그렇다면 인적 역량을 강화하기 위해서는 무엇을 하여야 할까? 이에 대해 3가지 측면에서 살펴보기로 하자.

첫째, 조직 내 모든 구성원의 디지털에 관한 이해도와 스킬을 우선적으로 높여야 한다. 이때 주의할 점은 디지털 소양을 높이기 위한 기본 교육과 특정 부분의 디지털 역량 전문 교육을 구분해야 한다는 점이다. 전문 교육은 디지털 기술과 솔루션을 활용한 제품이나 서비스 개발, 디지털 마케팅 등 특정 부분에 해당되는 것이라 할 수 있다. 이와 같이 전문 교육이 필요한 부분의 인력에 대해서는 별도의 체계화된 교육과 훈련을 필요로 한다.

둘째, 디지털 인재 확보에 박차를 가해야 한다. 디지털 인재는 내부에서 육성될 수도 있다. 그러나 지속적으로 새로운 기술과 전문성이 요구되는 상황에서는 외부로부터 수혈받는 것을 고려할 필요가 있다. 디지털 최고책임자CDO: Chief Digital Officer는 외부 전문가를 영입하는 것이 일반적이지만, 상황에 따라서는 실무 인력도 외부에서 충원한다. 만약 인력 채용 비용 면에서 부담을 느낀다면, 외부 전문가의 자문을 통해 내부 인력을 육성하는 것도 가능하다.

셋째, 성과 평가 및 인사고과 시스템에 디지털 역량 관련 지표를 반영해야 한다. 구성원들의 동기는 성과 평가와 인센티브에 의해 부여되는 경향이 있다. 해당 직무와 관련되는 디지털 역량 지표를 개발하고 이를 성과 평가, 인센티브 및 인사고과에 반영하게 되면 조직의 디지털 역량이 보다 빠르게 강화될 수 있을 것이다.

조직 문화를 혁신하라.

조직 문화 역시 디지털 트랜스포메이션 추진에 있어 중요한 역할을 한다. 디지털 혁신은 조직과 업무 관행에 있어 변화에 대한 수용성을 필요로 한다. 따라서 관료화되어 있거나 폐쇄적인 문화가 형성되어 있는 조직의 경우 혁신 추진 과정에서 많은 어려움을 겪을 수 있다. MIT 연구 보고서에 의하면, 디지털 성숙도가 높은 기업은 '실험적이고, 협력적이며, 기민하고, 리스크를 두려워하지 않고 도전적이며, 데이터에 기반한 의사결정'을 중시하는 문화를 가지고 있다.

디지털 트랜스포메이션의 변화에 맞게 조직 문화를 혁신하는 방법에 대해 살펴보자.

첫째, 디지털 환경 **변화에 대한 민감성**을 가져야 한다. 하루가 다르게 수많은 디지털 기술과 솔루션, 사례들이 쏟아져 나오고 있다. 이러한 기술의 진화 속에서 비즈니스에 영향을 미칠 기회나 위협을 빠르게 읽어 내고 대응하려는 자세와 노력이 중요하다.

둘째, 기꺼이 **위험을 감수**하면서 작게 시작해 해를 찾아가는 방법을 도입해야 한다. 실패를 두려워하는 보수적인 문화에서는 새로운 시도 자체가 힘들다. 특히 단기 성과주의에 매몰되어 있는 조직의 경우 새로운 도전은 불필요하다. 이러한 조직에서는 디지털 혁신을 성공적으로 추진하기 어렵다. 성공적인 디지털 트랜스포메이션을 위해서는 기꺼이 위험을 감수하고 새로운 것을 시도하는 문화를 형성하여야 한다. 특히 급변하는 환경 변화 속에서는 빠르게 시도하고 보완해서 결국 성공으로 이끄는 방식이 더욱 효과적이라는 사실을 기억할 필요가 있다.

셋째, 개방적인 의사소통을 기반으로 **참여하고 협업하는 문화**를 장려해야 한다. 디지털 혁신 과정에서 구성원들이 자신과 무관한 일로 느끼거나 소극적으로 방관하려 하면, 소통의 장을 마련하고 토론할 수 있는 환경을 조성해야 한다. 구성원들의 아이디어를 모으고 개방적으로 토론하는 문화가 만들어지면 디지털 혁신을 위한 다양한 아이디어가 도출될 수 있다. 이를 위한 다양한 이벤트와 방법을 적극적으로 활용할 필요가 있다.

넷째, 외부의 파트너나 이해관계자들과 **전략적으로 협력**해야 한다. 많은 기업의 경우 급속한 속도로 진화하는 기술을 내부 인력으로 감당하기 어려운 환경에 처해 있기 때문에 오픈 이노베이션open innovation[23]을 위해 대학, 연구소, 공공기관, 협력사 등과 협력하는 일은 매우 중요하다. 개방형 협력은 혁신의 비용을 줄이면서 성공 가능성을 높인다. 특히 학습하는 개방적 조직 문화 형성에 크게 도움이 되기도 한다.

다섯째, 혁신에 대한 **적절한 보상 체계**가 마련되어야 한다. 변화에 대한 동기 부여로서 보상과 디지털 혁신의 연계는 필수적이다. 신분적 보상, 금전적 보상, 정신적 보상 등 다양한 방법을 적절히 활용해 구성원들의 참여를 이끌어내야 한다. 필요할 경우에는 과감한 보상을 통해 경영진의 관심을 표출하고 조직 문화를 획기적으로 바꿔 나가야 한다.

10. 디지털 트랜스포메이션 추진 단계

우리는 앞에서 디지털 트랜스포메이션의 내용에 대해 개괄적으로 이해하기 위해 학습하였다. 그러면 이제는 어떤 과정을 거쳐 디지털 트랜스포메이션을 추진할 것인가에 대해 간략히 정리해 보자. 물론 모든 문제를 해결할 수 있는 대안도 완벽한 방법론도 없

---

23) 오픈 이노베이션(Open Innovation)이란 연구, 개발, 사업화에 이르는 모든 가치 활동의 혁신 과정에서 대학이나 연구소, 타 기업 등 외부의 기술이나 지식, 아이디어를 활용하는 것을 말한다.

다. 그러나 가지 않는 길을 보다 안전하게 가기 위해서는 사전에 학습을 통해 여러 가지 상황을 예측하고 대비하는 것이 필요할 것이다. 이 과정에서 경험 있는 누군가의 조언이 있다면 많은 도움이 될 것이다. 디지털 트랜스포메이션은 [그림 6-4]에서 볼 수 있듯이, 사전 준비를 통해 기반을 조성한 다음, 5단계에 걸쳐 추진할 수 있다노규성. 2019 .

[그림 6-5] 디지털 트랜스포메이션의 추진 단계 (자료원: 노규성, 2019 수정)

사전 준비는 <u>경영진이 디지털 트랜스포메이션의 추진 필요성을 인지</u>하는 것으로부터 시작된다. 먼저 경영진의 디지털 트랜스포메이션을 추진하고자 하는 확고한 의지와 확신, 통찰력이 중요하다. 디지털 혁신에 관한 이해도를 높이고, 디지털화를 회사의 전략적 어젠다agenda로 정해야 한다. 이를 추진할 조직을 구성하고 사례를 학습하면서 디지털 트랜스포메이션에 대한 관심을 끌어내야 한다. 분위기가 성숙되면 디지털 트랜스포메이션 추진을 위한 기본계획을 수립한다. 사전 준비가 완료되면 다음의 5단계 과정을 통해 디지털 트랜스포메이션이 추진된다.

1단계에서는 <u>디지털 역량에 대한 현상 진단을 통해 기회를 발견</u>한다. 이 단계에서는 먼저 디지털 트랜스포메이션 역량 모델에서 소개한 7대 리더십과 거버넌스, 혁신 대상 과제, 디지털 기술, 인력, 자원 및 조직 문화 구성 요소에 대해 평가하고 그 결과를 분석한다. 분석 결과는 향후 추진 방향 및 과제의 가이드로 활용한다.

2단계에서는 **목표를 수립하고 방향을 설정**한다. 디지털 역량 진단 결과와 경영진의 의지를 토대로 디지털 비전 및 목표를 설정하고 전략 방향을 수립하는 것이 여기에 해당한다. 아울러 리더십, 조직 변화와 관리 운영 체제를 확립하면서 필요한 인력을 확보하고 육성하는 것이 요구된다. 특히 조직 문화 차원에서 디지털 혁신을 위한 공감대를 형성하는 노력도 필요하다.

3단계에서는 디지털 **혁신 과제를 도출하고 우선순위를 결정**한다. 주요 영역과 프로세스별로 혁신의 기회를 도출한 다음 이를 검증하고 과제화한다. 도출된 과제들에 대해서는 세부적으로 다시 정의한 후, 우선순위를 정한다. 정해진 과제 추진을 위한 디지털 기술과 솔루션을 검토하고 도입 방안을 확정한다.

4단계에서는 **과제 추진을 위한 일정 계획을 수립**한다. 과제별 세부 계획과 예산을 산정하고 일정 계획을 수립해 프로젝트 추진 준비를 한다. 또한 과제별 성과 목표와 성과 측정 지표를 설정함과 동시에 과제 추진의 성공 요소와 고려사항도 정의한다.

5단계에서는 **과제를 실행하고 고도화**한다. 정해진 우선순위와 일정 계획에 따라 실행 준비를 하고 나면 프로젝트를 통해 과제를 추진한다. 과제가 원활하게 추진될 수 있도록 모니터링하고 결과를 피드백한다. 필요하면 추가 개선사항을 보완해 가면서 고도화해 간다.

7

ESG
경영 전략

CHAPTER 7

ESG 경영 전략

코로나19 팬데믹 이후 잦아지고 있는 이상 기온에 의한 자연재해로 인해 소비자들의 환경에 관한 인식이 새로워지고 있다. 고객은 친환경 제품과 서비스를 원하고, 기업의 각 이해관계자들은 기업의 사회적 가치 창출을 요구하고 있다. 그리고 투자자들은 투명하고 건강한 경영 구조의 기업에 투자하고자 한다. 이와 같은 환경 변화를 맞이한 기업은 전체 사업과 조직 상황에 환경, 사회, 지배구조의 관점을 적용한 새로운 비즈니스 전략을 모색해야 할 상황에 직면해 있다. 당장의 생존 전략도 중요하지만 지속 가능한 성장 전략인 ESG 경영을 추구해야 할 상황을 맞이한 것이다.

1. ESG 경영의 이해

ESG 경영

전통적으로 기업은 재무적 성과에 초점을 맞춰 왔다. 그러나 기업의 과도한 이익 추구가 사회는 물론 지구 환경에 부정적인 영향을 미치게 되면서 소비자는 물론 주주에 이르기까지 기업의 사회

적 책임CSR : Corporate Social Responsibility을 요구하게 되었다. 기업인
들도 이에 화답하기 시작했다. 2019년 8월, 미국 주요 기업 CEO
181명은 더 이상 주주 이익을 극대화하는 데에만 역량을 집중해서
는 안 되며 고객과 직원, 납품 업체 등 사회 구성원 전체를 고려해
야 한다는 내용의 ESG 성명서를 발표하였다. 이에는 납품 업체에
대한 공정성, 직원에게의 적절한 보상과 교육 등을 포함하고 있다.

　　그런데 근래 들어 코로나19 팩데믹과 자연재해로 인해 인류의 안
전성이 위협받게 되면서 그간의 단편적인 사회적 책임CSR은 기업
의 책임을 더 강조한 ESG 경영으로 대대적인 전환을 이루게 되었
다. ESG는 기업의 비재무적 요소인 Environmental환경, Social사회,
Governance지배 구조의 머리글자를 딴 약자로, 기업의 비非 재무적
성과를 판단하는 기준이다. 즉 ESG는 '기업이 얼마나 지속 가능성
을 염두에 두고 투명하게 운영되는지를 나타내는 비재무적 요소'
인 것이다. 투자자가 기업가치를 평가할 때, 기업이 얼마의 수익을
내는지 뿐만 아니라 수익을 내는 과정이 올바른지 확인하는 지표
이다. 환경, 사회, 지배 구조 등 3가지 요소의 각 구성 내용을 요약
하면 [그림 7-1]과 같다.

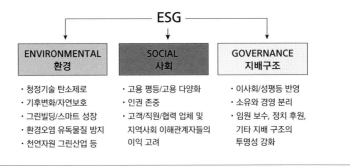

[그림 7-1] ESG 경영 요소

이처럼 지속 가능성Sustainability에 대한 사회적 요청은 더 멀리 볼 줄 아는 경영 전략을 요구하고 있다. 지속 가능성에 대해 다양한 정의가 있지만, 지속 가능 발전법에 따르면 '현대 세대의 필요를 충족시키기 위하여 미래 세대가 사용할 경제·사회·환경 등의 자원을 낭비하거나 여건을 저하시키지 아니하고 서로 조화와 균형을 이루는 것'을 의미한다. 따라서 이해관계자들이 기업에게 지속 가능성을 요구한다는 것은 ESG를 제대로 인식하고 철저하게 ESG를 바탕으로 경영을 해야 함을 요구하는 것이다.

결국 ESG 경영은 기업이 지속 가능한 발전을 할 수 있도록 친환경 경영, 사회적 책임 경영, 지배 구조 개선 등 투명 경영을 반영하여 경영 활동을 전개하는 것을 의미한다. 즉 ESG 경영은 단기 실적 중심의 경영이 아니라 주주 외에도 고객, 직원, 공급 업체, 지역사회 등 다양한 이해관계자의 이익을 추구하며 공생하도록 하는 경영이다. 이를 위해 기업은 비즈니스 활동에 의해 영향을 받는 사람뿐 아니라 자연환경, 다양한 동식물, 아직 태어나지 않는 미래 세대에 대해서도 이해관계자로 생각해야 한다. 그래야만 기업은 사회적 가치를 창출하는 존재로 인정받고 자신의 장기적 생존도 보장받을 수 있는 것이다.

왜 'ESG 경영'인가?

앞에서 살펴본 바와 같이, 코로나 19 확산으로 ESG의 가치가 부각되었다. 환경 파괴가 코로나 19의 주요 원인으로 꼽히고, 역사상 경험한 적이 없는 언택트로 인해 경기가 크게 위축되었다. 이로 인해 세계 경제가 큰 위기에 봉착하면서, 소비자와 투자자들은 이러한 위기를 방지하고 사회에 이익을 줄 수 있는 착한 기업, 'ESG 경영 활동에 힘을 쏟는 기업'에 더욱 관심을 가지게 된 것이다.

기업이 이익과 사회적 가치를 동시에 추구해야 한다는 인식이 생기면서 'ESG 경영'은 충성도 높은 고객을 증가시키고 투자 자금을 증가시켜 기업가치를 상승시키게 되므로 더욱 다양한 ESG 활동을 하도록 하는 선순환 구조가 만들어지게 된 것이다.

이에 발맞추어 각국 정부도 ESG 제도화에 앞다투기 시작했다. 2000년 영국을 시작으로 스웨덴, 독일, 캐나다, 벨기에, 프랑스 등 여러 나라에서 연기금을 중심으로 기업들의 ESG 정보 공시 의무를 제도화했다. UN은 2006년 출범한 유엔책임투자원칙UNPRI을 통해 ESG 이슈를 고려한 사회 책임 투자를 장려하고 있다. 우리나라 정부도 2021년 1월 14일 2025년부터 자산 총액 2조 원 이상의 유가증권시장 상장사에 대한 ESG 공시 의무화를 공시했으며, 2030년부터는 모든 코스피KOSPI[24] 상장사로 확대한다고 발표했다. 이로써 친환경 사회적 책임 활동이 기업가치를 평가하는 주요 지표의 하나로 자리매김하게 되었다 네이버 지식백과.

또한 이와 같이 지속 가능한 발전을 위한 기업과 투자자의 사회적 책임이 중요해지면서 세계의 많은 금융기관이 ESG 평가 정보를 활용하기 시작했다. 2020년 9월, 세계 최대 자산 운용사인 블랙록

---

24) 코스피(KOrea Composite Stock Price Index, 약어, KOSPI)는 한국거래소의 유가
증권시장에 상장된 회사들의 주식에 대한 총합인 시가총액의 기준 시점과 비교 시점을
비교하여 나타낸 지표이나 한국증권거래소 시장을 의미하기도 한다.

BlackRock의 CEO 래리 핑크는 "앞으로 ESG 성과가 나쁜 기업에는 투자하지 않겠다."라고 선언하기도 했다.

투자자뿐만이 아니다. 최근에는 그린green과 환경이라는 단어로 대표되는 공생의 가치를 중시하고 지구를 위한 좋은 제품을 골라 쓰려는 소비자가 늘고 있다. 더 좋은 근로 환경work environment을 제공하고 사회에 공헌하는 기업과 일하려는 노동자와 파트너도 생겨나고 있다. 이처럼 비즈니스를 둘러싼 이해관계자들의 의식이 크게 변화하고 있다. 이제 우수 인재나 알찬 사업 기회를 잡기 위해서는 환경과 사회문제를 고려해야 하는 시대가 된 것이다. 오늘날의 경영은 기업의 모든 이해관계자들의 ESG 요구를 반영해야 한다고 해도 과언이 아니다김국현, 2021.

2. ESG 경영 선도 사례, 들여다보기

미국·유럽을 비롯해 전 세계 주요 국가들의 환경 규제가 강화되면서 각 기업들이 ESG를 중심으로 한 경영 구조 전환에 속도를 내고 있다. 그동안 기업들은 매출·영업 이익 등 재무 성과에만 매진하면 되었다. 그러나 지금은 경영에 ESG 가치를 내재하지 않으면 지속 가능한 기업으로서 평가받기 어려운 시대가 되기에 이르렀다. ESG 경영은 이제 선택이 아닌 필수가 된 것이다.

이에 국내·외 대기업들을 중심으로 ESG 경영이 발 빠르게 전개되고 있다. 주요 기업들은 ESG위원회를 설치해 ESG 경영을 강화하면서 탄소 중립 혁신 기술 개발에 몰두하고 있다. 이와 같은 상황을 고려하여 환경, 사회, 지배 구조 분야별로 추진 상황을 정리해 보기로 하자.

환경(Environmental)부터 살리자.

예전에는 설비 투자 대신 ESG에 경영 자원을 배분하는 일이 우선순위에서 밀렸었다. 그러나 최근 들어 기업이 ESG에 신경 쓰는 장기적인 안목과 과제를 수행할 수 있는 체력을 가져야 한다고 보는 시각이 우위를 점하기 시작했다. 실제로 환경보호를 결합한 비즈니스 수행만이 장기적인 성장 가능성을 보장할 수 있다고 판단하기 시작하면서 많은 기업이 환경 살리기에 적극적이다.

우리가 즐기는 커피가 남긴 커피박 粕, 커피 찌꺼기 을 자원화한 ESG 사례를 살펴보자. 우리가 무심코 버린 커피박은 매우 유해한 환경 오염원이다. 땅에 버려진 커피박은 메테인CH4 이라는 온실가스를 뿜어내고 있다. 메테인은 이산화탄소 지수 34로 이산화탄소의 34배에 육박하는 온실 효과를 일으킨다. 커피박을 매립 및 소각하는 과정에서 배출되는 이산화탄소는 커피박 1톤당 338kg이나 된다. 자동차 1만 1천여 대가 뿜어내는 매연의 양과 맞먹는 수준이다. 문제는 이산화탄소뿐이 아니다. 커피박 수거에 사용되는 종량제 봉투 비용, 매립 및 소각 과정에 소요되는 비용으로도 엄청난 세금이 쓰인다. 그런데 커피박을 매립할 땅도 부족한 실정이다.

이와 같은 커피박의 환경적 폐해를 해결하고자 가장 먼저 소매를 걷어붙인 기업은 스타벅스코리아 다. 커피박이 친환경 퇴비로써 토양 병을 예방하고, 식물병 해충을 억제하며, 작물 생육을 촉진하는 데 효과적이라는 농촌진흥청의 실험 결과를 접한 스타벅스가 2015년부터 커피박 친환경 사업을 시작한 것이다. 스타벅스는 커피박을 비료 공장에 무상 제공하고 그렇게 탄생한 커피박 퇴비를 농가로 보내고 있다.

스타벅스 이외에도 다양한 기업 및 기관에서 커피박 재자원화를 위해 힘쓰고 있다. 한국생산성본부는 사회적 벤처 육성 프로그램을 통해 현대제철·환경재단과 함께 '커피박 재자원화 프로젝트'를 진행하고 있다. 또 씨유CU는 2021년 7월 업사이클링해 만든 커피박 데크를 점포에 도입하겠다고 밝혔다. 또한 커피큐브, 탐킨, 트래닛 등 커피박을 재활용하는 스타트업도 대거 생겨나고 있다김종훈. 2021.

글로벌 1위 화학 기업 바스프BASF는 페플라스틱이 환경오염 주범이라는 지적이 이어지자 2018년 페플라스틱을 화학 공정에 재사용하는 '켐사이클링 ChemCycling'을 시작했다. 이는 페플라스틱을 녹여 오일이나 가스 등의 원료를 추출한 뒤 이를 새 플라스틱으로 만드는 방식이다. 바스프가 이처럼 페플라스틱을 재사용하는 프로젝트를 통해 첫 파일럿 제품 생산에 나서자 화학산업의 글로벌 선구자로서 지속 가능성의 새로운 장을 열었다는 평가를 받았다.

샴푸 브랜드 도브 등으로 유명한 유니레버Unilever는 건강관리에 도움이 되는 제품군 비중을 증가시켰다. 2025년까지 포장에서 플라스틱 사용량을 50% 감축하고 연간 플라스틱 60만t을 수집해 재활용할 계획이다. 이외에 영국의 대형마트인 세인즈베리Sainsbury는 2025년까지 일회용 플라스틱 포장재 50% 감축을 선언하였고,

미국의 슈퍼마켓 체인 자이언트이글Gient Eagle은 2025년 일회용 플라스틱 사용 전면 중단을 선언했다. 또 롯데마트는 2025년까지 일회용 플라스틱 포장재 50% 감축을 약속하는 등 ESG 경영이 잇따르고 있다.

그런가 하면 디지털 기업들은 '전기를 많이 사용하는 업계'라는 오명을 벗기 위해 환경 개선 사업에 적극적으로 나서고 있다. 마이크로소프트MS, Microsoft의 경우 자신의 소프트웨어 역량을 다른 사업들과 융합하여 선한 영향력을 발휘하고자 노력하고 있다. MS는 이미 10억 달러의 '기후 혁신 펀드Climate Innovation Fund'를 조성해 향후 4년간 탄소 제거 기술 개발을 지원하고 있다. 또한 최근에는 '탄소 중립carbon neutral[25]'만으로는 충분치 않으니 배출량 이상으로 흡수량을 늘리고자 하는 '탄소 네거티브carbon negative'라는 개념을 들고 나왔다. 2012년 실질적 이산화탄소 배출량 제로0를 달성한 바 있는 MS는 2030년부터 이산화탄소 흡수량을 배출량보다 더 늘린 후, 2050년까지 창사 이래 배출한 모든 이산화탄소를 회수하겠다는 목표를 세웠다. 이를 위해 MS는 미국의 한 농업협동조합과 인공지능AI으로 농업을 효율화해 더 많은 이산화탄소가 토양에 흡수되도록 하기 위한 협업을 시작했다김국현, 2021. 여기에는 탄소 중립을 통해 창출된 가치에 환금성을 부여해 농가 부수입으로 만드는 계획도 포함되어 있다.

기후협약을 최초로 서명한 회사인 아마존Amazon은 파리 기후 협

---

25) 탄소 중립(Carbon neutral)이란 이산화탄소 배출량만큼 이산화탄소 흡수량을 늘려 실질적인 이산화탄소 배출량을 'Zero'로 만드는 것을 말한다.

약을 10년 앞당긴 2040년까지 탄소 배출량을 제로zero화 하겠다고 선언했다. 그 이행을 위해 2024년까지 재생 에너지 사용률을 80%로, 2030년까지 100%로 달성하겠다는 목표를 제시했다. 아울러 2022년까지 배송용 차량 1만 대를 전기차로 바꾸고, 2030년까지는 총 10만 대의 전기차를 업무에 투입할 계획이다.

사회(Social)와 호흡하라.

기업도 사회의 건강한 발전을 위한 하나의 사회의 구성원이다. 따라서 사회와 적절한 관계를 유지하면서 바람직한 미션을 수행하는 것에 대해 고민해야 한다. 코로나19 팬데믹 이후 코로나 바이러스 감염 리스크를 포함한 구성원들의 건강관리 문제, 종업원의 고용 및 소득 등 노동 환경에 대한 기업 철학 등도 이 분야의 관심 이슈이다.

이에 따라 자사의 사업이 사회 정의에 부합하는 방식으로 운영되고 있음을 알리는 기업이 늘고 있다. 그 이유는 회사의 브랜드 가치를 높이는 데 있어서도 ESG가 중요한 요소라는 판단에서이다. 엔비디아NVIDIA가 대표적인 기업이다. 엔비디아는 반도체 생산을 위한 원자재가 분쟁 지역 등 의심스러운 곳을 피해 책임 있게 조달되고 있음을 홍보하고 있다. 이외에도 다양한 ESG 추진 노력에 의해 엔비디아는 2020년 IBDInvestor's Business Daily의 ESG 순위에서 1위를 기록할 정도로 ESG 경영 측면에서 좋은 평가를 받고 있다.

다국적 패스트푸드 프랜차이즈 맥도널드McDonald's는 '로날도 맥도널드 하우스' 활동을 통해 전 세계 64개국에서 질병으로 인해 교육에서 소외받고 있는 어린이들을 돕고 있다. 어린이병원학교나 긴병인을 위한 힐링 프로그램, 소비사들도 함께 참여할 수 있는 자선 프로그램도 기획하여 운영 중이다.

SK하이닉스도 사회 분야에서 ESG 경영을 선도하고 있는 기업 중 하나다. 이해관계자의 범위를 고객, 주주, 협력사까지 넓혀 함께 행복을 추구하는 DBL Double Bottom Line, 사회적 가치와 경제적 가치 동시 추구 경영철학을 근간으로, 폭넓은 사회 공헌 활동을 펼치고 있다. 국내 반도체 생태계의 고속 성장을 이끈 '동반 성장' 분야에서는 협력사와의 소통의 장인 DBL 스퀘어를 중심으로 분석·측정 지원 사업, 패턴 웨이퍼 지원 사업, ESG 컨설팅 등 다양한 상생 협력 프로그램을 운영하며 SK하이닉스가 보유한 반도체 지식과 노하우를 협력사들과 공유하고 있다 김국현, 2021 .

지배 구조(Governance)를 다양하고 투명하게!

지배 구조에 대해서는 그 영향력과 폐해의 심각성 등으로 인해 개혁을 위한 노력이 많았었다. 고성장 과정에서 창업자의 영향력이 상대적으로 큰 경향이 있지만, 대내외 경영 트렌드가 변화되면서 지배 구조의 투명성과 다양성 확보가 더 중요해지고 있다.

2020년 1월 골드만삭스 Goldman Sachs 는 다양성을 충족하는 이사가 없는 기업에 대해서는 기업공개 IPO, Initial Public Offering 업무를 맡지 않겠다고 밝혔다. 또한 2018년 블랙록은 여성 이사가 2명 미만인 기업에는 투자하지 않겠다고 선언했다. 미국 나스닥 NASDAQ 은 상장 기업에 대해 여성 이사 1인과 성 소수자LGBTQ 26) 1인 등 다양성을 상징하는 이사를 요구했다. 미 증권거래위원회가 이와 같은 새 가이드라인을 승인할 경우 3,300여 개에 달하는 미국의 상장기업에 작지 않은 변화가 예상된다 김국현. 2021 . 우리나라도 자산총액 2조 원 이상 기업의 경우 2022년 8월부터 다른 성별의 이사를 1명 이상 선임하도록 하는 '여성 이사 쿼터제'를 운영할 예정이다.

이런 추세에 맞춰 국내·외 기업에서 다수의 여성 고위 임원이 출현하고 있다. MSNBC는 케이블 뉴스 업계에서 최초로 흑인 여성인 러시다 존스Rashida Jones를 차기 회장에 선임했다. 시티그룹은 월가에서 최초로 여성인 제인 프레이저 Jane Fraser를 시티은행장으로 선임했다. 2021년 8월 9일 리더스인덱스가 조사한 바에 의하면, 국내의 경우 500대 기업의 최고경영자CEO 가운데 여성 CEO들이 증가하는 추세이긴 하나 아직 13명에 그치고 있다.

경영 지배 구조와는 달리 기업의 운영 과정을 투명하게 공개해 ESG를 실천하는 기업도 있다. 미국 실리콘밸리의 패션 기업인 에버레인Everlane은 제품 제작 간 모든 과정을 외부에 공개한다. 원료나 운송비 같은 세부 단가부터 공장에서 일하는 모습까지 전부 외부인이 확인할 수 있다. '극단적 투명성'을 비전으로 합리적인 가격과 윤리적 공정을 거쳐 제품을 생산하는 것을 실천하고 있는 것이다.

---

26) 성 소수자(LGBTQ)는 여성 동성애자(Lesbian), 남성 동성애자(Gay), 양성애자(Bisexual), 성전환자(Transgender), 성적 정체성을 명확히 할 수 없는 자(Queer)들을 말하며, LGBTO는 이와 관련되는 영문 앞 글자를 딴 약어이다.

3. ESG와 디지털의 만남

유럽연합의 디지털 기반 ESG 전략

ESG 경영은 리스크 회피를 위한 수비적인 측면뿐만 아니라 이를 새로운 비즈니스 기회로 활용하기 위한 전략적인 측면도 강조되고 있다. 그런데 이런 비즈니스 기회로의 활용은 시간이 지나면서 비즈니스 기반으로 더욱 확대되고 있다. 흥미로운 점은 ESG가 최신의 경영 트렌드인 디지털 트랜스포메이션Digital Transformation과 만나고 있다는 것이다.

2020년 유럽연합EU, European Union은 기후 중립화와 디지털화 가속을 통해 EU의 산업 경쟁력을 강화하고 글로벌 역량을 확보하는 신산업 전략을 발표한 바 있다.[27] 그 중심에는 자원 순환 촉진을 위한 '순환 경제Circular Economy'[28]가 있다. EU는 디지털 트랜스포메이션이 이러한 순환 경제를 가능하게 하는 엔진으로 큰 역할을 할 것으로 기대하면서 디지털 전략을 구체적인 계획의 핵심에 두었다. EU는 큰 변환transformation 속에서 디지털과 순환이라는 두 가지 톱니바퀴가 맞물리도록 해 시너지를 창출하겠다는 청사진을 제시하고 있다.

순환 경제에서 원자재는 폐기되기 전까지 설계, 생산, 소비, 재생, 재활용의 단계로 순환된다. 여기에서 디지털 솔루션은 데이터

---

27) 출처: https://news.kotra.or.kr/user/globalBbs/kotranews/5/ globalBbsDataView.do?setIdx=244&dataIdx=181463
28) 순환 경제는 자원의 채취, 생산, 소비, 폐기의 선형적(Linear) 경제 구조를 벗어나 각 단계마다 관리와 재생을 통해 자원을 재활용하도록 하는 환경 지향적 경제 구조를 말한다.

를 기반으로 순환 경제의 각 단계를 개선하고 그 자체가 새로운 순환을 하도록 지원한다. 정보를 축적·공유하고 파트너십을 촉진하며 가치사슬상에서의 정보 소통을 원활하게 하는 '지식·연결·공유 비즈니스 모델'로 제품과 프로세스를 더 순환시킬 수 있도록 지원하는 것이다_{김국현. 2021}.

디지털을 활용한 ESG 경영 사례

ESG 경영을 추진함에 있어서 주요 디지털 기반 기업들은 디지털 기술을 활용해 사회적 문제를 해결하는 데 앞장서고 있다. SK텔레콤은 우리가 쉽게 접할 수 있는 분야에서 최첨단 디지털 기술을 바탕으로 사회적 가치 창출을 위한 ESG 경영을 실천하고 있다. 대표적인 사례는 자동차 운행 시 티맵 내비게이션을 사용하는 운전자들이 ESG를 실천하도록 한 사례이다.

티맵 내비게이션은 사용자의 운전 습관을 점수로 환산하여 안전한 운전을 하도록 도울 뿐 아니라 효율적인 운전 습관으로 이산화탄소 배출량을 줄여 환경 보호에 동참하도록 하고 있다. 운전 습관 점수는 최근의 3천km 주행량을 대상으로 과속, 급가속, 급감속의 형태와 도로 유형, 주행 시간대 등의 환경 값을 토대로 알고리즘을 통해 산출된다. 최소 1km 이상 주행한 이후부터 만들어지고 매 5백km 시점에 새롭게 산출된다. 티맵 내비게이션을 활용한 안전한 운전 습관은 운전자 자신과 환경을 보호할 뿐 아니라 자동차보험 할인 혜택을 최대 11%까지 받을 수 있게 해준다.

4. 스타트업 비즈니스 모델로서의 ESG

사실 ESG 경영은 ESG에 관한 창의적인 아이디어를 찾고 이를 비즈니스와 연계하거나 사회적 가치를 실현해야 하므로 상당한 규모의 투자를 요구하기도 한다. 이런 이유로 지금까지는 대기업 중심으로 추진되어 왔으나 최근 중소·중견기업에 이르기까지 적극적으로 ESG 경영에 참여하는 현상이 나타나고 있다. 특히 ESG 가치 창출을 비즈니스 모델로 하는 스타트업startup도 출현하고 있다.

스타트업 누비랩은 음식물 쓰레기를 크게 절감할 수 있도록 지원하는 솔루션을 내놓으면서 비즈니스 가치를 창출함과 동시에 ESG 가치도 창출할 수 있을 것이라는 기대를 모으고 있다. 누비랩의 솔루션은 카메라 센서와 인공지능AI 기술을 활용하여 식사 전·후의 음식 이미지를 비교 분석해, 섭취한 음식과 남긴 음식 각각의 종류와 양을 파악한다. 95% 이상의 정확도로 실제 음식물 섭취량을 파악 및 분석함으로써 식자재의 조달 및 음식의 조리를 적절히 조절하게 하여 음식물 쓰레기를 줄이고 식자재 비용을 효율화할 수 있다. 이 솔루션에 의해 절감된 식자재 비용은 급식의 질을 높이는 데에 사용된다.

누비랩은 이미 전국의 기업, 학교, 관공서, 군부대 등 22개 단체 급식소에 솔루션을 보급해 음식물 쓰레기 절감 효과와 솔루션 가치를 성공적으로 입증했다. 비용 절감 효과뿐 아니라, 메뉴 선호도 분석에 의한 급식의 질 개선을 통해 급식 서비스 만족도 또한 크게 높였다. 나아가 누비랩은 영양 성분과 칼로리 연동 분석도 용이해

개인의 식습관 및 영양 데이터 기반의 디지털 헬스 솔루션으로 고도화하는 중이다. 학부모들에게 아이들의 식습관 및 영양 분석 리포트를 제공해 큰 호응을 얻고 있다_{이진영, 2021}.

연간 발생하는 음식물 쓰레기 처리 비용은 글로벌 1조 2천억 달러, 국내 20조 원 규모에 달한 상황에서 누비랩은 음식물 쓰레기를 절감하는 ESG 가치뿐 아니라 경제적 효용 및 서비스 고도화까지 실현할 수 있는 스타트업으로 평가되고 있다.

이외에 종이 사용을 줄여 환경을 보호하는 비즈니스를 하는 스타트업도 있다. 스타트업 전용 금융 서비스를 제공하는 고위드는 법인카드 사용 영수증을 모바일 앱을 통해 제출할 수 있도록 했다. 모바일 영수증으로 대체하면 연간 14만 건에 달하는 종이 영수증을 절약할 수 있을 것으로 추산된다. 또한 동대문시장을 디지털화한 쉐어그라운드는 B2B SaaS Software as a Service [29] '셀업'을 통해 종이 수기로 이뤄지던 도소매 거래 방식을 개선했다. 지난해부터 올해 1분기까지 절약한 A4 용지는 74만 장으로서 나무 7,700그루를 심은 효과를 낸 것으로 분석되었다_{최태범, 2012}.

---

29) SaaS(Software as a Service)는 필요한 만큼만 컴퓨터 자원을 빌려 쓰는 클라우드(cloud)의 한 유형으로서 소프트웨어의 여러 기능 중에서 사용자가 필요로 하는 서비스만 이용 가능하도록 한 서비스이다.

5. ESG 경영 추진 방법

ESG 경영이 점차 필수적인 과제로 등장하는 환경에서 기업은 환경, 사회, 지배 구조의 관점을 전체 사업과 조직 상황에 적용하기 위해 새로운 모델을 찾아야 할 것이다. 단기 실적 중심의 경영 방식에서 과감히 탈피해야 하는 것은 물론이다. 주주는 물론 고객, 종업원, 공급 업체, 지역사회 등 다양한 이해관계자와 상생을 추구하는 경영으로 전환해야 한다.

ESG 경영의 추진 주체는 기업이고 그 대상과 적용 분야는 비즈니스 활동과 관련된 모든 분야라 할 수 있다. 이에 각 기업은 각사의 상황에 맞는 방법을 통해 ESG 경영 추진 대안을 마련할 필요가 있을 것이다. 여기에서는 제품과 시장 검토 등을 통해 추진할 수 있는 ESG 경영 방법 3가지를 소개하고자 한다.

첫째, ESG 관점에서 제품과 시장에 대해 재검토하는 것으로부터 출발한다. 자사의 제품, 서비스가 어떤 사회적 수요에 대응하는지, 친환경으로의 전환 방향은 무엇인지를 면밀히 분석하고 제품이나 서비스 등 비즈니스 전반에서 지금까지 놓친 새로운 환경 및 사회적 가치를 찾고 ESG 경영 부문을 결정한다.

둘째, 가치사슬의 생산성을 재정의한다. 가치사슬상의 제반 활동, 배송 비용, 환경 규제에의 대응 등을 재검토한다. 특히 디지털 기술 등을 이용하여 비즈니스 프로세스와 가치사슬 내 활동을 혁신하여 친환경 기반 사업 전개, 사회적 가치 창출, 지배 구조 혁신 등을 실현하고 비용을 줄이면서 사회적 생산성 향상을 달성하도록 한다. 디지털 기술 활용을 위한 과제 추진 과정은 'CHAPTER 6 디지털 트랜스포메이션 전략'을 참고하기 바란다.

셋째, **산업 클러스터를 형성한다.** 비즈니스 전·후방 산업들과의 클러스터를 형성하고 지역 경제에 기여하는 대안을 모색한다. 산업 클러스터 내에서의 사회적 생산성 향상 방안을 추진하는 것은 물론 공교육 질의 향상, 운송 인프라 정비, 성·인종 차별 철폐 등 사회적 가치 창출 활동도 추진한다.

6. ESG 평가, 필수화된다

이제 ESG는 투자기준이다.

ESG가 기업에 대한 핵심 투자기준으로 고려된다는 점에서 그에 대한 평가의 중요성은 매우 높다고 할 수 있다. 통상 ESG 평가는 전문 평가 기관을 통해 이루어진다. ESG를 평가하는 기관은 전 세계에 600개가 넘는다. 그중 다우존스 지속가능경영지수DJSI, 모건스탠리캐피털인터내셔널MSCI, 톰슨 로이터 등이 대표적인 글로벌 ESG 평가기관지표으로 꼽힌다. 우리나라에는 다우존스 지속가능경영지수DJSI[30]를 공동으로 운영 중인 한국생산성본부, 서스틴베스트, 대신경제연구소, 한국기업지배구조원 등 여러 평가기관이 있다.

---

30) 다우존스 지속가능경영지수(DJSI, Dow Jones Sustainability Indices)는 1999년부터 글로벌 금융정보 제공기관인 '미국 S&P 다우존스'와 지속 가능성 평가 및 투자기관인 스위스의 '로베코셈'이 공동으로 개발, 발표해 국제적 공신력을 인정받는 기업의 ESG 경영 성과를 측정하는 지수 중 하나이다.

ESG 평가지표는 기후 변화, 오염·폐기물, 천연자원, 환경적 기회, 환경 전략, 환경 경영, 환경 조직, 환경 성과, 지역사회 및 이해관계자 대응, 제품 혁신, 이사회 구성 및 지배 구조 등 다양한 요소들을 대상으로 기관마다 다르게 개발 및 적용되고 있는 실정이다. 따라서 표준적인 평가지표의 개발 및 적용 필요성이 대두되고 있다.

강형구·장가영2021은 국내외 업계 실무자들과의 인터뷰 내용을 분석한 결과, 다음과 같은 ESG 평가의 보완 과제를 제시했다.

첫째, ESG 평가를 위한 기초 자료에 대한 신뢰성 문제가 우선적으로 해결되어야 한다. 대부분 ESG 피평가 기업의 자료 제출 및 정보 공개 방식이 자율적이기 때문에 투자자에게는 부정적인 영향을 미칠 수밖에 없다. 그뿐 아니라 평가 정보의 모호함과 취약한 신뢰성 때문에 임의로 해석되기도 한다. 이를 개선하기 위해서는 평가 정보의 신뢰성 확보를 위해 **기초 자료 제출의 공식화와 정보 공개 의무화**가 요구된다.

둘째, 기초 자료의 처리 방식에 대한 보완이 요구된다. 국내외 주요 평가기관별로 자체 방법론과 기준을 사용해 ESG를 평가하기 때문에 동일한 회사의 평가 등급이 기관마다 상당히 다르게 나온다는 것이다. 이에 따라 평가 방식의 객관성과 신뢰성 확보를 위한 대안이 요구되고 있으며 이를 위한 국제 및 국내 표준화가 시급한 상황이다. 이에 정부는 **ESG 평가 시스템 개선** 작업을 추진하고 있다. 평가기관마다 세부 평가 항목과 내용이 다른 데 따른 기업의 혼선과 부담을 줄이고, 평가의 공신력을 확보하기 위해서이다. 한국의 경영 환경과 실정에 적합한 ESG 평가지표를 제시하여 ESG 평가기관의 가이드라인으로 이용하도록 할 방침이다. 이를 위해 2021년 상반기에 투자자와 평가기관 등 전문가들의 다양한 의견을 수렴하고, 추후에 산업이나 지역, 기업별 여건이나 정책 환경을 수용하는 ESG 지표를 발표할 예정이다.

셋째, ESG 경영을 추진하는 경영진, 실무진에게 아무런 인센티브가 없는 문제를 해결하는 것도 필요하다. ESG는 즉시 필요한 투자이자 제도화되는 과정인 반면 그로 인한 성과는 장기적인 성격을 갖기 때문에 성과 평가 기간의 불일치가 발생하는 것도 문제이다. 이에 ESG 경영 추진 내용이 성과 평가 관련 인센티브와 연계되는 시스템이 마련될 필요가 있다.

ESG 보고서 작성 의무화

우리나라 금융 정책을 책임지고 있는 금융위원회는 지속 가능 경영보고서 공시 계획을 발표했다. 2025년까지 자율 공시를 활성화하고, 2030년까지 코스피 상장기업을 대상으로 보고서 발행을 의무화한다는 계획이다. 이에 발맞춰 국내 주요 대기업과 금융기관들이 2021년 초에 잇따라 ESG 경영을 선언하고, ESG 추진 조직을 만들며 구체적인 준비를 서두르고 있다. 주로 계열사의 업종에 따라 각기 환경과 사회 분야에서 구체적인 대책과 실질적인 프로그램을 추진하고 있다.

ESG 경영에 관한 뜨거운 관심은 통계에서도 잘 드러나고 있다. 전국경제인연합회의 조사에 따르면, 한국 500대 기업의 경영자 66.3%는 ESG에 관심을 갖고 있는 것으로 나타났다. ESG 위원회와

ESG 실무 전담 조직을 이미 설치했거나 설치할 예정인 기업도 50%에 이른다. ESG 전담 조직의 설치는 의무사항이 아닌데도 대기업들은 CEO 산하 혹은 이사회 내에 ESG 위원회를 두고 있다. ESG 경영을 적극 수용하고 최고 의사결정기구에서 관리하겠다는 뜻으로 풀이되나 아직 ESG 위원회의 역할이 명확히 정의되었다고 보기는 어렵다.

그러므로 ESG 위원회가 옥상옥으로 존재해서는 안 되며 ESG 경영을 적극 실천하는 실질적인 사령탑으로 기능하도록 해야 할 것이다. 기업을 둘러싼 이해관계자들은 ESG 위원회 등의 조직이 기업의 ESG 경영 비전과 전략을 제시하고, ESG 경영의 실행을 감독하는 중대한 역할을 수행할 것을 기대하고 있다.

디지털이 ESG 평가의 신뢰성을 높인다.

앞에서 살펴보았듯이 향후 ESG 평가 및 보고서 발행은 자율적 권고사항을 넘어 필수적인 의무사항이 될 것이다. 그에 따라 ESG 평가 관련 지표나 시스템도 객관성과 신뢰성을 확보하도록 하는 방향으로 진화할 것이다. 따라서 각 기업은 ESG를 비즈니스에 철저히 반영하는 것을 기반으로 평가를 위해서 치밀하게 준비해야만 제대로 된 평가를 통해 소비자와 투자자로부터 지속 가능한 성장 기업으로 인정받을 것이다.

ESG 평가는 이와 관련되는 대부분의 작업이 많은 인력과 시간을 필요로 하고 사람의 개입으로 인해 주관적일 수밖에 없는 한계를 지닌다. 이에 평가기관들은 AI 등 디지털 기술을 통해 데이터에 대해 객관적으로 분석하고 평가 정보에 대한 객관성과 신뢰성을 높이고자 한다. 이러한 평가 시스템의 고도화를 위한 노력의 일환으로 등장한 것이 다름 아닌 디지털 트랜스포메이션과의 만남이다.

가장 먼저 소개할 수 있는 것은 **로봇 프로세스 자동화**RPA : Robot Process Automation **솔루션을 활용하여 ESG 보고서를 작성하는 것이다.** RPA는 비즈니스 과정 중 반복적이고 단순한 업무 프로세스에 소프트웨어를 적용해 자동화하는 것이므로 ESG 활동과 관련된 각종 평가 정보를 토대로 비교적 용이하게 ESG 보고서를 작성할 수 있다.

또한 **ESG 평가에 AI를 적용**하는 것도 주목받고 있다. 앞에서 제기한 바와 같이 피평가 기업의 자발적 제출 자료는 주관성을 배제하기 어렵다. 이를 보완하기 위해 ESG 평가에 AI를 적용한 시스템이 등장했다. 이는 자연어 처리 기술을 사용해 ESG 관련 데이터를 수집하고 분석해 ESG 정보를 필요로 하는 기업에게 제공하는 것을 말한다. 이와 같이 ESG 평가 절차에 AI를 적용함으로써 데이터 수집 과정에서는 인위적인 개입을 최소화해 객관성을 증진시키고, 평가 과정에서는 정해진 절차에 따라 평가해 투명성을 제고하게 되었다. 아울러 평가와 관련되는 시간과 비용을 절감해 효율성도 향상시킬 수 있다.

한편 **블록체인 기술을 적용하여 기업의 ESG 활동의 신뢰성을 제고하게 하거나 ESG 보고서 작성과 관련되는 비용을 절감시켜 주는** 플랫폼도 등장했다. 월드와이드제너레이션WWG. Worldwide Generation 은 블록체인 기반 플랫폼을 통해 참여자들이 관심 기업의 ESG 활동에 대해 효율적으로 파악, 감시, 측정 및 관리하도록 하여 경영진이 제공한 데이터의 진실성을 확보하면서 평가 정보의 질적 개선을 도모하고 있다. 디지넥스 솔루션스Diginex Solutions는 블록체인 기반의 ESG 보고서를 작성하는 툴을 제공하는 플랫폼을 운영하고 있다. 특히 중소기업들이 ESG 보고서를 작성할 때 소요되는 높은 자문 수수료, 필수적인 자원과 시간 등으로 어려움을 겪고 있는데 이 플랫폼을 이용함으로써 보고서 작성을 위한 부담을 경감시킬 수 있게 되었다강형구·장가영, 2021.

8

비즈니스 모델
리디자인 전략

CHAPTER 8

비즈니스 모델 리디자인 전략

　기업은 지속 가능한 성장을 위해 늘 새로운 사업 추진을 하곤 한다. 그러나 이는 그렇게 간단한 일이 아니다. 예를 들어 기존의 다른 산업으로 진출하고자 할 경우에는 기존 기업들의 저지를 헤쳐 나가야 하거나 진입 장벽을 극복하는 것이 관건이다. 그렇다고 아예 새로운 비즈니스를 추진할 수 없는 것은 아니다. 새로운 시장에 진출하는데 소요될 자금력이 충분하거나 진입 및 청산이 용이한 경우, 성공 경험을 기반으로 새로운 영역으로 확장할 수 있는 경우, 아예 새로운 영역을 선도적으로 개척할 수 있는 경우에는 새로운 사업영역에 성공적으로 진입할 수 있다.

　한편 4차 산업혁명과 코로나19 팬데믹으로 인해 기존의 산업 구조가 파괴되거나 완전히 새로운 융합 산업이 출현하면서 신규 비즈니스 창출 기회가 크게 늘어나고 있다. 특히 새로운 비즈니스 기회를 성공토록 역할을 하는 디지털 기술을 주목할 필요가 있는데, 여기에서는 디지털을 활용하여 비즈니스 모델을 새롭게 설계하고 추진하도록 하는 전략을 중점적으로 다룬다.

1. 디지털 기반 비즈니스 모델 리디자인

디지털 기술을 활용하여 비즈니스 모델을 새롭게 설계하거나 사업 범위를 확대하는 것을 디지털 기반 비즈니스 모델 리디자인 redesign 이라 한다. 많은 경우 디지털 기술을 활용하여 새로운 사업을 창출함으로써 기존에 유지해 오던 사업보다 큰 수익을 창출한다. 디지털 기반 비즈니스 모델 리디자인 유형에는 핵심 사업의 재창출, 기존의 타 산업으로 진출, 부가 사업의 창출, 새로운 사업 창출 등이 있다. 이 유형 각각에 대해 살펴보기로 하자.

디지털 기반 핵심 사업의 재창출

핵심 사업의 재창출은 기존의 핵심 사업 부문을 재편성할 필요가 있을 경우 디지털 기술을 활용하여 새롭게 추진하는 혁신 전략이다. 이는 포화된 기존 시장에서 퇴화를 막고 더 큰 성장을 시현하게 하기도 한다.

대전 소재의 창호[31]를 제작하는 중소기업 성광유니텍은 창호에 IoT 등 디지털 기술을 접목한 스마트 방범 창호인 윈가드WInGuard를 개발했다. 윈가드는 방범창에 부착된 센서를 통해 미세한 충격과 기울기 변화를 감지하여 외부의 침입 시도를 즉시 파악하고 이를 스마트폰으로 알려준다. 알람 시 경비원이 출동하는 사업도 추진해 소비자들의 환영을 받고 있다. 이러한 신제품 출시를 통해 성

---

31) 창호란 건물 내부를 외부와 차단시키기 위해 창이나 출입구 등에 설치되는 각종의 창이나 문을 말한다.

광유니텍은 제품 차별화를 통해 경쟁우위를 확보했을 뿐 아니라 매출 증대와 글로벌 시장으로의 진출도 꾀하게 되었다.

디지털을 활용하여 타 산업으로 진출

이는 기술 및 환경 변화를 기회로 포착하여 특정 산업에서 축적된 성공 노하우를 기반으로 다른 산업으로 진출하는 것을 의미한다. 그렇지만 기존의 타 산업에는 강력한 경쟁자들이 존재하여 진입이 그리 쉬운 일은 아닐 것이다. 그렇기 때문에 디지털 기술의 활용이 필수적이라 할 수 있다.

이에 대한 대표적인 성공 사례는 아마존의 AWS Amazon Web Services 사업이다. 아마존의 초기 사업 모델은 온라인 책방이었다. 그러나 거기에서의 성공 노하우를 기반으로 아마존은 글로벌 종합 쇼핑몰로 변신한 데 이어 오프라인off-line 무인점포 아마존고를 출시하기까지 했다. 이러한 리테일 시장에서의 성장 기반은 디지털 기술이었는데, 아마존은 이를 기반으로 디지털 산업으로 진출하게 되었다. 아마존의 클라우드 사업인 AWS는 [그림 8-1]에서 볼 수 있듯이, 아마존의 이익 확대에 크게 기여하면서 성공적으로 확장해 가고 있다.

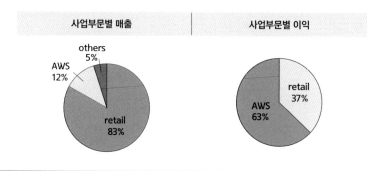

| 사업부문별 매출 | 사업부문별 이익 |

others 5%
AWS 12%
retail 83%

retail 37%
AWS 63%

[그림 8-1] 아마존의 사업별 매출 및 이익 비중

디지털 기반 부가 사업 창출

부가 사업이란 본연의 사업을 하면서 부수적으로 발생하는 사업을 의미한다. 많은 경우 본연의 사업 중에 파생되는 부산물은 버려지거나 사장된다. 이런 경우 디지털 기술을 활용하면 기존 사업의 부산물이 하나의 효자 사업으로 탄생된다. 그런가하면 기존 사업을 하면서 얻은 아이디어와 데이터를 디지털 기반으로 분석해 부가적인 사업을 창출하기도 한다.

이마트e-Mart의 PBPrivate Brand사업인 '노브랜드no brand'가 좋은 예이다. 이마트는 회사의 매출과 경쟁력이 국내 최고 수준에 도달하자 회사의 핵심 역량을 토대로 부가 사업 확대 방안을 강구하게 되었다. 그 방법으로 일환으로 전국에 분포되어 있는 매장의 특성과 고객의 성향 데이터를 분석하여 각 매장의 고객들이 선호하는 상품을 찾을 수 있었다. 이마트는 그 결과에 맞추어 독자적으로 개발한 PB 상품을 늘리는 데 주력하였다. 고객의 호응이 좋았을 뿐 아니라 수익도 대폭 확대되었다.

디지털 기술을 접목하여 신사업 창출

이는 본업의 사업 범위를 벗어나 완전히 새로운 사업을 만들어 내는 것을 의미한다. 경우에 따라서는 완전히 새로운 산업을 일구어내는 성과를 내기도 한다. 그런데 이렇게 완전히 새로운 것을 만들어 낸다는 것은 매우 혁신적이어야 가능하기 때문에 기존 제품이나 서비스에 디지털 기술 등을 적용하여 융합을 일으키는 경우에 가능할 것이다.

미국의 스타트업인 솔즈SOLS는 스마트폰 앱과 3D 프린터를 활용하여 고객 맞춤형 신발 깔창과 고객의 신체 변화에 맞춰 형태가 유동적으로 바뀌는 어댑티브adaptive 신발을 생산하여 판매하고 있다. 이는 고객이 발 사진을 찍어 앱으로 전송하면 3D 프린터로 자동 생산하는 방식으로 이루어진다. 맞춤형으로 생산된 어댑티브 신발은 고객의 발목과 신체 변화에 맞추어 공기 압력 또는 유동체가 이동하여 최적의 착화감을 준다. 스마트 공장을 통해 기존에 존재하지 않았던 새로운 형태의 신발을 구현하고, 이를 기반으로 한 사업은 크게 성공하고 있다.

디지털 융합 신산업 예시

참고로 최근 4차 산업혁명과 비대면 사회로의 전환이 속도를 내면서 속속 출현하고 있는 디지털 기술 기반 융합 신산업 사례를 살펴보면 다음과 같다그림 8 - 2 참조.

- 교육 산업: 이러닝e - Learning, 에듀테크EduTech

- 엔터테인먼트 산업: 메타버스 기반 게임, OTT 기반 콘텐츠 서비스
- 가전 산업: 인공지능 기반 가전제품
- 자동차 산업: 스마트카mobile office, 전기자동차
- 농업: 스마트팜smart farm
- 관광/문화 산업: 스마트 가이드, 메타버스 기반 관광 콘텐츠 서비스
- 건설 산업: 인텔리전트 빌딩, 지능형 주택
- 의료 및 보건 산업: e-Health 장비, 스마트병원

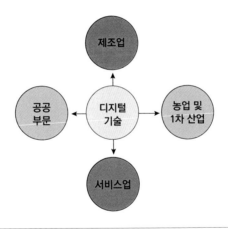

[그림 8-2] 디지털 기술 기반 융합 신산업 예시

2. 비즈니스 모델 리디자인 전략 대안들

이상의 4가지 비즈니스 모델 리디자인 유형은 각 기업의 비즈니스 상황에 따라 전략적 관점에서 선택하여 추진하게 될 것이다. 디지털 기반의 비즈니스 모델 리디자인을 실제로 추진할 전략에 대해 살펴보면, 가치 혁신 전략, 파괴적 혁신 전략, 롱테일 전략, 개방형 혁신 전략, 가치 공동 창출 전략, 전략적 제휴, M&A, 사내 벤처 창업, 플랫폼 전략[32] 등의 대안이 있다. 이 중 비즈니스 모델 관련 외부 환경이나 내부의 자원의 규모 등을 고려하여 적절한 전략 대안을 선택하고 이를 기반으로 전략 실행 계획을 수립한 다음 새로운 비즈니스를 추진하면 될 것이다.

3. 가치 혁신 전략

기업들은 주어진 시장에서 큰 수익을 얻기 위해 치열하게 경쟁한다. 경쟁이 격화되면 서로에게 치명적인 상처를 주면서까지 싸우게 되고 시장은 유혈의 붉은 바다로 변하게 된다. 그래서 이 시장을 레드오션red ocean이라 부른다. 이에 비해 블루오션blue ocean은 미개척 시장으로서 완전히 새롭게 창출하거나 기존 산업을 확장함으로써 창출된다. 이 블루오션을 창출하는 전략은 가치 혁신value innovation에 토대를 둔다. 즉 블루오션은 경쟁이 없는 미지의 시장이므로 가치와 혁신에 동등한 중요성을 두면서 탁월한 실적을 올

---

32) 플랫폼 전략에 대해서는 'CHAPTER 12 개방형 혁신의 플랫폼 전략'을 참고하기 바란다.

릴 수 있다.

　오랫동안 전략 경영을 지배해온 사고는 비용 절감을 추구하거나 고객 가치 향상을 추구하는 두개의 전략적 접근 중 하나는 포기할 수밖에 없다고 보는 것이다. 그러나 가치 혁신은 **차별화 등을 통해 소비자 가치 향상과 비용 절감의 양립**을 추구한다. 즉 가치와 혁신을 동시에 달성토록 함으로써 블루오션을 창출하고 경쟁의 굴레에서 벗어난다. 경쟁 전략 측면에서 보면 원가 우위와 차별화 우위를 동시에 달성하는 것이다.

　이러한 가치 혁신 전략은 전략 캠버스인 ERRC 프레임워크를 통해 얻을 수 있다. ERRC 프레임워크[33]는 혁신을 통해 비용 절감 요소는 제거하고 알려지지 않은 요소는 도입하도록 하는 분석 도구이다. 비즈니스 모델을 리디자인하고자 하는 기업은 ERRC 프레임워크를 활용하여 소비자의 가치 향상과 회사의 비용 절감을 동시에 달성할 수 있는 요소들을 파악해 비즈니스 모델의 혁신을 도모할 수 있을 것이다.

4. 파괴적 혁신 전략

　혁신의 유형에 대해서는 CHAPTER 3에서 혁신이 환경 변화에 미치는 영향에 대해 설명하면서 이미 소개한 바 있으나, 여기에서는 혁신 전략 관점에서 다시 다루고자 한다.

---

33) ERRC 프레임워크에 대한 자세한 설명은 'CHAPTER 3 경쟁우위와 핵심 역량 4. 가치 혁신 차별화의 ERRC 프레임워크'를 참고하기 바란다.

일반적으로 기업은 시장에서 경쟁사보다 더 높은 부가가치를 창출하기 위해 기술 개발 등을 통해 제품이나 서비스의 성능을 향상시키려고 노력한다. 이와 같이 기존 기업이 제품이나 서비스의 성능 향상에 힘쓰는 것을 존속적 혁신sustaining innovation 이라 한다.

반면 비즈니스를 새롭게 리디자인하고자 하는 신규 진입자는 기존 시장에 진입하는 것이 쉽지 않기 때문에 기존 제품의 성능 향상에는 별 관심이 없다. 오히려 그들은 기존의 제품이나 서비스 성능을 떨어뜨리거나 더 저렴하게 만들어 새로운 틈새시장을 창출하고 이를 공략하고자 한다. 이러한 전략을 추구할 때의 혁신을 **파괴적 혁신**disruptive innovation 이라고 한다.

신규 진입자의 파괴적 혁신에 의해 탄생된 제품이나 서비스는 기존 제품이나 서비스에 비해 성능이 낮기 때문에 기존 고객들은 외면하나, 반기는 고객이 있기 마련이다. 즉 성능이 다소 떨어진다 해도 저렴한 가격과 이용의 편의성에 만족한 고객은 이를 반길 것이다. 따라서 신규 진입자는 이들을 대상으로 비교적 작은 시장에서 고객을 확보하기 시작한다. 그리고 이 틈새시장을 공략해 가다가 고객의 소리를 듣고 놀라울 정도의 빠른 속도로 존속적 혁신을 일으켜 기존 고객이 만족할 제품이나 서비스를 저렴한 가격에 제공하면서 기존 시장을 급격히 침투해 갈 수 있다그림 8-4 참조.

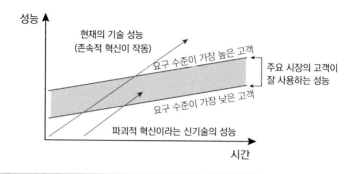

[그림 8-3] 존속적 혁신과 파괴적 혁신의 영향
(자료원: 글로비스 경영대학원, 2020)

기존 기업의 경우 고객의 소리를 기반으로 그들의 수요를 충족시키기 위해 존속적 혁신에 매진할 수밖에 없다. 그리고 파괴적 혁신에 의한 초기 시장은 수익성이 낮아 관심을 가지지 않는 경향을 보인다. 자칫 기존 시장을 빼앗길 수 있다는 우려가 있음에도 말이다. 그런 반면 파괴적 혁신으로 틈새시장을 창출한 비즈니스 리디자인 기업의 경우에는 기존 시장까지 잠식해 들어갈 치밀한 전략적 대안을 준비하는 것도 필요할 것이다.

5. 롱테일 전략

인터넷 상거래 시대가 도래하면서 전통적인 파레토 법칙은 퇴조하고 이를 롱테일 법칙이 대치하게 되었다. 파레토 법칙 Pareto's law 에 따르면, 매출의 80%는 20%의 우수 고객이나 20%의 인기 상품에서 달성된다. 따라서 파레토 법칙에서는 20%의 소수는 매우 중요하다고 보지만 80%의 다수는 사소하다고 생각한다. 결국 이는 상위 20%에 해당하는 우수 고객이나 히트 상품을 중심으로 마케팅 전략을 추진하도록 하는 근거를 제공한다.

반면 e-쇼핑몰의 출현으로 이를 대체한 롱테일long tail 법칙은 단 기적으로 적은 매출량을 나타내지만 장기간 긴 꼬리를 합산하면 상당한 매출량이 된다는 것을 의미한다. 롱테일은 파레토 분포에 서 우측으로 긴 꼬리를 갖고 있는 80%에 해당하는 제품군이다. 반 면 좌측 20% 제품은 초기에 높은 매출을 기록하는 베스트셀러이다 그림 8-5 참조.

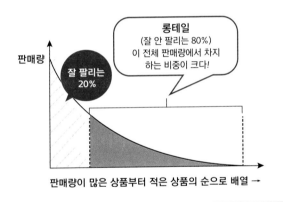

[그림 8-4] 롱테일 법칙

결국 롱테일 전략은 소액 구매 고객, 잘 팔리지 않은 상품으로부 터 매출을 쌓아 전체 매출을 늘리게 하는 전략인 것이다. 전자상거 래의 경우 물리적 제품의 재고비용 등 물리적인 제약을 벗어날 뿐 아니라 디지털 제품의 재고, 물류비용은 매우 낮기 때문에 경쟁력 있게 판매를 할 수 있다. 구매자도 자신이 원하는 비인기 혹은 틈새 상품을 구매할 수 있어 만족해한다. 롱테일 전략은 비대면이라는 뉴노멀 시대에 있어 인터넷과 디지털 기술을 활용하여 <u>기존의 오프라인 점포가 가진 제약을 극복하게 할 뿐 아니라 새로운 비즈니스 모델을 실행하도록 하는 유효한 전략</u>이라 할 수 있다.

6. 개방형 혁신 전략

과거에는 기업이 독자적으로 신제품을 개발 및 판매하거나 혁신을 추진하는 폐쇄형 혁신closed innovation이 일반적이었다. 그와 같은 폐쇄형 혁신은 외부 자원이나 지식을 활용하지 않기 때문에 시야가 편협해지고 외부의 환경 변화에 뒤처지는 경향을 보인다. 특히 기술 진보와 환경 변화가 가속화되면서 자체적인 자원만으로 혁신을 추진하기에는 한계가 있을 수밖에 없다. 이제 혁신의 성공은 외부의 전문 지식과 참신한 아이디어 수혈을 해야 이룰 수 있는 상황으로 변화했다.

이와 같이 기업 내부와 외부의 자원이나 아이디어를 유기적으로 결합하여 가치를 창출하는 혁신을 개방형 혁신open innovation이라 한다. 버클리대학교 체스브로Chesbrough 교수는 개방형 혁신을 '내부 혁신을 가속화하고 기술을 발전시키기 위해 내·외부 아이디어를 모두 활용하고 가치를 창출하기 위해 내·외부 시장 경로를 모두 활용하는 것'이라고 정의했다. 즉 개방형 혁신은 기업 내부에 국한되어 있던 연구개발 및 혁신 활동을 기업 외부로까지 확장해 외부 아이디어와 자원을 활용함으로써 투입 자원과 시간을 절약하면서 혁신 성과를 크게 창출하는 것이라 할 수 있다노규성 외, 2019.

　외부의 전문 지식을 활용하기 시작된 시점에는 외부 지식의 활용이 일회성에 그치거나 내부 지식을 보완하는 제한적인 형태에 머물렀다. 그러나 오늘날은 외부 지식을 내부 지식과 동일한 수준에서 중요하게 취급하고, **외부 지식·기술과 내부 지식·기술 및 역량을 통합해 지속적으로 혁신을 추진**하는 형태를 띤다는 점에서 차이가 있다. 외부의 혁신 아이디어나 사업 기회를 활용한 성공 사례가 증가하면서 개방형 혁신은 혁신 기업의 비즈니스 리디자인 및 핵심 역량 확보 수단으로 부각되었다.

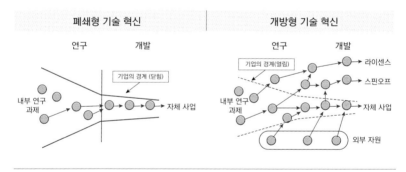

[그림 8-5] 폐쇄형 혁신과 개방형 혁신

　세계적인 생활용품 기업인 P&G는 개방형 혁신을 통해 꾸준히 비즈니스 모델을 혁신하고 있다. 2004년에 새롭게 선보인 프링글스감자칩 프린츠가 대표적인 사례이다. 이 제품의 특징은 감자칩 하나하나에 빨간색과 파란색으로 농담, 동물 상식, 일반 상식 등을 그림과 글로 이미지화한 것이다. 이 제품은 출시 6개월 만에 1,000만 달러의 매출을 기록할 정도로 대히트를 쳤다. 예전 같으면 이런 아이디어 제품을 출시하기까지 2년 이상의 시간이 소요되었고, 신제품 출시에 관한 실패 리스크는 모두 내부에서 져야 했다. 하지만 P&G는 개방형 혁신을 도입함으로써 프링글스의 출시 기간을 1년으로 단축하였고, 비용도 크게 절감하는 성과를 거두었다 신한FSB리뷰.

그간 P&G는 외부 아이디어를 수혈하여 적지 않은 성공 사례를 경험하였는데, 외부 아이디어의 적극적인 활용만이 그동안 풀지 못했던 고민을 해결해 줄 수 있다는 확신을 가지게 하였다. 그런데 외부에 있는 아이디어를 활용한다는 것은 조직 운영에 있어 막대한 변화를 요구하였다. 그중에서도 가장 어려웠던 것이 '외부의 아이디어라도 경쟁력과 수익 제고에 도움이 된다면 기꺼이 수용'하는 조직 문화의 혁신이었다. 이런 과정을 통해 탄생한 것이 바로 P&G사의 새로운 개방형 혁신 기법인 연결 개발 C&D: Connect & Develop 이고, 대표적인 성공 사례가 프링글스 프린츠 제품이다.

P&G는 개방형 혁신 모델의 성공적인 도입으로 인해 제품 개발계획의 45%, 시장에 출시되는 신제품의 35%를 외부 아이디어에서 얻고 있으며, R&D 관련 생산성을 60% 향상시킨 반면 소요 비용은 현저하게 감소시키는 성과를 달성했다 노규성 외. 2019 .

7. 가치 공동 창출 전략

개방형 혁신은 고객에게 필요한 가치를 제공하기 위해 외부의 아이디어나 지식을 수혈하여 혁신을 한다는 것을 전제로 한다. 그러나 이 또한 고객의 의견을 적극적으로 반영하고자 하는 사고는 내재되어 있지 않다. 이런 가운데 최근 기업이 혁신을 추진하는 과정에서 고객에게 중요한 역할을 맡기는 방식이 급부상하고 있다. 이는 고객의 경험이 제품이나 서비스에 녹아들어 가는 것이 매우 중요해지고 있다는 것을 의미한다.

과거에는 기업이 창출한 가치를 고객이 향유하는 방식이 주류였다면, 이제는 고객이 직접 참여하여 기업과 공동으로 가치를 창출하는 공동 창출 모델이 확산되고 있는 것이다. 이러한 가치 공동 창출 모델의 핵심 개념은 고객의 경험을 중요시하는 것이다. 기존에는 제품과 서비스에 가치가 있다고 생각했지만, 공동 창출 모델에서는 고객의 다양한 공동 창출 경험이 가치의 토대가 된다는 것이다

글로비스 경영대학원, 2020.

이러한 가치 공동 개발 모델은 비즈니스 리디자인과 관련하여 매우 중요한 시사점을 가지고 있다. 성공적인 비즈니스 모델 개발은 결국 고객이 필요로 하는 가치를 제공할 수 있는 것이어야 하는데, 고객의 생생한 경험에 의한 아이디어는 '고객이 절실하게 필요로 하는 가치'를 제공할 수 있는 비즈니스 모델을 개발하도록 하기 때문이다.

가치 공동 창출 모델과 관련되는 것으로서 히펠Hippel 교수가 주장한 선도 사용자 프로세스lead user process라는 개념이 있다Eric Vol Hippel. 1999 . 선도 사용자 프로세스는 제품 개발자가 시장 추세를 선도해 가는 고객을 찾아 그들로부터 제품 개발에 관한 혁신적인 아이디어를 발견해 내는 방식을 말한다. 이는 선도적인 사용자의 경험을 기반으로 아이디어를 구하는 방식이므로 전통적인 방식에 비해 실제적인 문제에 직면한 사용자로부터 정보를 수집할 수 있다는 장점과 사용자들의 수요와 해결책에 관한 정보를 모두 수집할 수 있다는 장점을 가지고 있다.

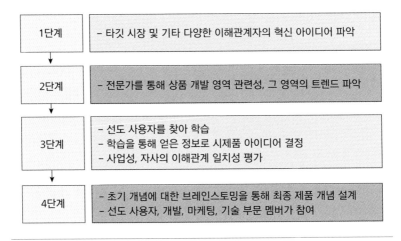

[그림 8-6] 선도사용자 프로세스 4단계

(자료원: 글로비스 경영대학원, 2020 수정)

공동 창출 프로세스는 [그림 8-6]과 같이 4단계로 나누어 설명할 수 있다. 먼저 1단계에서 타깃 시장target market 및 관련 이해관계자로부터 혁신에 관한 아이디어를 구하면서 시작한다. 그런 다음 2단계에서는 전문가를 통해 상품 개발이 어떤 영역과 관련이 있는지와 그 영역의 트렌드를 파악하는 일을 수행한다. 3단계에서는 선도 사용자를 찾아 타깃 시장과 관련되는 정보를 수집한다. 수집된 정보를 기반으로 시제품 아이디어를 결정하고 사업성과 회사의 비즈니스 관련성을 평가한다. 마지막으로 4단계에서는 초기 제품 개념에 대해 브레인스토밍 등을 통해 수정 및 보완을 하여 최종 제품 개념을 설계한다. 이때의 워크숍과 브레인스토밍에는 선도 사용자, 개발담당자, 마케팅 및 기술 부문 멤버가 참여한다.

8. 전략적 제휴와 M&A

전략적 제휴

독자적인 연구개발이나 혁신을 통해 비즈니스를 리디자인할 수도 있지만 외부와의 전략적 협업을 통해 시도한다면, 그것을 구현하는 데 소요되는 자원과 시간을 획기적으로 절감할 수 있다. 외부와의 전략적 협력 방법으로 전략적 제휴와 인수합병 M&A을 들 수 있다.

먼저 전략적 제휴 strategic alliance 는 2개 이상의 기업이나 사업 단위들이 독립성을 유지하면서 사업 운영에 필요한 것을 상호 협력하는 방식을 말한다. 즉 전략적 제휴는 제휴 기업 간의 상호 보완적인 제품, 시설, 기능 및 기술을 공유하고자 하는 목적을 갖는 일련의 생존적 연합인 것이다. 전략적 제휴의 추진 방법은 다음과 같은 유형으로 정리할 수 있다.

① 제휴 기업들과 협업하기 위해 독립된 사업체를 설립하는 합작 벤처joint venture

② 연구개발, 기술 교류, 현지 조립 생산이나 공동 생산, 마케팅, 유통 등을 협력하는 업무 제휴

③ 제휴 기업 간에 상호 지분 인수를 통해 보다 강력한 협력 관계를 구축하는 자본 제휴

④ 대규모 프로젝트 추진을 위해 여러 업체가 공동으로 참여하는 컨소시엄consortium

⑤ 이상의 제휴 방식 중 2개 이상을 혼합하여 제휴하는 통합적 제휴

전략적 제휴가 잘 작동하여 협업을 성공리에 이루어내기 위해서는 다음과 같은 3가지 조건이 갖추어져야 한다.

첫째, 제휴 기업들 각자 자신만의 특화된 기술과 경쟁우위를 갖추어야 한다.

둘째, 기업 간 교류에 대한 신뢰를 바탕으로 전략적 비전이 수립되어 참여 기업들과 제대로 공유하도록 하기 위한 노력이 필요하다.

셋째, 협업 과정에서 필요한 정보와 협업 내용의 긴밀한 공유를 위한 디지털 기술 인프라가 갖추어져야 한다.

인수합병(M&A)

인수합병M&A 역시 비즈니스 리디자인과 관련하여 시간과 자원을 절약하게 해주는 방식의 하나이다. 즉 M&AMerge & Acquisition는

외부의 경영 자원을 내부로 흡수하는 방식으로 **신사업 추진에 필**
요한 역량을 시급히 조달하고자 할 경우에 추진된다. 여기에서 합
병 merge 은 복수의 기업이 법적으로 하나의 기업으로 재탄생하는
방식을 말한다. 인수 acquisition 는 특정 기업이나 사업을 주식 취득
등의 방식으로 대가를 지급하고 사들이는 방식을 말한다.

　최근 급격한 환경 변화로 기술 중심 벤처나 스타트업을 M&A 하
는 사례가 급증하고 있는데, 이는 비즈니스 환경과 기술의 급격한
변화로 인해 비즈니스 리디자인 필요성이 급격히 증가하고 있다는
것을 반증하는 것이라 할 수 있다.

　이상에서 설명한 전략적 제휴와 M&A의 차이점을 정리하면 [표
8-1]과 같다.

[표 8-1] 전략적 제휴와 M&A의 차이점

구분	전략적 제휴	M&A
소요 시간	비교적 짧은 시간	상대적으로 긴 시간
투자액	상대적으로 소액	거액의 투자
변경·취소의 유연성	유연하고 용이	용이하지 않음
운영 체계의 통제성	상대 기업의 통제 어려움	상대 기업의 통제 용이

(자료원: 글로비스 경영대학원, 2020 수정)

9.사내 벤처 창업

사내 벤처Corporate Venture 창업은 기업 내부에 새로운 벤처기업을 만드는 것이다. 즉 사내 벤처는 본래의 사업과 다른 시장으로 진출하거나 새로운 제품을 개발하는 것을 목적으로 기업 내부에 독립된 태스크포스TF, 사업팀 혹은 부서의 형태로 설치하는 것을 말한다. 이는 단기간에 신규 사업을 육성하는 효율적인 수단으로 사용된다.

사내 벤처 창업은 새로운 사업을 효과적으로 추진하는 데 필요한 기술, 지식, 인력 등을 보유하고 있을 때, 그리고 기존 사업과 관련성이 높을 때 매력적인 대안으로 여겨지고 있다. 사내 벤처는 전체적인 비용 면에서 효율적이며, 애자일 방식으로 신속하게 추진하다가 쉽게 철수할 수 있는 장점을 가지고 있다. 특히 기존 조직과의 협업이 유리하고 갈등도 적은 편이다.

2000년대 초반 인터넷 붐과 함께 벤처 열풍이 불면서 사내 벤처 육성이 활발했으며, 그로 인해 많은 성공 벤처 신화가 창조되었다. 최근 정부의 대대적인 스타트업 육성 정책에 힘입어 또다시 스타트업 붐이 조성되었으며, 이로 인해 많은 기업의 사내 벤처 열풍도 다시 확산되는 조짐을 보이고 있다.

9

산업 구조 리딩의
디지털 전략

CHAPTER 9

산업 구조 리딩의 디지털 전략

기업 경영에 가장 결정적인 영향을 미치는 외부 환경은 해당 기업이 속한 산업내의 구조이다. 산업이란 유사한 제품이나 서비스를 제공하는 여러 기업이 속한 범주이다. 결국 기업은 자신이 속한 산업에서 경쟁을 하게 되는데 그 기업의 생존과 수익성은 해당 산업의 경쟁 강도에 지대한 영향을 받는다. 경쟁의 정도가 강할수록 수익률은 낮아질 수밖에 없다.

그러므로 기업은 해당 산업의 구조를 잘 분석하고 이에 적절히 대응하는 전략을 수립하고 실행하는 것은 매우 중요하다. 그런데 코로나19 팬데믹으로 인해 비즈니스 환경이 패러다임을 전환할 만큼 급속하게 변화하고 있어 산업 구조 대응 전략의 근본적인 혁신 필요성이 대두되었다. 다름 아닌 디지털 기술 기반의 산업 구조 리딩 전략이다.

1. 경쟁세력 모형 들여다보기

전형적으로 특정 산업 내에서의 경쟁 강도는 기업들이 벌이고 있는 어떤 행위보다 산업 내 구조에 의해 결정된다. 즉 경쟁이란 산업의 경쟁 구조와 기업을 둘러싼 경쟁 요소들 간의 상호 대응 방식에 더 많은 영향을 받는다. 그러므로 이에 대한 깊이 있는 분석이 필요하다. 이에 마이클 포터 M. Porter 는 산업의 경쟁 강도를 분석하기 위해 같은 제품을 만들어 같은 구매자들에게 제공하는 경쟁사뿐만 아니라 구매자또는 소비자와 우리 제품을 만드는데 원재료를 납품하는 공급사도 경쟁 시에 고려해야 하는 대상으로 포함하는 '다섯 가지 경쟁 세력 모형 5 Forces Model'을 제시했다 Porter, 1980.

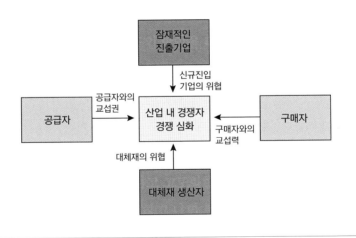

[그림 9-1] 5가지 경쟁 세력 모형

[그림 9-1]에서 볼 수 있듯이, 이 모형에 포함된 5대 경쟁 세력은 산업 내 경쟁사, 공급자, 구매자, 대체재 생산자, 그리고 잠재적

인 신규 진입자이다. 이 모형에 의하면, 산업 내 경쟁은 경쟁 구조
경쟁 기업의 수와 기업을 둘러싼 이 5가지 경쟁 세력 간의 상호 대응방
식에 의해 결정된다. 그리고 그 **산업의 매력도**_{수익성, 성장성으로 파악}는
이들 세력 관계의 힘의 정도 의해 결정된다. 예를 들어 구매자나 공
급자와의 거래 시 협상력_{교섭력}[34]이 약한 경우 유리한 조건으로 계
약을 맺을 수 없어 불리한 가격으로 거래를 하게 되므로 기업의 수
익성은 약화된다. 그러므로 기업은 경쟁 전략을 수립할 때 이 5가
지 경쟁 세력으로부터 야기될 수 있는 경쟁 유발 요인과 그 강도를
파악해야 한다. 이 경쟁 유발 요인들에 대해 살펴보면 다음과 같다.

기존 기업 간의 경쟁 강도

산업 내 경쟁사들과의 직접적인 경쟁은 경쟁 강도와 산업 전체의
수익성을 결정하는 가장 중요한 요인이다. 그들의 경쟁은 주로 가
격, 광고, 신제품 개발, 고객 서비스나 제품 보증 등의 형태로 전개
된다. 이는 모두 경쟁사보다 유리한 위치를 차지하기 위한 전술들
이다. 한 기업의 경쟁력 제고 노력은 다른 경쟁자들에게 직접적으
로 영향을 미치며, 때로는 보복 행위를 초래하기도 한다.

기존 기업 간의 경쟁 강도를 결정하는 주된 요인에 대해서는 무
엇보다 얼마나 많은 기업이 치열하게 경쟁하고 있는가, 즉 경쟁사
의 수와 시장점유율의 분포가 영향을 미친다. 경쟁사가 많거나 힘

---

34) 협상력(bargaining power)은 협상을 잘하여 협상의 목적을 달성할 수 있는 능력을
   말한다. 여기에서의 협상력은 재화나 서비스를 구매하는 소비자 혹은 원재료를 제공하
   는 공급자가 시장에 미치는 영향력의 정도이다.

의 균형이 비슷할 경우 경쟁 강도가 강할 가능성이 크다.

여러 경쟁 행태 중에서 가장 수익성을 악화시키는 것은 가격 경쟁이다. 만약 어떤 기업이 가격을 인하하여 시장점유율을 높이고자 하면 산업 내 기업들의 가격 경쟁을 불러일으켜 결국 모든 기업의 수입이 감소하는 결과를 초래할 것이다.

그밖에 시장 성장률의 정체 여부, 투자된 고정비와 재고 비용의 규모, 대규모 생산 능력이나 설비, 낮은 차별화와 높은 교체 비용[35], 각기 다른 사업 전개 방식, 전략적 이해관계, 높은 출구 장벽 등도 기존 기업 간의 경쟁 강도에 영향을 미친다.

공급자의 교섭력

공급자들은 판매하는 원자재, 부품 등의 납품 단가 인상이나 제품이나 서비스의 품질 저하 등에 대한 위협을 무기로 교섭력을 발휘하여 구매 기업의 수익을 감소시킬 수 있다. 예를 들어 원자재의 원가가 상승할 경우 이를 곧바로 제품 가격에 반영하는 것은 쉽지 않기 때문에 구매 기업의 수익성은 나빠질 것이다.

공급자의 교섭력을 결정하는 요인으로는 공급 기업의 독과점 여부, 대체 원재료의 존재 여부, 공급 물량의 규모, 투입 재료의 차별성, 타 공급원으로 전환 시의 교체 비용의 규모, 공급 기업에서 구매가 차지하는 상대적 비중 등이 있다.

---

35) 교체 비용(switching cost) 혹은 전환 비용이란 구매자가 현재 사용하는 기술, 제품, 서비스에서 다른 기업의 기술, 제품, 서비스로 전환하고자 할 때 부담해야 하는 비용을 말한다.

공급자의 교섭력에 대응하기 위해서는 공급자의 협상 능력 강화 요인을 상쇄하거나 극복하는 수단을 찾아내는 것이 중요하다. 이를 위한 전략적 대응 방안으로는 대체 공급원의 탐색 및 지원, 여러 대체 공급자로부터의 분산 구매, 교체 비용의 회피, 산업 표준화 촉진, 자체적인 조달의 잠재력 확보, 부분 통합 실현 등을 들 수 있다.

구매자의 교섭력

구매자는 구매 제품에 대하여 보다 높은 품질, 보다 좋은 서비스, 보다 저렴한 가격을 요구하여 공급 기업의 수익을 감소시키는 결과를 초래하기도 한다. 또 판매자 간의 경쟁을 유도하는 방법으로 이득을 보려고 하기도 한다. 특히 구매자의 협상력이 높으면 다양한 압력 등을 통해 판매 기업의 수익에 부정적인 영향을 끼친다.

구매자의 교섭력은 구매 규모와 판매자의 판매량에서의 비중, 타 제품으로 전환 시의 교체 비용 크기, 대체재의 존재 여부, 가격에 대한 민감도, 구매자의 이윤율, 제품 차별성, 브랜드, 품질 대비 가격 수준, 구매자의 정보력 등에 의해 영향을 받는다. 결국 공급 기업은 구매자의 교섭력을 약화시키거나 교섭력이 약한 구매자 집단을 찾아냄으로써 자사의 전략적 위치를 유리하게 바꾸고자 한다. 또 새로운 구매자 집단을 발굴_{수요 창출}하는 것도 구매자의 교섭력을 약화시키는 대안이 될 수 있다.

잠재적인 진입 기업의 위협

어떤 산업이 매력적이라고 하면, 즉 성장성과 수익성이 좋다고 하면 이 산업에 진입하고자 하는 기업이 있을 수 있다. 그럴 경우 새롭게 진입하고자 하는 기업은 기존 기업이 가지고 있지 않은 새로운 능력 및 자원과 강한 의욕을 가지고 시장에 개입하여 기존 기업들에게 위협 세력으로 작용할 수 있다. 이 경우 제품 가격이 떨어지거나 부대 비용이 증가하게 되며 경쟁 강도가 높아져 기존 기업의 수익성을 저하시킬 가능성이 커진다. 그러므로 막강한 역량을 갖춘 잠재적인 신규 진입자의 조기 파악과 사전 대응은 기존 기업들에게는 매우 중요한 의미를 지닌다.

잠재적인 진입 기업의 위협은 진입 장벽 및 기존 사업자들의 대응 수준에 따라 달라질 수 있다. 신규 진입을 어렵게 하는 진입 장벽entry barrier으로는 규모의 경제[36]와 원가 수준, 제품 차별성, 브랜드의 인지도와 충성도, 교체 비용의 정도, 소요 자본의 규모, 유통 채널에 대한 접근성, 기술의 폐쇄성, 투입 원재료의 특성, 정부 정책 등을 들 수 있다.

이외에 기존 기업들의 방어 전략과 보복, 진입 억제 가격[37] 등도 신규 진입 기업에게는 장벽으로 작용할 수 있다. 이와 같이 새로운

---

36) 규모의 경제란 생산 규모의 증가에 따른 요소 투입량의 증대(생산 규모의 확대)에 따라 제작 단가가 떨어져 생산비 절약 또는 수익 향상이 나타나는 현상을 말한다.

37) 진입 억제 가격이란 특정 산업에 진입함으로써 발생하는 잠재적인 보상과 구조적인 진입 장벽을 극복하고 기존 경쟁사의 보복에 대응하는 데 필요한 예상 경비 사이의 균형을 의미한다. 만약 기존 기업이 신규 진입을 억제하기 위해 시장 가격을 진입 억제 가격 아래로 낮춘다면 신규 진입이 줄어들 가능성이 높다(Porter, 1980).

기업이 특정 산업에 신규로 진입하기 위해 극복해야 하는 유·무형의 장애물인 진입 장벽의 높이와 기존 기업들의 거부 반응 정도에 따라 경쟁 강도가 달라진다. 기존의 기업들은 신규 사업자의 진입이 예상되면 홍보를 강화하거나 설비 투자와 신제품 발표를 서두르는 등 여러 가지 방안을 동원하여 잠재 진입자의 진입 의도를 꺾기 위한 노력을 하게 된다.

대체재의 위협

대체재는 기존 제품과 동일하거나 유사한 욕구를 충족시킬 수 있는 제품을 말한다. 만약 구매자가 대체재를 더 좋다고 판단하게 되면 그 구매자는 기존 제품 대신에 대체재를 구매할 것이다. 결국 특정 산업에서 활동하는 기업들은 넓은 의미에서 대체 상품을 생산하는 기업들과 경쟁하고 있는 것이다. 대체 상품은 **관련 제품의 가격을 결정하는데 상한선을 설정하는 효과를 유발**하여 그 산업의 잠재적인 이윤 폭을 제한한다. 교체 비용이 낮을 경우 소비자는 대체재 가격의 작은 변동에도 쉽게 대체재로 이동할 수 있어 수익성을 취약하게 할 수 있다. 소비자들이 쉽게 바꿀 수 있는 대체재가 많을수록 기업들이 자신의 제품이나 서비스에 대해 높은 가격을 받을 가능성은 줄어든다.

대체재 위협의 결정 요인을 들면 대체재의 상대적 가격, 교체 비용, 대체재에 대한 구매자의 성향, 대체재의 특성 등이다. 대체재에 관심을 기울여야 할 때는 대체재가 가격 및 성능 면에서 자사 제품의 대체성을 계속 높여가는 경우와 대체재를 공급하는 산업 기업이 높은 이윤을 얻고 있는 경우이다.

기존 제품과 동일한 기능을 수행하는 대체재를 확인하는 작업은 까다롭기는 하지만 매우 중요하다. 대체재의 위협이 확인될 경우, 산업 내 기업들이 개별적으로 혹은 집단적으로 집중적이고 지속적인 광고 및 홍보, 마케팅 노력, 품질 향상, 제품 가용성 증대 등의 대응 활동을 전개하게 될 것이다.

2. 디지털 전환이 경쟁 세력에 주는 영향

상당한 기간 동안 기업의 효율성을 제고하고 나아가 경쟁력을 높여주는 데에 기여해 온 디지털 기술은 최근 기업들의 필수적인 기반이 되기에 이르렀다. 여기에서는 5가지 경쟁 세력에의 대응에 있어 디지털 기술이 효과적으로 활용되는 것에 초점을 맞추고자 한다.

경쟁 기업과의 경쟁을 리드하게 한다.

기존 경쟁자들과의 경쟁 시 디지털 기술을 활용하면 경쟁사의 동향 분석은 물론 제품 및 서비스의 차별화나 원가 우위를 달성함으로써 경쟁사로부터의 위협을 극복할 수 있다Porter and Millar, 1985. 디지털 기술을 적용한 제품은 테니스 스윙을 분석해서 선수들의 경기력 향상을 도와주는 것과 같이 제품 자체의 가치 외에 소비자들에게 새로운 가치를 주는 등 다양한 차별화와 부가서비스를 제공하기 때문에 치열한 경쟁을 선도해 갈 수 있다.

스타벅스Strarbucks는 세계 최대의 원두커피 제조 및 판매 업체이다. 이 커피 회사는 소매점들을 통해 매주 수천만 명의 고객을 상대로 연간 수십만 파운드pound의 커피를 공급하고 있다. 이 회사는 수많은 고객들의 구매 요구사항을 적절히 해결하면서 시장에서의 경쟁력 강화를 위해 그들의 공급망을 특화하고 다양한 방식으로 고객을 지원한다. 스타벅스는 커피 원료의 조달, 커피 제조, 포장, 유통 및 판매 등의 관리를 효율화하기 위해 그들의 공급망 SCM, Supply Chain Management을 수직적으로 통합하였다. 그 과정에서 이 회사는 유통 계획과 자재 소요량 계획을 정확히 실행하기 위해 오라클Oracle의 자동화된 시스템인 젬스GEMMS를 도입했다.

스타벅스는 이러한 SCM 시스템을 적절히 활용함으로써 주요 원료의 공급 여건 개선, 통합된 조달, 원료 처리 속도 향상, 생산 과정에서의 완벽한 재료 관리, 품질 개선, 출시 기간 단축, 원료 비용과 총경비 절감 등의 효과를 얻을 수 있었다노규성 외, 2019. 이와 같은 효과와 함께 차별화된 디지털 기반 고객 서비스를 바탕으로 스타벅스는 세계 각국 경쟁자들과의 경쟁에서 차별화된 성과를 구현해 가고 있다.

공급자와의 교섭력을 강화시켜 준다.

공급자와의 관계에서 디지털 기술은 공급자 시장의 범위와 시장의 특성을 효율적으로 분석하게 하고 좋은 거래 조건의 공급자를 확보하게 하며, 공급자의 제품을 효과적으로 대체할 수 있는 방안을 마련하게 하여 협상력을 높여 주는 역할을 한다. 그런가 하면 디지털 기술은 공급자와의 거래 정보를 원활하게 교류할 수 있도록 하는 시스템 구축을 통해 공급자와의 협업 역량을 증가시켜 주기도 한다.

홍콩의 의류 전문 기업이자 세계적인 네트워크 기업인 리앤펑Li & Fung은 생산 플랫폼을 구축해 공급자와의 교섭력을 확보한 기업이다. 이 기업은 단 하나의 공장도 단 한 명의 재봉사도 없이 매년 20억 벌 이상의 의류를 생산하고 있다. 이 회사는 공장이 없는 대신 의류 생산 공급자와 고객들이 참여하는 생산 플랫폼을 구축하고 이들 사이의 협력을 주도하면서 세계 의류 시장을 장악하고 있다. 원래 무역회사였으나, 단계별로 공급자를 조정·통제할 수 있는 생산 플랫폼을 구축해 세계적인 의류회사로 급성장한 것이다.

이 회사의 생신 플랫폼에는 3만 개 이상의 원·부지재, 재봉, 재단, 포장 공급자와 300여 개의 의류 유통기업들이 참여하고 있다. 예를 들어 미국의 의류회사가 치마 20만 벌을 홍콩의 리앤펑에 주문했다고 하자. 그러면 이 회사는 지퍼는 한국, 단추는 중국, 실은 말레이시아에서 조달한다. 말레이시아에서 받은 실은 인도로 배송하여 직물·염색을 한다. 이렇게 조달된 직물·단추·지퍼 등은 파키스탄의 공장에 집결돼 제품으로 완결된다. 이와 같이 다양한 공급업자들의 협력 강화 시스템을 통해 리앤펑은 한 달 뒤에 제품을 선적하게 된다. 자체 공장은 단 하나도 없지만 전문화된 생산, 배송 능력이 있는 회사들과의 협업을 통해 고객의 니즈를 충족시키고 있다. 역량을 공급망 관리에 집중하고 생산은 협업으로 관리하기 때문에 공급자와의 교섭력을 확보하면서 경쟁우위를 유지하고 있다 노규성, 2014. 윤형중, 2012 .

구매자와의 교섭력을 향상시켜 준다.

디지털 기술은 구매자와 효과적으로 연계된 정보 시스템 구축을 통해 교체 비용을 발생시키거나 증가시켜 구매자에 대한 협상력을 높일 수 있고 안정적인 수익원을 확보하도록 지원해 준다. 또한 구매자_{사용자} 데이터 분석을 통해 개인 맞춤형 제품을 출시하도록 지원함으로써 <u>구매자들의 교체 비용을 높여 구매자와의 협상력을 향상시켜 준다.</u> 교체 비용이 커서 구매자로 하여금 기존에 사용하던 제품을 계속 사용하도록 하는 현상을 잠금 효과라 한다. 교체 비용을 활용한 고객 잠금 효과의 대표적인 예는 각종 마일리지 서비스이다. 디지털 기술은 다양한 마일리지 서비스 정보를 효과적으로 제공하는 데에도 활용되고 있다.

스타벅스_{Starbucks}는 보상, 개인화, 결제, 주문 등의 디지털 고객 경험을 강화하기 위한 '디지털 플라이휠_{Digital Flywheel}'이라는 전략을 추진하였다. 이를 위해 빅데이터 기반의 개인별 맞춤형 추천 서비스를 내장한 모바일 주문·결제 시스템인 '사이렌 오더'를 개발했다. 스타벅스에 방문하는 고객들은 이 앱으로부터 최근 구매 메뉴와 날씨에 따른 추천 메뉴 등 개인 밀착형 서비스를 제공받고 있다.

매주 9천만 건의 거래가 발생하는데, 이를 통해 고객이 무엇을, 어디에서, 어떤 방법으로 사는지 파악한다. 이 정보를 날씨, 프로모션, 재고, 현지 이벤트에 대한 인사이트와 결합해 다른 고객들에게 한층 더 개인화된personalized 서비스를 전달할 수 있다. 스타벅스는 고객이 어느 매장에 방문하든지, 고객이 선호하는 경험을 맞춤형으로 제공하고 이를 통해 강화된 서비스 기반의 고객과의 교섭력을 강화하고 있다노규성. 2020 .

성민전자는 휴대폰의 방수 부품과 키, 전기자동차의 충전기용 외형 사출물 등의 부품을 생산·납품하는 사출·성형·금형 제조 중소기업이다. 그런데 점차 품질 기준이 상향되면서 고객사들이 자체의 품질관리 기준에 맞추어 납품해 줄 것을 요구하기에 이르렀다. 각 기업의 요구사항 기준을 통과해 품질 인증을 받아야 이 기업들과 거래를 지속할 수 있게 된 것이다. 특히 '제조자', '설비', '원재료', '조건'이라는 네 가지 생산 조건을 까다롭게 관리하도록 요구되었다. 이전의 수기식 관리로는 이러한 품질관리 요구사항을 제대로 맞추기 어려웠다. 이에 성민전자는 품질이 경쟁력의 바탕이라는 판단과 대기업 고객들의 품질 인증 요구를 맞추기 위해 '스마트 공장용' MES manufacturing Execution System 를 구축하게 되었다.

시스템 도입 이후 생산품의 각종 치수를 계측기를 이용해 측정하기만 하면 합격 여부 판정을 자동으로 할 수 있게 되었다. 검사 공정이 간소화됐을 뿐 아니라 전산 처리로 사람의 조작 가능성을 원천적으로 봉쇄해 품질의 신뢰성을 높일 수 있게 됐다. 또한 문제가 발생하기 전에 능동적인 대처가 가능할 뿐만 아니라 생산·검사 일자, 생산자, 생산 조건 등 동일한 문제를 안고 있는 불량품을 쉽게 추적할 수 있게 되었다.

성민전자는 이 시스템을 도입함으로써 설비의 실시간 모니터링 및 설비 환경 이력관리를 통한 설비 운영 능력 향상, 체계적 품질검사, 데이터 분석에 의한 현장 업무 표준화 및 관리 체계화 등에서 큰 효과를 보았다. 특히 사출에 사용되는 금형의 수명도 시스템으로 관리가 가능해졌다. 나아가 생산 공정의 모든 데이터가 직원들에게 공유됨으로써 전사적 품질관리가 가능해졌다. 결국 성민전자는 이 시스템을 도입하여 연간 불량률 50% 감소, 설비 가동률 7.6% 향상, 납기 준수율 12.5% 향상, 고객 만족도 향상 등 다방면에서 성과를 얻을 수 있었다 노규성 외, 2019.

잠재적인 진입 기업에 대한 진입장벽을 구축해 준다.

신규 진입 기업의 위협 역시 디지털 기술에 대한 투자를 통해 효과적으로 감소시킬 수 있다. 그에 의한 효과는 교체 비용의 창출이나 증가, 소요 자본의 증대, 제품 차별성의 확대, 유통 경로의 공고화 등을 통해 진입 장벽을 공고화하는 것이라 할 수 있다. 또한 디지털 기술을 이용하여 고객 욕구를 충족시키기 위한 기존 제품의 수정과 보완을 효과적으로 할 수 있다. 디지털 기술은 신제품 설계에 드는 시간과 비용을 낮추는 데에도 장점을 가지고 있다.

독일의 주방 가구 브랜드 노빌리아Nobilia는 개개인의 취향이 제각기 다른 가구 분야에서 미세하게 맞춘 주문형 생산으로 유명하다. 고객들은 85가지 색상, 215가지 크기 등을 조합해 생산할 수 있는 2만 가지 이상의 제품 중 원하는 제품사양을 선택해 맞춤형 가구

를 주문할 수 있다. 그 바탕은 다름 아닌 스피드 팩토리Speed Factory
이다.

노빌리아의 디지털 기반의 스피드 팩토리 시스템은 생산 공정을
전공정과 후공정으로 구분하고 각 공정별로 고객이 원하는 요청사
항 등이 수록된 세밀한 정보를 제공해 조립 공정을 최적화한다. 고
객의 다양한 요구 수준과 제품 제작의 복잡도는 갈수록 높아지고
있지만, 스마트 팩토리 시스템 도입 이후 소비자들의 제품 만족도
는 독일에서 가장 높은 수준을 기록하고 있다. 이와 같이 노빌리아
는 스피드 팩토리 시스템을 구축해 정교한 공정관리와 차별화된
제품 생산을 통해 높은 진입 장벽을 구축하여 신규 진입자 위협을
극복하고 있다노규성 외, 2019.

대체재의 위협을 대비하게 해준다.

대체 상품의 영향에 대한 분석에 디지털 기술을 활용하면 대체재
의 위협을 사전에 파악하여 효과적으로 차단할 수 있다. 또한 디지
털 기술을 제품의 성능과 서비스, 가격 경쟁력을 높이는 데 활용해
대체 상품의 위협을 완화 또는 제거할 수 있다.

국내 기업 교육용 사이트를 운영하고 있는 A사는 최근 매출과 수
익 면에서 승승장구하고 있다. 사실 교육은 공공 서비스 분야라는
인식과 고용보험 환급 과정으로 인해 낮게 형성된 교육비 등으로
수익성을 확보하기가 힘든 사업 분야이다. 더구나 온라인 교육 시
장은 진입 장벽과 퇴거 장벽이 낮아 늘 치열한 가격 경쟁을 이겨내

야 살아남을 수 있는 산업이다. 특히 대학의 학위과정, 최고경영자 과정은 물론 집체교육 기관의 교육 프로그램, 도서, 유투브 등 다양한 유·무료 대체재 때문에 치밀한 전략에 의해 사업을 전개함에도 불구하고 생존과 성장이 쉽지 않다.

그런데 최근 4차 산업혁명의 핵심 기술인 빅데이터와 AI, 가상현실VR 등이 교육 분야에 접목되는 에듀테크가 등장하면서 교육 산업의 환경이 급반전하게 되었다. A사는 이 환경 변화를 기회로 포착하였다. 즉각 그간 축적한 교육 데이터를 정비하고 맞춤형 교육 AI를 개발하는 프로젝트에 착수하였다. 개발된 맞춤형 AI 교육 시스템은 수강자가 학습과 평가한 내용을 기반으로 수강자의 부족한 부분에 대한 맞춤형 교육 콘텐츠와 평가 문항을 제공해 학습 성과를 높일 뿐 아니라 수강생의 경력 개발에 맞는 학습 이력 관리도 지원해 주게 되었다.

그 결과 A사의 교육 시스템을 통해 학습한 수강자들의 만족도는 크게 향상되었고 다른 과정을 신청하는 등 재구매율도 증가하게 되었다. 특히 코로나19 팬데믹에 의한 원격 교육의 불가피성과 시너지 효과를 내면서 다른 대체 시장으로 수강자들이 빠져나가던 추이가 급격히 반전되는 효과가 나타났다. 이는 당연히 A사 교육 시스템 수강자 수의 증가, 매출액 증가와 수익성 개선 등의 성과로 이어졌다.

3. 디지털 기술이 가져오는 전략적 효과

앞에서 살펴본 바와 같이 디지털 기술은 마이클 포터의 5가지 경쟁 세력 사이의 힘을 유리하게 조절하도록 하는 데에 사용될 수 있다. 이때 디지털 기술이 기업에 궁극적으로 어떤 영향을 미칠 것인지를 평가하기 위해 다음의 몇 가지 질문을 검토해 보기로 하자. 그 대답이 긍정적인 경우 디지털 기술은 전략적 자원으로서 가치를 가진다고 할 수 있다.

디지털 기술이 경쟁의 양상을 변화시킬 수 있는가?

그렇다. 디지털 기술은 산업 내 경쟁 양상을 변화시킬 잠재력을 가지고 있다. 예를 들어 가격 경쟁이 극심한 산업에서 디지털 기술을 활용하여 제품에 독특한 기능이나 서비스를 추가하면 경쟁의 양상은 가격 경쟁에서 차별화 경쟁으로 바뀌게 된다.

창립 이래 140년 동안 테니스 라켓과 관련 장비를 생산해 온 바볼랏babolat은 센서와 통신 모듈이 장착된 바볼랏 플레이 퓨어 드라이브 시스템을 선보였다. 이 시스템은 테니스공의 속도, 회전, 라켓에 맞는 위치 등의 데이터를 축적하고 분석한 다음 그 결과를 스마트폰 앱에 전송하게 하여 테니스 선수들의 경기력이 향상되도록 돕는 서비스를 제공하고 있다. 디지털 기술은 이 회사의 제품 차별화와 부가가치 서비스를 가능하게 함으로써 가격에 맞춰졌던 기존 경쟁 구도의 초점을 차별화 쪽으로 바꿔 버렸다.

디지털 기술이 구매자의 교체 비용을 높일 수 있는가?

디지털 기술은 교체 비용을 높여 유리한 위치에서 구매자와 협상하도록 해줄 수 있다. 즉 이는 교체로 인한 효익보다 교체에 드는 비용을 높여 경쟁사 제품이나 서비스로 전환하는 것을 어렵게 하는 것이다. 또한 디지털 기술이 잘 적용되면 구매자들에게 구매하는 제품과 서비스가 '특정 기업의 것이어야 한다'는 인식을 심어주거나 경쟁사로 교체할 이유를 없애 공급 독점력을 높이도록 도와준다.

세계적인 중장비 선도 기업인 캐터필러Caterpillar는 디지털 기술을 이용하여 제품에 대한 지원을 강화하고 부가 서비스를 제공함으로써 교체 비용을 증가시킨 좋은 예를 보여 주고 있다. 캐터필러는 2000년대 초부터 중장비에 센서를 부착하고 데이터를 분석해주는 비전 링크 서비스Vision Link를 시작했다. 장비에 장착되는 프로덕트 링크Product Link는 연료 소비량, 장비 이상 유무, 가동 및 공회전 시간, 장비 위치 등의 데이터를 인공위성을 통해 웹사이트인 비전 링크로 실시간 전송한다. 현장의 고객은 태블릿 PC, 스마트폰 등의 기기로 비전 링크에 접속해 분석된 정보를 활용하여 장비의 운용 효율을 높이고, 엔진이나 주요 구성품을 고장 전에 교체하여 문제 발생을 사전에 방지한다. 그 결과 고객인 건설 업체는 수리 비용 절감, 공기 단축 등을 통해 경제적 이득을 보게 되고 캐터필러 외의 기업을 고려할 필요가 없게 된다.

디지털 기술이 공급자와의 교섭력에 변화를 주는가?

공급망 관리SCM와 같은 조직 간 시스템은 공급자를 효과적으로 관리하는 강력한 도구로서 역할을 한다. 공급자와 구매자 사이의 시스템 연결은 재고 감소는 물론 신속한 피드백, 보다 좋은 서비스 제공을 가능하게 한다. 이로 인해 공급자와의 교섭력은 필연적으로 강화된다.

한 대규모 가구 소매상은 자신의 주문 시스템과 공급자들의 주문 입력 시스템을 인터넷으로 연결하였다. 특정 지역에서 소파가 필요하다고 하면 소매상의 컴퓨터는 자동으로 소파 공급자들의 주문 입력 시스템을 검색하고 가장 낮은 가격을 제시하며 신속하게 제품을 공급할 공급자에게 주문을 한다. 또한 공급자들의 완제품 재고 현황, 생산 일정, 납기 준수 가능 여부 등을 지속적으로 모니터링monitoring하여 공급자의 납품 관리에 조언을 해 준다. 특정 공급자가 이러한 시스템의 사용을 거부하면 그 공급자는 시장 대처 능력이 떨어져 매출 감소는 물론 생존까지 위협받게 될 것이다.

디지털 기술이 신규 진입 기업에 대한 진입 장벽을 구축할 수 있는가?

산업에 새로운 기업이 진입해 들어오면 기존 시장에 경쟁자의 수가 증가해 경쟁을 가중시킬 것은 불을 보듯 뻔하다. 즉 사업 비용을 높이고 기존 시장에서의 경쟁우위를 위협하는 결과를 초래하게 될 것이다. 따라서 기존의 기업들은 구매자들에 대해서는 더욱 매력적인 제품과 서비스를 공급해야 하고 공급자에 대해서는 공급 관계를 견고히 하여야 한다. 디지털 기술이 적절히 활용되면 <u>신규 사업자의 진입에 대비</u>하여 진입 장벽을 높일 수 있다.

써모피셔Thermo Fisher의 화학 분석기는 기존 스마트 기능에 네트워크 연결성을 추가하여 고객의 분석 역량을 강화해 주는 제품이다. 즉 이 제품은 네트워크에 연결하여 유해 환경에 대한 화학 분석 결과를 사용자에게 전송하고, 기기 자체나 관련 인력의 오염을 제거하고 완화시키는 절차를 즉시 시작할 수 있도록 지원한다. 써모피셔는 이 제품을 통해 각종 실험 정보를 안전하게 수집, 분석, 저장하고 내외부 고객에게 전송할 수 있게 함으로써 새로운 기업의 진입 장벽을 구축하게 되었다.

디지털 기술이 신제품(신시장)을 창출할 수 있을까?

디지털 기술은 더 빨리, 더 낮은 가격으로 더 향상된 품질의 제품을 고객에게 공급할 수 있도록 지원한다. 또한 약간의 추가 비용만으로도 기존의 제품에 고객의 요구에 부응하는 기능을 쉽게 첨가할 수 있다. 경우에 따라서는 디지털 기술로 <u>분석하거나 획득한 고급 정보를 바탕</u>으로 전혀 새로운 사업에 진출할 수도 있다.

차tea 전문 업체인 중소기업 ㈜티젠은 한국에서의 차 사업 경험을 바탕으로 국내를 넘어 글로벌 시장으로의 진출을 계획했다. 목표 시장인 북미 시장에 진출하고자 했으나 전혀 경험이 없기 때문에 데이터 분석과 치밀한 진입 전략이 필수적으로 요구되었다. 이에 ㈜티젠은 미국의 메타Meta, 페이스북, 트위터 등의 SNS 데이터를 수집하여 주 소비층의 구매 목적, 구매 요인 등에 대한 빅데이터 분석을 실시히여 소비자들이 선호하는 맛, 효능, 패기징 등을 파악하였다. 이를 바탕으로 제품 개발 및 제품별 차별화된 콘셉트를 만들어 내고 바이어를 대상으로 효율적인 마케팅을 수행했다. 그 결과 북미 시장에 맞는 신규 브랜드로 진출에 성공하였고 다른 지역으로도 수출하게 되었다.

[표 9-1]은 이상에서 논의된 바를 토대로 산업 경쟁 분석 모형의 각 경쟁 세력이 가지는 영향과 이들에 대한 디지털 기술의 활용 효과를 정리한 것이다.

[표 9-1] 각 경쟁 세력에 대한 디지털 기술의 활용

경쟁 세력	경쟁 세력의 영향	디지털 기술의 활용 효과
산업 내 경쟁자	• 가격, 제품, 유통경로와 서비스 등에서 경쟁	• 효율화를 통한 비용 절감 • 제품 혹은 서비스의 차별화
구매자	• 가격 인하, 제품과 서비스의 품질 향상 요구	• 고객의 선택 폭 확대, 높은 전환 비용 발생, 차별화
공급자	• 가격 상승, 제품과 서비스의 품질 저하	• 유통경로 강화, 다양한 공급자 발굴, 높은 전환 비용 발생
잠재적 진입 기업	• 규모 확장, 많은 자원 소요 • 수익성 약화 및 시장점유율 축소	• 규모의 경제, 전환 비용, 제품 차별화, 유통경로의 진입 저지 등의 진입 장벽 구축
대체재 생산 기업	• 상한 가격 설정, 잠재 수익 봉쇄	• 제품과 서비스의 재편, 가격 경쟁력 제고, 제품의 성능 향상

한 산업에서 모든 경쟁 세력이 같은 수준으로 영향을 미치는 것은 아니다. 예를 들어 석유 산업에서 석유수출국기구OPEC가 절대적인 영향력을 행사하는 것처럼 어떤 산업에서는 공급자가 주도하는 반면, 은행 및 보험 산업에서는 신규 진입 기업이나 대체재의 위협이 더 큰 영향을 미치는 경우도 있다. 어느 경우이든 산업의 매력도에 가장 큰 영향을 미치는 경쟁 세력에 대해 디지털 기술을 적절히 활용하여 리딩하게 되면 수익성 측면에서 긍정적인 효과를 보게 될 것이다.

오늘날 전개되는 상황을 보면 비즈니스 환경은 디지털 기반을 통해 새롭게 전개되고 있다. 이로 인해 경쟁 강도는 산업마다 차이가 나겠지만, 다음과 같이 세 가지 공통적 현상이 나타날 것이다.

첫째, 데이터를 축적하고 활용하는 선도 기업이 이를 통해 높은 진입 장벽을 만들고 시간이 지나면서 진입 장벽은 더욱더 견고해질 것이다.

둘째, 많은 산업에서 경쟁 범위가 확대됨에 따라 대체재의 장벽이 무너지고 다수의 제품을 연결하고 통합하는 기업이 더 유리한 경쟁적 지위를 확보하게 될 것이다.

셋째, 제품 자체보다는 플랫폼을 통해 시장을 리드하는 새로운 기업이 각 부문에 등장할 것이다.

10

경쟁 전략의
디지털 혁신

CHAPTER 10

경쟁 전략의 디지털 혁신

기업은 자사가 자신 있게 내놓을 만한 제품이나 서비스를 가지고 시장에서 경쟁한다. 그런데 경쟁자들과 수요자들이 생동하는 시장에서 경쟁이란 그리 간단한 일이 아니다. 따라서 경영자들은 살아 움직이는 경쟁 환경과 시장 상황을 치밀하게 파악하여 경쟁에서 살아남도록 하기 위한 전략을 짜야 한다. 이와 같은 전략을 경쟁 전략competitive strategy 이라 한다. 여기에서는 경쟁 전략에 대해 살펴본 다음 디지털 기반으로 전략적 성과를 제고하는 방안에 대해 살펴볼 것이다.

1. 경쟁우위를 확보해 줄 경쟁 전략

경쟁 전략은 특정 시장에서 경쟁우위를 차지하기 위한 방법을 계획하고 추진하기 위한 전략인 것이다. 따라서 경쟁 전략은 한 산업 내에서 경쟁을 결정하는 세력 구조에 대응하여 유리한 경쟁적 지위를 차지하는 데 도움을 준다.

이때 시장에서 유리한 위치를 차지하게 해 줄 경쟁우위를 확보하는 것이 중요한데, 경쟁우위 competitive advantage 라는 것은 우수한 기술과 자원을 가지고 저원가, 고품질의 생산, 우수한 유통망, 독특한 서비스 등을 통하여 산업 내에서 평균 이상의 이익을 실현하도록 하는 힘을 의미한다.

경쟁 전략은 [그림 10-1]에서 볼 수 있듯이, 다섯 가지의 요건을 갖추고 있을 때 기업에게 경쟁우위를 가져다준다.

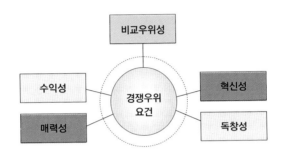

[그림 10-1] 경쟁 전략의 경쟁우위 창출 요건

첫째, 전략은 '경쟁자들을 능가하는 특정한 강점을 제공'하도록 해야 한다. 이는 기업의 제품이 다른 경쟁 기업의 제품보다 값이 싸거나 품질이 좋다는 것을 의미한다.

둘째, 전략은 '새롭고 기발하며 혁신적'이어야 한다. 이는 제품이나 서비스를 제공할 때, 혹은 고객의 불만을 처리할 때 새롭거나 혁신적인 방식을 사용함으로써 고객의 만족에 차별화를 기할 수 있어야 한다는 것이다.

셋째, 전략은 '독창적'이어야 한다. 이는 다른 기업들이 쉽게 제품이나 서비스를 모방하기가 어려워야 한다는 점을 포함한다. 그렇다고 제품과 서비스가 완전히 새로울 필요는 없다. 만약 메타버스Metaverse 구현 기술을 독자적으로 보유하고 있다면 전략적으로 경쟁력을 가질 수 있다. 그러나 사람들이 '메타버스'라는 것을 들어 본 적이 없다면 메타버스 구현 기술은 '하나'라는 의미를 상실하게 된다.

넷째, 전략은 '구매자들에게 매력적'인 것을 제공하도록 하여야 한다. 이는 제품과 서비스를 원하는 구매자들이 그에 대한 대가를 지급할 용의가 있어야 함을 의미한다.

다섯째, 전략은 '수익성'을 가져다주도록 해야 한다. 이는 이익을 창출하는 모델이 있어야 함을 의미한다. 제품을 무상으로 공급해 주는 것은 어렵지 않지만 이것은 지속될 수 없다. 그렇다고 제품과 서비스를 만들고 제공할 때 비용이 너무 많이 들어서도 안 된다는 것이다.

2. 본원적 경쟁 전략의 유형

기업의 경쟁 지위는 기업의 수익성이 산업의 평균적인 수익성보다 높을지 낮을지를 결정한다. 따라서 경쟁 지위가 잘 설정된 기업은 평균적 수익성이 낮고 매력적이지 못한 산업에서도 높은 수익을 얻을 수 있다. 장기적으로 평균보다 높은 이익을 유지하느냐의 문제는 경쟁우위를 지속시킬 수 있느냐에 달려 있는 것이다.

기업은 많은 강점을 갖고 있지만, 경쟁우위 관점에서는 원가 우위와 차별화 우위라는 두 가지 유형으로 구분된다. 이 두 가지 유형의 경쟁우위는 산업 내에서 평균 이상의 성과를 달성하기 위해 수행하는 전략의 경쟁 범위와 연계되어 있다. 즉 기업은 [그림 10-2]에서 볼 수 있듯이, 경쟁우위의 유형과 경쟁 범위를 어떻게 정하느냐에 따라 원가 우위 전략, 차별화 전략 및 집중화 전략의 세 가지 경쟁 전략 중 하나 이상의 전략을 취할 수 있다.

경쟁우위 요소

		원가 우위	차별화
시장의 범위	넓은 범위	원가 우위 전략	차별화 전략
	세분된 범위	원가 집중화 전략	차별화 집중화 전략

[그림 10-2] 세 가지 본원적 경쟁 전략
(자료원: Porter, 1985)

원가 우위 전략

원가 우위Cost Leadership 전략은 특정 기업에서 원가를 낮추기 위한 일련의 노력을 통하여 **원가 면에서 우세한 위치를 확립**하는 것이다. 원가 우위를 창출하기 위한 구체적인 방법으로는 설비 규모의 적정화, 원가와 간접비의 절감, 연구개발, 판매 및 광고 비용 최소화 등을 실현하는 것이다. 이는 높은 이익을 실현해 줌은 물론 강력한 진입 장벽을 구축하고 경쟁사와 대체 상품에 대해서도 우월한 위치를 차지하게 해준다.

원가 우위 전략 역시 지속적인 유지가 가능해야 한다. 이를 위해서는 엔지니어링, 디자인, 구매, 조립생산, 영업 및 마케팅, 서비스 등 가치사슬상의 누적 비용이 경쟁사의 비용보다 낮도록 꾸준히 노력해야 한다. 즉 가치사슬상의 각 단계에서 비용 중심적 문화, 비용 절감 방안 강구, 디지털 기반 혁신 추진 등 철저한 비용 절감 방법을 끊임없이 강구해야 할 것이다. 원가 우위 전략은 원가를 낮출 수 있는 방법들을 강구하여 [그림 10-3]에서 볼 수 있듯이, 경쟁 타사에 비해 원가 절감분만큼 추가적인 이익을 획득하도록 해 준다.

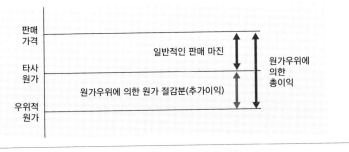

[그림 10-3] 원가 우위에 의한 총이익

피터 드러커는 새로운 기업이 기존 기업을 제치고 선두주자로 나선 경우 새로운 기업이 이전의 경쟁자보다 보통 30% 정도의 막대한 비용 우위를 보인다고 했다. 그 이유는 하고 있는 사업의 비용만 신경 쓰는 기존 기업과 달리 새로운 진입자는 산업·시장 가치사슬 전체를 다시 보고 새로운 각도에서 비용을 관리할 대안을 찾아 실행하기 때문이다.

원가 우위 전략의 핵심 성공 요인은 고객이 원하는 수준의 가치를 만족시키는 상품이나 서비스를 수익을 낼 수 있는 적정 원가로 제공하는 역량이다. 그러므로 원가 우위 전략을 추구하는 원가 선도 기업cost leader은 경쟁우위를 원가 우위에서 창출한다 해도 평균 이상의 성과를 얻기 위해 경쟁자와 유사한 수준의 품질을 유지하거나 대규모 저가 시장을 창출하도록 노력해야 한다.

차별화 전략

차별화Differentiation 전략은 기업이 제공하는 제품이나 서비스가 독특하다는 인식을 갖도록 함으로써 산업 전반에 걸쳐 그 기업이 우월하다는 이미지를 창출하는 것이다. 차별화는 기술, 제품 특성, 디자인이나 브랜드 이미지, 유통 네트워크, 고객 서비스 등의 차별화에서 제품과 운송 시스템, 마케팅 접근 방법에 이르기까지 다양한 요소들과 함께 광범위한 영역에서 이루어질 수 있다.

차별화를 성공적으로 이루는 기업은 구매자의 요구사항과 행동을 면밀히 분석, 그들이 가치 있게 여기는 것을 파악하는 데에 집중한다. 또한 차별화 전략이 지속성을 확보하기 위해서는 엔지니어링, 디자인, 구매, 조립생산, 영업 및 마케팅, 서비스 등 가치사슬의 각 단계에서 차별화 요소들이 축적되도록 지속적인 노력이 이루어져야 한다.

이들 기업은 차별화를 위한 비용을 능가하는 높은 가격premium price으로 제품과 서비스를 제공함으로써 평균 이상의 성과를 얻는다. 즉 차별화 우위를 실현한 기업은 [그림 10-4]에서 볼 수 있듯이, 차별적 이미지 구축을 통해 추가적 이익margin을 확보함으로써 시장 내 경쟁 기업보다 높은 이익을 실현할 수 있는 것이다.

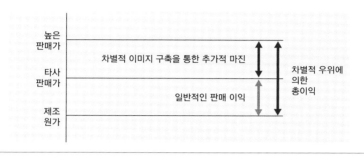

[그림 10-4] 차별화 우위에 의한 총이익

한편, 차별화 전략을 추구하는 기업은 차별화에 영향을 주지 않는 모든 영역에서 <u>원가를 절감시키기 위한 노력을 병행</u>해야 차별화로 인한 고가격 효과를 최대화할 수 있다. 차별화 전략은 구매자에게 독특한 제품과 서비스를 제공하고 상표 충성도를 높이게 함으로써 기업의 시장 경쟁력과 신규 진입 기업에 대한 시장 진입 장벽을 제공해 준다.

집중화 전략

집중화Focus 전략은 산업 내에서 <u>세분화된 시장에 초점</u>을 맞추어 제품이나 서비스를 판매하는 전략이다. 즉 특정 구매자 집단이나 지역적으로 특수한 곳 등의 틈새시장niche market만을 대상으로 하여 경쟁자보다 훨씬 효율적으로 더 나은 제품이나 서비스를 제공하는 전략이다. 집중화 전략은 목표 시장에서 원가 우위를 추구하는 '원가 집중화cost focus'와 차별화를 추구하는 '차별적 집중화

differentiation focus'의 두 측면을 갖는다.

원가 집중화 전력은 값싼 공작기계류 제조나 판매 기업과 같이 세분화된 시장 내에서 원가 우위를 이용한다. 이에 반면, 차별적 집중화 전략은 스포츠카 전문 생산 기업이나 건강식품 판매 체인과 같이 시장에서 구매자의 특별한 욕구에 집중한다. 특정 목표 시장을 설정하고 집중화 전략을 추구하는 기업은 비록 전체 산업 내에서는 경쟁우위를 획득하지 못한다 하더라도 세분 시장 내에서는 경쟁우위를 갖게 된다.

통상적으로 **집중화 전략이 매력적인 상황**은 첫째, 세분 시장이 수익을 낼 수 있을 정도로 충분히 큰 경우, 둘째, 세분 시장이 성장 가능성이 높은 경우, 셋째, 세분 시장이 대형 경쟁사의 성공에 중요하지 않은 경우, 넷째, 집중화 전략을 추구하는 기업이 세분 시장을 효과적으로 공략할 기술과 자원을 가지고 있는 경우라 할 수 있다.

경쟁 전략의 기본적 목표는 경쟁우위를 확보하는 것이다. 그런데 마이클 포터 M. Porter 교수에 의하면, "모든 사람에게 모든 것을 제공"하는 전략은 평균 이하의 성과와 전략적 열세를 의미하고, 그 기업이 갖고 있는 고유한 경쟁우위를 활용하지 못하게 된다. 즉 경쟁우위를 달성하기 위해서는 기업이 얻고자 하는 경쟁우위의 유형과 전략적 표적 시장을 규정해야 한다는 것이다 그림 10-5 참조.

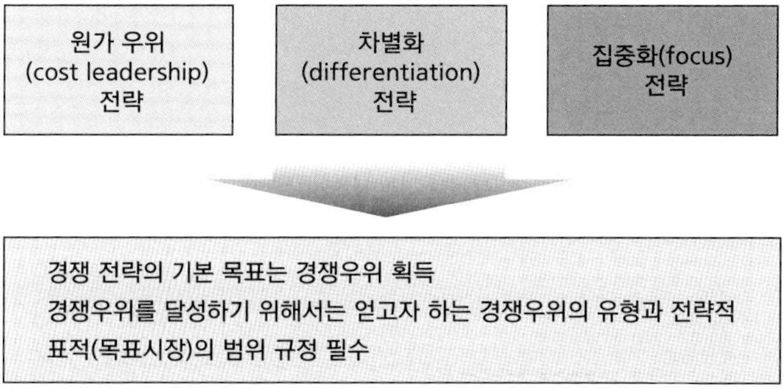

원가 우위 (cost leadership) 전략	차별화 (differentiation) 전략	집중화(focus) 전략

경쟁 전략의 기본 목표는 경쟁우위 획득
경쟁우위를 달성하기 위해서는 얻고자 하는 경쟁우위의 유형과 전략적
표적(목표시장)의 범위 규정 필수

[그림 10-5] 경쟁 전략의 목표

중요한 지적이지만, 현실은 차별화 전략과 원가 우위 전략을 동시에 혹은 순차적으로 추진하여 성공한 사례들이 나타나고 있다. 예를 들어 토요타는 초기에 미국 자동차 시장을 공략했을 때 소형 자동차 시장에서의 차별적 이미지를 구축하면서 원가 우위를 동시에 성공적으로 실현했다. 또한 최근 대두된 블루오션 전략 역시 원가 우위와 차별화를 동시에 추구함으로써 고객 가치 창출과 비용 절감이라는 두 마리 토끼를 잡는 대안으로 받아들여지고 있다.

3. 디지털 기술로 경쟁전략 혁신을!

이상에서 살펴본 바와 같이, 기업은 통상적으로 두 가지 유형의 경쟁우위를 기반으로 세 가지 유형을 전략 중 시장 상황에 맞는 경쟁 전략을 추진하면서 평균 이상의 성과를 위한 부단히 노력한다. 이제는 원가 우위 전략, 차별화 전략 및 집중화 전략 등 세 가지 유형의 경쟁 전략 각각에 대해 디지털 기술이 어떤 역할을 통해 경쟁우위를 실현하도록 지원하는지에 대해 살펴보기로 하자.

세 가지 각 전략은 각자 나름대로의 추구하는 목표를 달성하기 위해 디지털 기술을 활용할 수 있다. 이들 세 가지 전략이 디지털 기술을 활용하여 추구하는 방안은 [표 10-1]에서 볼 수 있듯이, 각각 세 가지 방식으로 요약해 볼 수 있다.

[표 10-1] 디지털 기술에 의한 경쟁 전략 혁신 방안

경쟁 전략 유형	추구하는 방안
원가 우위 전략	· 업무 효율화 · 협력 강화 · 교섭력 증대
차별화 전략	· 제품과 서비스 혁신 · 고객 개인화와 맞춤화 · 경쟁 기업 분석
집중화 전략	· 시장/고객 분석 · 유연 시스템 활용 · 교섭력 증대

4. 디지털 기술에 의한 원가 우위 혁신

주문에서 생산, 원자재 구매, 마케팅 및 사후 서비스 관리에 이르는 거의 모든 기업의 가치 활동 부분에 디지털 기술을 적용하게 되면 원가 절감을 실현할 수 있다. 즉 기업의 가치 활동에 디지털 기술을 응용하게 되면 새로운 가격 경쟁력을 가질 수 있다. 디지털 기술은 <u>원가 발생 요인의 성격을 근본적으로 변경</u>시켜 원가 우위 전략에 변화를 가져오기도 한다. 기업은 디지털 기술을 효과적으로 활용하면 업무 효율화, 협력 강화, 교섭력 증대 등을 실현하여 원가 우위를 창출할 수 있다그림 10-6 참조.

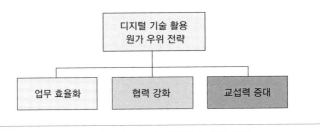

[그림 10-6] 디지털 기술에 의한 원가 우위 창출

업무 효율화를 통한 원가 우위 창출

원가 우위 창출을 위한 대표적인 디지털 기술 활용 방안은 업무 효율화와 생산성 향상을 위한 것들이라 할 수 있다. 기업 내 주요 가치 활동 분야에 디지털 기술을 응용하면 가격 경쟁력을 가질 수 있을 뿐만이 아니라, 새로운 분야에서 또다시 원가 우위를 창출하여 산업 리더로서의 자질 획득과 경쟁적 이미지 제고에 기여할 수 있다_{노규성 외, 2019}.

독일의 남부 안베르크에 위치한 지멘스_{Seimens}의 EWA_{Electronics Works Amberg}는 매일 실시간으로 5천만 건의 정보를 수집하고 이를 통해 제조 공정마다 자동으로 작업 지시를 내린다. 1천 개 이상의 스캐너들은 모든 공정 단계를 실시간 점검하며 테스트 이상 여부 결과, 온도, 위치 정보와 같은 제품의 상세 데이터를 기록한다. 이 데이터와 공정 운영 데이터는 제조 실행 시스템_{MES}에 저장 및 분석된다. 생산은 대부분 자동화되어 있다. 기계와 컴퓨터는 전체 공정의 75%를 담당하며 나머지 25%만이 사람 손을 거친다. 10만 개의 제품을 생산하는 경우 1개꼴로 불량률도 매우 낮은 수준이다. MES를 구축하여 불량률을 획기적으로 낮춤으로써 비용 절감에 의한 원가 우위는 물론 품질 경쟁력도 향상시키고 있다.

협력 강화를 통한 원가 우위 창출

JIT_{Just – In – Time, 적기공급생산}, PRM_{Partner Relationship Management}[38], SCM 등 조직 간 정보 시스템_{IOS, Inter – Organizational System}[39]과 같은 디지털 기술을 이용하면, 업무 효율과 기능적 효과의 개선을 한 회

---

38) PRM(파트너 관계관리)은 개별적으로 진행됐던 협력사 간이나 영업본부·지점 간 마케팅 업무를 통합해 고객관계관리(CRM)를 효과적으로 수행하기 위한 솔루션이다.
39) 조직 간 정보 시스템(IOS: Inter-Organizational System)이란 하나의 분산 체계를 가지는 정보 시스템과 달리 조직의 범위를 뛰어넘어 서로 다른 조직 간에 정보를 교환할 수 있도록 연결이 된 시스템을 말한다(Jonston and Vitale, 1998). SCM, PRM 등이 이의 응용 시스템이라 할 수 있다

사의 경계를 넘어 확장시킬 수 있다. 즉 고객과 공급자 사이에 협력을 강화시켜 시너지 효과의 창출을 통한 업무의 효율적 개선으로 모든 협력 참여자에게 이익을 줌은 물론 원가 우위를 창출하게 한다. 예를 들면 한 회사의 생산 계획 시스템을 공급자의 주문 처리 시스템과 연결하면 제조 공정상 재고량과 재주문 처리 시간을 획기적으로 줄여 원가 우위를 창출할 수 있게 된다.

스웨덴의 의류 브랜드인 H&M은 치열한 글로벌 경쟁 시대를 맞이하여 저렴한 가격, 최고의 디자인, 우수한 품질이라는 세 가지 핵심 전략을 수립하고 이를 구현할 방안을 모색했다. 의류 전문 기업으로서 기획, 생산, 유통 간의 긴밀한 네트워크를 형성함으로써 빠르고 정확한 의사결정 시스템을 구축하는 것도 절실했다. 이에 따라 H&M은 긴밀한 협업 체계 기반 위에서 핵심 전략을 구현하고 경쟁우위를 확보하기 위해서는 전략적 SCM 도입이 필요하다는 것을 인식하게 되었다.

특히 시장에 대한 빠른 반응 속도와 정확한 공급 관리가 의류업계 성공의 핵심인데, 이를 위해 필요한 다양한 데이터 수집, 관리 및 분석 역량은 기업 단독으로 갖출 수 없다. 예를 들어 효과적인 신제품 디자인은 제조사 혼자 해낼 수 있는 것이 아니고 유능한 디자이너, 재료 공급 회사, 물류 회사, 유통 판매 회사 등의 공급망 파트너들이 모든 진행 과정에서 시장 정보, 사내 정보 및 제반 이슈의 도출과 공유를 통해 긴밀하게 협력할 수 있을 때에 비로소 달성할 수 있는 과업인 것이다Xiaoming Xu·김형태, 2020.

이러한 필요성으로 인해 H&M은 전략적 SCM 시스템을 도입하게 되었다. 그 결과 H&M은 협업 기반의 핵심 전략을 계획대로 추진하면서 큰 성과를 달성하기 시작했다. 공장이나 생산 시설을 전혀 갖지 않는 형태의 제조·판매 시스템을 가지고 있어서 공급망 운영을 위해 필요한 초기 투자 비용이 크지는 않았다. 아울러 대량 구매로 인한 규모의 경제성으로 원재료 가격 인하 및 인건비 절감이 가능하여 H&M의 제품 가격은 주요 경쟁사 대비 30~50% 정도 저렴하게 유지할 수 있게 되었다.

교섭력 증대를 통한 원가 우위 창출

원자재 공급자가 구매자보다 유리한 상대적 지위를 가지고 있다면 이를 이용하여 가격을 올리거나 제품의 품질을 낮출 수 있다. 디지털 기술은 원활한 정보의 제공을 통해 자사 조직과 공급자들 사이에 효율적인 공급 시장을 만들어 주어 공급자에 대한 교섭력을 높여줄 수 있다. 이를 통해 달성된 원자재의 저렴하고 원활한 공급은 원가 우위 창출의 기반이 된다. 또한 디지털 기술은 수요자의 요구를 즉시 파악하고 빠르게 해결할 수 있는 시스템 구축을 통해 원가 우위를 창출하는 데 도움을 주기도 한다.

기업 비즈니스 솔루션 지원 사업을 영위하고 있는 휘트니보우스 Pitney Bowes사는 3,500명 이상의 서비스 기술자들에 관한 중앙 데이터베이스를 구축하고, 이 데이터베이스를 인터넷과 연결한 다음, 고객의 요청이 있으면 즉시 고객과 가장 가까운 거리에 있으면서 발생된 문제를 해결할 수 있는 최적의 기술자를 검색하여 파견한다. 휘트니보우스사는 이 시스템 도입 이후 고객 서비스 수준을 크게 개선하여 고객과의 교섭력 면에서 유리한 위치를 차지하게 되었다. 동시에 기술진의 업무 효율을 증진시켜 비용 절감을 통한 경쟁우위를 창출하게 되었다.

5. 디지털 기술에 의한 차별화 우위 혁신

기업은 디지털 기술을 통해 기존에 추구하던 차별화 방식을 뛰어넘는 차별화 전략을 구사할 수 있다. 즉 디지털 기술을 효과적으로 활용하면 제품과 서비스 혁신, 고객 개인화와 맞춤화, 경쟁 기업 분석 등을 추진하여 차별화 우위를 창출할 수 있다그림 10-7 참조.

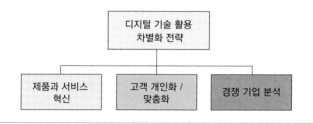

[그림 10-7] 디지털 기술에 의한 차별화 우위 창출

제품과 서비스 혁신에 의한 차별화 우위 창출

차별화 전략을 추진하고자 하는 기업에게 디지털 기술은 기술 축적과 혁신을 유발하여 기존 제품의 가치를 높이거나 관련 신제품을 개발하도록 지원해 줄 수 있다. 이는 제조업에서 금융, 보험 및

컨설팅과 같은 산업에 이르기까지 기존의 제품과 서비스를 개선하고 새로운 제품과 서비스 창출이 용이하도록 지원하는 것이다. 예를 들어 제조 업체가 CAD Computer Aided Design , 스마트 공장 smart factory 과 같은 시스템을 도입하여 설계와 제조 과정에서 혁신을 이루면 이와 같은 혁신을 기반으로 하는 신제품의 창출이 더 용이해질 것이다 노규성 외, 2019 .

광범위한 유통망을 가진 기업이 디지털 기술을 효과적으로 활용하면 신속한 주문 처리와 정보 및 서비스 제공이 가능해져 차별화 우위를 가질 수 있게 된다. 예를 들어 GE Generic Electric 는 분석 기반 정비 ABM, Analytics Based Maintenance 시스템을 이용해 항공기 엔진을 실시간 모니터링하는 서비스 혁신을 구현하고 있다. 2019년 초까지 항공사의 정비 부서는 매뉴얼 문서 에 의거하여 항공기 정비를 관리하고 있었다. 말 그대로 정비사들은 매뉴얼과 차트, 비행 일정을 기반으로 보잉 777 항공기의 엔진 정비 계획을 수립했다. 그러나 이제는 상황이 변했다. 최근 항공기는 GE의 ABM 시스템을 도입하여 불확실성을 최소화하기 시작했다. ABM 시스템은 각 비행기에 다수의 센서를 장착하고 온도나 진동과 같은 운전 데이터에서부터 비행 시간 및 속도에 이르기까지 모든 데이터를 수집하며, 수집된 데이터를 분석하여 엔진 상태를 모니터링하고 잠재적인 문제를 예측한다. 각 엔진을 실시간으로 모니터링할 수 있어, 엔지니어는 문제를 조기에 발견하고 장애가 발생하기 전에 엔진을 정비함으로써 돌발적인 사고를 예방할 수 있다.

고객 개인화/맞춤화에 의한 차별화 우위 창출

차별화 우위는 고객 개인화나 맞춤화를 통해 쉽게 창출할 수 있다. 오늘날 빅데이터에 의해 출시되는 다양한 형태의 고객 맞춤 제품 및 서비스 사례가 급증하고 있다. 고객 프로파일, 고객 구매 행태 등등 고객 데이터는 물론 조직 내·외 고객 및 제품 데이터를 종합적으로 분석하여 고객의 욕구에 맞는 제품이나 서비스를 구현하게 되면 시장에서 차별적인 이미지를 구축할 수 있게 된다. 유통업의 카드 및 SNS 데이터 분석을 통한 신제품 개발 혹은 고객 맞춤형 서비스 사례가 이에 해당한다.

다른 예를 들어 보자. 스웨덴의 조립식 가구 및 생활용품 브랜드의 세계적인 가구 기업 이케아는 증강현실AR 기술을 이용하여 고객이 스마트폰이나 태블릿 PC를 통해 가상으로 가구를 배치해 보도록 하는 서비스를 제공하고 있다. 이케아의 가구는 품질 면에서 매우 우수하지만, 고객 불만이 70% 정도로 매우 높았었다. 그러나 이 서비스를 시작하면서 고객 맞춤화를 통한 차별화 우위를 창출하게 되어 고객 불만 역시 30%로 크게 감소하게 되었다.

경쟁 기업 분석에 의한 차별화 우위 창출

격심한 경쟁 환경에서 경쟁 기업과의 차별화를 이루기 위해서는 경쟁 기업은 물론 경쟁 제품에 대한 면밀한 분석이 선행되어야 한다. 이를 위해 경쟁 기업에 관한 정보를 입수할 수 있는 정보원은 공개적인 보고서, 업계 전문지의 기사나 홍보물, 판매 요원, 공급자나 고객, 경쟁 기업 제품의 조사, 자체 기술진의 평가 등으로 매우 다양하지만 이와 같은 방대한 데이터를 수집하고 분석하는 일을 매우 어려운 일이다. 따라서 디지털 기반 시스템을 등을 이용해 경쟁 기업과 제품에 대한 장·단점과 그 한계를 도출해 내고 분석 결과를 제품의 개선과 개발에 반영함으로써 차별화 우위 창출의 기반으로 활용한다.

6. 디지털 기술에 의한 집중화 전략 혁신

디지털 기술을 이용하면 세분화된 시장의 고객 욕구를 충족시키기 위한 기존 제품의 수정과 보완을 할 수 있다. 또한 디지털 기술은 신제품 설계에 드는 시간과 비용을 낮추는 데 도움을 준다. 기업이 디지털 기술을 효과적으로 활용하면 시장/고객 분석, 유연 시스템 활용, 교섭력 증대 등의 실현을 통해 집중화 전략을 실현할 수 있다 그림 10−8 참조 .

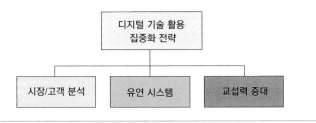

[그림 10-8] 디지털 기술에 의한 집중화 우위 창출

시장 고객 분석에 의한 집중화 우위 창출

특정 시장에 대한 집중화 전략을 효과적으로 추진하기 위해서는 특정의 경쟁 전략에 대해 상이하게 반응하는 고객 집단을 발견하는 고객 세분화와 그 대상 시장이 파악되어야 한다. 그런 다음에 목표시장의 고객이 갖는 구매 동기와 충족되지 않는 욕구를 도출해내어 마케팅 전략과 제품 개발에 반영하여야 한다. 이와 같은 과정에는 시장 환경과 고객에 대한 정확한 데이터를 토대로 한 심도 깊은 분석이 필수적이다.

시장 및 고객 분석 시스템과 같은 정보 시스템은 유통망에서의 신속한 정보 수집과 수집된 데이터를 토대로 고객의 구매 동기와 요구사항 분석을 도와 세분화된 시장의 욕구를 만족시키는 제품과 서비스를 제공하게 해 차별적 집중화 우위를 가질 수 있게 한다.

USAA United Services Automobile Association 는 주로 군인을 대상으로 자동차보험을 제공하는 대표적인 집중화 전략 실천 업체이다. 이 회사는 사업을 전개하면서 오랫동안 수집한 고객 데이터를 분석해 고객의 욕구가 보험 처리 과정에서의 복잡하고 많은 서류 작업을 탈피하는 것이라는 사실을 파악했다. 이에 고객 가치 제고 전략 대안을 보험 처리 자동화로 결정하고 이를 위한 디지털 기술에 막대한 투자를 단행하였다.

그 결과, 서류의 범람 문제를 해결하고, 자동차 보험 처리 업무의 80% 이상을 자동 처리하게 되어 원가 우위에 의한 집중화를 이루었다. 또한 이 회사는 첨단 디지털 기술과 정보 시스템을 도입하여 지속적으로 신상품 및 서비스를 개발함으로써 차별화를 통한 집중화도 실현해 가고 있다.

유연 시스템에 의한 집중화 우위 창출

디지털 기술은 세분화된 시장의 고객 욕구를 충족시키기 위한 기존 제품의 수정과 보완, 신제품 설계에 드는 시간과 비용을 낮추는 데 도움을 준다. 예를 들어 CAD와 스마트 공장 시스템은 세분화된 시장에 맞는 제품을 개발하고 생산하는 데 활용될 수 있다.

CHAPTER 9에서 소개한 바 있는 독일의 주방 가구 브랜드 노빌리아Nobilia는 개개인의 취향이 다른 가구 분야에서 맞춤형 생산으로 유명하다. 고객들은 2만 가지 이상의 제품 사양 중 원하는 제품을 선택해 맞춤형 가구를 구성할 수 있다. 디지털 기반의 스피드 팩토리speed factory 시스템은 각 공정별로 고객이 원하는 요청 사항을 반영하여 조립 공정을 유연하게 최적화한다. 고객의 다양한 요구 수준과 제품 제작의 복잡도는 더욱 높아지고 있지만, 스피드 팩토리 시스템 도입 이후 소비자들의 요구에 유연하게 대응할 수 있게 되어 고객의 제품 만족도는 독일에서 가장 높은 수준을 보이고 있다.

교섭력 증대에 의한 집중화 우위 창출

고객이 대체 공급자로 이동하는 전환 비용을 증가시키고 제품 사양을 유일하게 하도록 하는 데에 디지털 기술을 도입하면 공급 독점력을 높여 집중화 전략을 성공적으로 이룰 수 있다.

고객에 대한 교섭력을 현저하게 개선하도록 하는 디지털 기술은 고객의 조직에 독특한 변화가 선행된 후에야 가치 있는 정보와 서비스가 제공될 수 있도록 하는 것이다. 고객에게 제공되는 정보와 서비스의 가치가 높을수록, 그리고 고객이 그것들을 제공받는 과정이 복잡하고 색다를수록 대체 공급자로의 전환 비용이 높아지기 때문이다노규성 외, 2019.

미국의 보험사 프로그레시브Progressive는 자동차보험에 가입하면 가입 자동차에 스냅샷snapshot이라는 측정 장치를 자동차에 부착하게 한 다음, 보험 가입자들로부터 차량 운행 데이터를 전송받아 6개월 동안 운행 기록과 사고 기록을 수집해 보험료를 할인해 주는 식으로 운영된다.

스냅샷은 운전 습관을 추적해 분석해 주는 시스템이다. 이를 이용하는 프로그레시브의 고객들은 차량의 온보드 진단 포트에 소형 전자장비를 장착해 급제동, 총 운행 거리, 차량을 운행하는 일자와 시간 등 3가지 운전 습관에 대한 보고서를 제출하게 된다. 운전 데이터 분석 결과 우량 가입자로 판별되면 보험료를 최대 30% 깎아 준다. 이 보험사는 스냅샷 디스카운트 프로그램을 운영해 연 10억 달러 이상의 매출 증대 효과를 거뒀다. 프로그레시브는 이 시스템을 활용해 고객과의 교섭력을 증가시켰고 자동차보험 시장에서 절대 강자로 부상했다. 지금은 스마트폰 앱이나 스마트 자동차 컴퓨터로 분석한 운전 습관 정보를 기반으로 하는 전 세계 자동차보험의 표준이 되기에 이르렀다.

11

프로세스의
디지털 혁신 전략

CHAPTER 11

프로세스의 디지털 혁신 전략

스타벅스Starbucks는 고객 편의성과 업무 처리 신속성 증대를 위해 두 가지 첨단 기법을 도입하였다. 하나는 매장에 키오스크Kiosk를 설치하여 고객들이 스스로 메뉴 선택과 결제를 할 수 있도록 한 것이다. 다른 하나는 고객이 스마트폰에 설치된 스타벅스 앱App을 이용하여 주문과 결제를 할 수 있도록 한 것이다. 이러한 디지털 기반의 프로세스 혁신을 통해 스타벅스는 주문과 결제, 그리고 고객에게의 음료 전달까지 걸리는 시간을 단축함으로써 이전까지 대기 줄을 형성하면서 기다렸던 고객들의 불편함을 해소하고 매출 증대 효과까지 보게 되었다. 이러한 디지털 기반 프로세스 혁신은 이제 비즈니스 현장의 필수적인 전략이 되고 있다.

1. 프로세스와 프로세스 혁신 살펴보기

비즈니스 프로세스 혁신

비즈니스는 경영의 최종 목표인 가치 창출을 위한 제반 활동들의 집합이다. 여기에서 업무 활동들의 집합을 프로세스process라고 한다. 따라서 비즈니스 프로세스는 특정한 서비스나 제품을 만드는 업무 활동들의 집합인 것이다. 이는 마케팅, 제품 디자인, 공급망 관리, 제조, 물류, 판매, 회계, 재무관리와 같은 기업 경영 활동에서 목표를 달성해 가는 일련의 단계를 의미한다. 회사가 마케팅 계획을 수립하고 새 상품을 개발하거나 직원을 채용하는 일련의 과정들이 비즈니스 프로세스의 전형적인 사례이다.

기업은 늘 해오던 방식과 관습에 따라 비즈니스를 수행하는 경향을 보인다. 그러나 다른 각도에서 보면 불필요한 활동으로 인해 시간과 비용이 낭비되는 것을 발견하게 된다. 이런 경우 불필요한 활동을 제거하면 그 프로세스는 매우 효율적인 비즈니스 수행 과정으로 변한다. 어떤 활동의 경우 디지털 기술을 활용하여 **시간과 인력 소모를 획기적으로 줄임으로써 매우 효율적으로 처리**하게 되기도 한다. 이와 같은 변화를 프로세스 혁신이라고 한다.

즉 비즈니스 프로세스 혁신 BPR, Business Process Reengineering 은 '이익, 비용, 품질, 서비스, 속도'와 같은 기업의 핵심적인 요소에서 성과를 극적으로 향상시키기 위해 업무 프로세스를 근본적으로 다시 생각하고 획기적으로 재설계하는 것을 말한다 Hammer and Champy, 1993. BPR은 [그림 11-1]에서 볼 수 있듯이 업무 프로세스상의 제반 활동을 새로운 시각으로 분석하여 설계하고 디지털 기술 등을 도입하여 획기적으로 바꿈으로써 성과를 크게 향상시키는 것을 목적으로 한다.

[그림 11-1] 고객 중심 프로세스 혁신

통상적으로 BPR은 다음과 같은 5개의 과정을 통해 추진한다노규
성 외 2019 .

첫째, 프로세스를 재설계하여 얻고자 하는 핵심 목표를 확립한
다. 품질 향상, 원가 절감, 고객 만족도 제고 또는 생산성의 향상이
대표적인 핵심 목표이다.

둘째, 핵심 목표를 기준으로 기존의 프로세스를 검토해서 재설계
할 필요가 있는 프로세스를 찾는다.

셋째, 재설계 대상 프로세스의 현재 작업 방식과 성과를 이해하
고 평가한 다음 재설계한다.

넷째, 대상 프로세스를 재설계하는 데 필요한 디지털 기술을 파
악하고 이를 적용하는 방법을 찾는다.

다섯째, 새로 구축한 프로세스를 시범 운영하여 구성원들의 반응
을 모니터링하고 기술적인 문제 여부를 점검한다.

이 과정에서 구성원의 반응이 나쁘거나 기술적인 문제가 있는 경
우 이를 재검토하여 프로세스를 다시 설계한다. 프로세스 변화에
의해 직접적인 영향을 받는 사람들은 구성원들이고 이들에 의해

프로세스가 시행되기 때문에 새로운 프로세스 개발에 이들의 요구 사항을 반영하는 것이 중요하다. 혁신의 성공률은 30% 내외 수준이므로 혁신의 성공에 있어 최고경영층의 의지도 중요하지만 구성원의 참여 역시 중요하다.

BPR은 현재 하고 있는 일에 초점을 맞추어 업무를 바꾸는 것이 아니라 불필요한 프로세스를 제거하고 단순화하는 것이다. BPR은 업무처리 프로세스만을 바꾸는 것 아니다. 프로세스 변화에 의해 기업 내 여러 부문에서 많은 변화가 수반된다. 그러므로 프로세스를 재설계할 때 반드시 직무 내용, 조직 구조, 관리 시스템 등 업무 처리와 관련되는 모든 요소를 전사적인 차원에서 재검토해야 한다.

BPR은 가치사슬에서 부가가치 창출에 기여하지 못하는 프로세스나 업무 개선이 요구되는 프로세스를 파악한 다음 그 프로세스를 획기적으로 개선하고자 하는 것이다. 여기에서 인식해야 할 것은 디지털 기술의 지원 없이 '획기적 개선'을 실현한다는 것은 불가능에 가깝다는 것이다. 즉 혁신이 요구되는 <u>프로세스에 적합한 디지털 기술을 적용할 때 비로소 BPR은 성공</u>을 담보할 수 있다는 것이다. 따라서 BPR은 단순히 기존의 프로세스를 바꾸는 개념이 아니라 디지털 기반의 시스템을 적용하여 기업 내부의 프로세스를 혁신적으로 바꾸는 전략인 것이다. 이와 같이 경영 혁신에 있어서 디지털 기술의 역할은 매우 중요하다. 디지털 기술이라는 요소가 단독으로 BPR을 성공적인 것으로 만들 수는 없지만 디지털 기술의 지원이 없다면 획기적인 BPR을 시행하는 것은 불가능하다 Bair, Fenn, Hunter and Bosic, 1997 .

보잉의 BPR 사례

비행기를 개발하는 데에는 엔지니어와 고객 등 많은 사람이 참여해야 해서 많은 비용과 시간이 소요된다. 이에 보잉은 비행기 제작 인력과 시간을 획기적으로 줄이기 위해 BPR을 추진하였다. 그 결과 나온 비행기 제작 방법론이 동시 개발 엔지니어링 CE: Concurrent Engineering 이다. 이전에는 설계부에서 비행기 설계도면이 나오면 그것을 모형 제작부에 넘기고 모형 제작부에서 제작한 모형 prototype 에 대해 안전 실험실에서 안전도 테스트를 한 후 다시 디자인부로 넘겨 디자인을 수정한 이후 모형 제작과 안전도 테스트 과정을 반복하여 비행기 제작을 완성하였다. 그러다 보니 개발 기간은 무려 2~3년이 소요되었다.

그러나 디지털 기술 기반의 비행기 개발 프로세스인 CE를 도입하고는 상황이 완전히 달라졌다. 인터넷을 이용해 설계도를 웹에 올려놓고 컴퓨터로 모형에 대한 시뮬레이션 테스트 simulation test 를 한다. 그 테스트 결과를 웹에 올려놓으면 제작부나 디자인부에서 그것을 보고 동시에 새롭게 설계 및 실험 제작을 하면서 비행기 제작을 신속하게 진행할 수 있게 되었다. 그러다 보니 전체적으로 업무 처리 속도가 1년 정도로 단축되었다. 그 결과 보잉은 다른 항공기 제작사들을 멀찌감치 따돌리는 원가 우위 경쟁력을 확보하게 되었다.

2. 가치 활동 분석을 위한 가치사슬 모형

많은 기업은 경쟁우위를 확보하고자 하는 경우 어떤 전략으로 경쟁우위를 창출할 것인지를 결정할 것이다. 그런 다음 구체적으로 비즈니스 프로세스, 즉 가치 활동 부문들 중 어느 부문을 설정한 전략에 맞게 재구성할 것인지, 어떤 디지털 기술을 이용하여 실행할 것인지 파악하고자 할 것이다. 만약 기업이 차별화 전략을 취하겠다고 결정을 하면 좀 더 구체적으로, '기업의 가치 활동 중 어느 부분에서 차별화를 추구할 수 있는가?'를 먼저 찾아내야 한다. 이와 같은 분석을 통한 프로세스 혁신에 가치사슬 모형[40]이 활용된다.

가치사슬 모형에서의 각 활동은 서로 밀접하게 연관되어 고객에게 제공하고자 하는 가치를 담아 비즈니스를 수행한다. 특히 다른 기업보다 특별히 더 잘 수행하는 활동에 집중하게 되면 이를 기반으로 한 경쟁우위 창출과 유지가 가능해진다. 이런 경쟁우위는 다른 기업보다 더 저렴한 가격을 실현하는 원가우위전략이나 다르다고 알아주는 제품이나 서비스를 기반으로 고부가가치를 실현하는 차별화전략의 기반이 된다. 기업이 주활동을 통해 효율적, 효과적으로 부가가치를 창출하기 위해서는 자금과 인력, 기술, 제도 등의 보조활동이 잘 지원되어야 한다.

---

40) 가치사슬 모형에 대해서는 CHAPTER 2의 '6. 가치활동과 가치사슬의 이해'를 참고하기 바란다.

3. 비즈니스 유형에 따른 가치사슬의 조정

앞에서 설명한 가치사슬은 전형적인 제조 기업의 가치 활동들의 집합이다. 그렇기 때문에 다른 산업에서 비즈니스를 수행하는 기업이 이 가치사슬을 적용하여 전략을 수립하기에는 어려움이 따른다. 그래서 글로비스 경영대학원2020은 각기 다른 기업들에게 적용하도록 하기 위해 소위 '간단 버전 가치사슬'을 제시하였다. 이 가치사슬은 핵심적인 기능을 중심으로 전형적인 제조업의 가치사슬을 수정한 것이므로 여기에서는 이를 '핵심 버전 가치사슬'이라 명명하고 [그림 11-3]과 같이 소개한다.

[그림 11-3] 비즈니스 유형별 핵심 버전 가치사슬 모형 예시

(자료: 글로비스 경영대학원, 2020 수정)

[그림 11-3]에는 소매업, e-커머스, 레스토랑, 출판업, 광고업에 관한 각각의 가치 활동들로 이루어진 가치사슬들이 예시되어 있다. 물론 각 기업이 가지고 있는 가치 활동의 내용은 상황에 따라 다를 수 있다. 그렇지만 만약 어느 기업이 프로세스 혁신을 하고자 한다면, 자사가 속한 업종별 가치사슬 모형을 참고할 수는 있다. 예시된 모형을 기반으로 각각의 가치 활동을 정리하고 그 활동 내용을 분석한 다음, 이를 기반으로 핵심 가치나 목표를 이루기 위해 필요한 프로세스 혁신 가치 활동을 찾을 수 있을 것이다.

그런데 가치사슬 모형을 적용할 때 주의할 사항이 몇 가지 있다. 이를 정리해 보자.

우선 자사의 비즈니스와 관련되는 **가치 활동을 명확히 연결**하는 것이다. 어느 기업이든 하나 이상의 비즈니스를 수행하는 경우가 있다. 이런 경우 비즈니스 하나하나마다 각기 다른 가치사슬이 형성되어 있기 때문에 비즈니스를 묶어서 가치 활동을 분석하는 우를 범하지 않도록 주의할 필요가 있다.

둘째, 자사의 가치 활동을 포함해 업계 내의 **중요한 활동이 빠짐없이** 분석 대상에 포함되도록 하는 것도 중요하다. 업계 내의 활동을 벤치마킹하여 불필요한 것은 제외하거나 프로세스를 바꿀 수도 있기 때문이다.

셋째, 각각의 활동이 사슬처럼 **연결되어 가치를 제공**하고 있는지를 확인하여야 한다. 대부분의 활동은 연결되어 서로에게 영향을 주게 되는데, 이와 관련된 문제 여부를 확인할 필요가 있다.

가치사슬의 재구성

　나이키는 핵심 역량 중심으로 가치사슬을 재구성함으로써 연평균 20% 이상의 성장률과 30% 정도의 자본 수익률ROI을 시현하고 있다. 이 기업은 제품 디자인과 개발, 마케팅에 관한 가치 활동을 제외한 나머지 활동 모두는 아웃소싱outsourcing하고 있다. 즉 자사의 가치 활동을 최적의 설비를 갖춘 협력 업체에게 의뢰하는 프로세스 혁신을 통해 저가격·고품질의 제품을 공급받고 있는 것이다그림 11-4 참조.

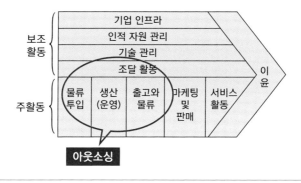

[그림 11-4] 나이키의 가치사슬 재구축 사례

　나이키 사례에서 보았듯이, 오늘날 많은 기업은 고객에게 더 나은 가치를 제공하기 위해 적극적으로 외부 기업과 협력하고 있다. 원료의 조달, 제품의 배송, 판매 대행 등 외부 기업과의 협력 정도에 따라 제공되는 가치 수준도 달라진다. 오늘날과 같이 급격한 환경 변화는 가치사슬에 대한 재구성 필요성을 야기하곤 한다. 그러므로 산업 전체의 가치사슬의 결합에 대한 분석을 통해 자사 핵심

역량활동의 재구축을 도모할 필요가 있는 것이다.

BCG는 전체 가치사슬 중 자사가 **특정 부분을 담당하고 나머지 부분은 과감하게 아웃소싱**하는 방식의 가치사슬 재구성 방식을 제안했다글로비스 경영대학원, 2020. 물론 전형적인 제조업의 가치사슬에 의한 비즈니스는 [그림 11-5]에서 볼 수 있듯이, 개발, 제조, 물류, 유통 등 모든 가치 활동을 한 기업 내에서 수행한다. BCG가 제시한 재구축 유형은 전문 특화형 기업layer master, 외부 기능 활용형 기업orchestrator, 시장 개척 기업market maker, 개별 중개자personal agent 등 4가지이다. 이에 대해 간략히 정리해 보자.

[그림 11-5] 가치사슬을 통합 관리하는 전형적인 비즈니스 모델

먼저 전문 특화형 기업layer master은 가치사슬의 **특정 부분에 특화함으로써 그 부분에서 압도적인 핵심 역량을 확보하는 유형이다**그림 11-6 참조. 하나의 부가가치 활동에 관해 최고의 지배적인 시장 지위를 확보하게 되면 '그 기업이 없으면 비즈니스 자체가 성립되지 않는 상태'가 만들어진다. 마이크로소프트의 윈도우즈Windows가 이에 해당한다.

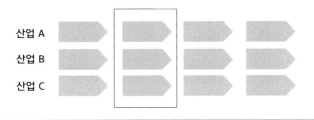

산업 A
산업 B
산업 C

[그림 11-6] 전문 특화형 기업(layer master)의 가치사슬

둘째, 외부 기능 활용형 기업orchestrator은 전체 가치사슬 중 **특정
부분에서 강력한 힘을 발휘함으로써 전체 가치사슬을 제어하는** 유
형이다. 이 기업은 [그림 11-7]에서 볼 수 있듯이, 모든 기능을 제
공하는 것이 아니라 핵심 기능만을 자사가 담당하고 나머지는 독
립된 업체들이 상호 연결된 가치사슬을 효율적으로 운영하면서 전
체의 가치를 높이도록 한다. 앞에서 사례로 든 나이키가 이에 해당
한다고 볼 수 있다.

산업 A

주력 활동   아웃소싱

[그림 11-7] 외부 기능 활용형 기업(orchestrator)의 가치사슬

셋째, 시장 개척 기업market maker은 효율적으로 운영되지 않은 시
장에서 **직접 중개 기능을 수행하는 플랫폼 기업**을 말한다. 오늘날
급격하게 성장한 플랫폼 기업은 [그림 11-8]에서 보는 바와 같이,
다수의 제품이나 서비스 제공자와 수요자를 연결하여 서로에게 필

요한 가치를 교환하게 해줌으로써 상생의 가치를 창출한다. 아마존 등의 전자상거래 사이트가 이에 해당한다.

[그림 11-8] 시장 개척 기업(market maker)의 가치사슬

넷째, 개별 중개자personal agent는 소비자고객 관점에서 가치사슬을 구성하는 유형이다. 기존의 비즈니스는 주로 제품이나 서비스의 제공자 측면에서 형성되었다. 반면 개별 중개자 유형은 [그림 11-9]에서 볼 수 있듯이, 고객의 개별 수요를 파악하고 이에 걸맞은 제품이나 서비스를 선별하여 제공하는 방식으로 비즈니스가 이루어진다.

[그림 11-9] 개별 중개자personal agent의 가치사슬

4.각 가치 활동이 활용하는 디지털 기술

가치사슬 모형은 경쟁 전략의 관점에서 경쟁우위 확보와 내부 역량을 연계시키기 위해 기업 자원을 분석하는 데 활용된다. 가치사슬에 포함된 다양한 활동들은 기업이 추구하는 원가 우위 전략 혹은 차별화 전략의 성공적 실행에 초점을 맞추고 부가가치를 창출하도록 한다. 디지털 기술의 이용은 경쟁 원천으로 인식되는 핵심 가치 활동의 경쟁력을 보다 향상시켜 궁극적으로 조직 전체의 경쟁우위를 향상시키는 데 이바지하게 된다. 여기에서는 가치사슬 모형에 근거하여 각 가치 활동별 디지털 기술의 활용 사례들을 살펴본다 그림 11 - 10 참조 .

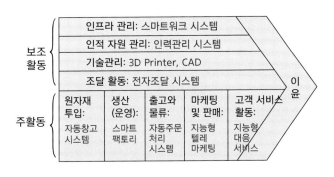

[그림 11-10] 가치 활동별 디지털 기술의 활용 예

원자재 투입

자동 창고 시스템과 같은 디지털 기술은 기업과 공급자 사이에 자원의 획득 활동을 용이하게 한다. 또한 생산라인에 할당된 작업

시간 내에 조립을 마치도록 부품이 공급되도록 하는 JIT Just-In-Time 시스템은 원자재 투입 활동에서 **공급자가 생산자에게 필요로 하는 원자재와 서비스를 적시에 배달**할 수 있게 한다. 그 결과 두 기업이 보유하는 재고의 양을 줄여 주며 최종 소비자의 요구에 민감하게 대처할 수 있게 하여 양자 모두의 경쟁력을 높여 준다노규성 외, 2019.

현대자동차 인도 공장은 고객의 주문과 동시에 통합 정보 시스템에서 관리되는 순서에 따라 협력사를 포함한 부품 및 모듈 공장에서 부품을 생산한 후, 작업 순서에 맞춰 공급하는 JIS Just-In-Sequence 시스템을 가동하고 있다. 이 JIS 시스템은 계열사와 협력사의 공정, 물류 및 재고까지 관리해 줌으로써 타 공장보다 자동차 조립 속도를 빠르게 하고 있다.

생산(운영)

디지털 기술은 제조 업체의 제품 생산 및 품질 향상에도 영향을 미친다. 주요 생산라인에 스마트 공장이나 자동 진단 시스템 등을 도입하면 **주문 처리 시간을 단축시키고 제품의 품질을 향상시키는** 것을 가능하게 한다. 서비스업의 운영에 대해서는 생략하기로 한다. 디지털 기술은 서비스 산업의 고객 서비스 프로세스에 적용되어 처리 생산성을 높이면서 고객 만족도를 향상시키고 있다.

LS산전 청주1사업장은 부품 공급부터 조립, 시험, 포장 등 전 라인에 걸쳐 자동화 시스템이 구축된 '스마트 공장'을 가동하고 있다. 이 스마트 공장에는 수요 예측 시스템APS, Advanced Planning and Scheduling이 적용된 유연 생산 시스템으로 운영된다. APS는 주문에서부터 생산 계획, 자재 발주는 물론 조립–검사–포장 등 전 공정에 이르기까지 생산관리가 자동으로 가능한 시스템이다. 이런 APS 기반의 스마트 공장이 구축된 이후 설비 대기 시간이 줄면서 생산성도 향상되었다. 필요한 작업자 수가 줄었지만 이들을 신규 사업 부문으로 재배치하는 등 경영 효율화에도 기여하고 있다. LS사전은 CPS사이버 물리 시스템 및 IoT, IoSInternet of Service를 지속적으로 도입함과 동시에 시뮬레이션 분석에 의해 생산 시스템을 최적화하는 공장 스마트화 고도화 단계까지 구현해 가고 있다노규성 외 2019.

출고와 물류

POS나 IoT, RFID, 빅데이터 분석 등의 디지털 기술은 제품이나 서비스를 전달하는 방식에도 영향을 미친다. 또한 자동 창고관리 등의 시스템을 활용한 물류관리는 제조업과 유통업의 혁신을 가능하게 한다. 출고 및 물류관리의 혁신에 성공한 기업들은 기업 역량의 새로운 기준을 형성하면서 원가관리와 서비스에 있어서 초유의 경쟁력을 확보하고 있다.

세계 최대의 온라인 쇼핑몰을 운영 중인 아마존Amazon은 주문, 결제, 운반, 배송 등 전 과정에서 인공지능과 로봇 등을 이용한 자동화 시스템을 활용하고 있다. 고객이 제품 주문 후 결제를 하면 결제 정보가 데이터센터로 전송된다. 그러면 아마존은 고객에게 제품을 배송하기 위한 최적의 경로를 선정하여 배송팀에게 지시를 내린다. 배송 과정은 '키바 KIVA'라는 인공지능을 활용한 로봇에 의해 이루어진다. 로봇에 의해 제품이 입고 및 운반된 후 직원이 물품의 하자 여부를 체크하면 로봇이 그 제품을 운반하여 교통수단에 싣는다. 물품이 물류센터로 이송되면 자동화 시스템에 의해 배송이 시작된다. 무선통신과 바코드 인식으로 제어되는 키바는 주문 당일 혹은 익일에 배송이 가능하도록 지원해 주어 물류 처리의 정확성과 생산성을 높여 주고 있다.

마케팅과 판매

경영관리 분야 중 디지털 기술의 활용이 가장 강조되는 분야는 마케팅과 판매 활동이다. 많은 기업에서 인터넷 마케팅, CRM Customer Relationship Management, SFM Sales Force Management, 빅데이터와 같은 디지털 기술을 활용하여 소비자 및 시장 정보를 효과적으로 이용함으로써 마케팅과 판매 활동에서 고객 가치 중심의 혁신을 실현해 주고 있다.

스타벅스 Starbucks는 다양한 정보를 실시간으로 분석하여 고객에게 맞춤형 메뉴를 추천하는 플랫폼을 구축했다. 구매 행태 등 고객데이터, 날씨·고객의 위치 같은 상황 데이터, 제3자로부터 확보한데이터 등 다양한 데이터를 축적하여 인공지능 AI 알고리즘으로 분석하는 플랫폼을 도입한 것이다. 이전에 고객에게 보내는 이메일은 30종류뿐이었다. 그러나 이 시스템을 도입한 이후에는 AI 엔진을 활용해 수천만 명의 고객에게 1대1, 즉 수천만 가지 서로 다른 실시간 메일을 보낼 수 있게 되었다. 어떤 고객은 아침 메뉴 추천 메시지를, 어떤 고객은 커피 할인 쿠폰을 받는다. 그러자 고객 몰입도가 2배 증가하면서 매출도 크게 증가한 것으로 나타났다.

남성 수제 구두를 만드는 스타트업인 칼렌시스는 고객의 취향을 파악하고 이를 마케팅 전략에 활용하기 위해 빅데이터를 분석하기로 하였다. 그런데 고객 데이터와 SNS 빅데이터 분석 결과 전혀 생각하지 못한 시사점을 발견하게 되었다. 그것은 다름이 아니라 남성이 직접 구매하는 것보다 여성이 선물용으로 남성 구두를 구매하는 사례가 훨씬 많다는 것이다. 이에 따라 칼렌시스는 여성 고객을 대상으로 한 타깃target 마케팅을 중심으로 마케팅 전략을 확대하였고 매출액이 48% 증가하는 등 큰 성과를 얻게 되었다.

고객 서비스 활동

디지털 기술은 고객 서비스 프로세스에 있어서도 혁신을 가능하게 한다. 챗봇Chatbot[41]이나 빅데이터 분석에 의한 맞춤형 서비스가 그 예라 할 수 있다. 영국의 블록체인 스타트업startup 인 프로버넌스provenance 는 가짜가 많아 골머리를 썩이는 참치 캔에 블록체인 Block Chain [42] 기술을 접목했다. 즉 인도네시아 어부가 잡은 참치가

---

41) 챗봇(Chatbot)은 문자 또는 음성으로 대화하는 기능이 있는 인공지능을 말한다.
42) 블록체인(Block Chain)은 모든 거래 기록을 분산된 네트워크에 공유된 장부에 두어

영국의 슈퍼마켓에서 판매되기까지의 전 과정을 암호화했다. 예를 들어 인도네시아 어부가 휴대전화로 참치 정보를 등록하면, 이 정보가 참치 통조림 공장을 거쳐 유통 업체에도 기록된다. 소비자는 참치 캔에 스마트폰을 가져다 대면, 참치 포획 위치, 일자, 유통 과정 등 유통 이력을 확인할 수 있다. 이로 인해 가짜 참치 의혹을 일소에 해소하게 되면서 소비자 신뢰도가 크게 향상되었다. 아울러 식품산업의 경쟁력 향상과 대규모 도소매상의 독점 방지 효과도 얻게 되었다.

SSG 닷컴은 인공지능 기반의 챗봇 서비스를 활용해 24시간 고객을 응대하는 시스템을 구축했다. SSG 닷컴의 챗봇은 제품 배송, 취소, 환불, 이벤트 공지, 교환 및 반품, 회원 정보관리, 쇼핑 통장^{고객} 포인트 및 적립금, 영수증 관리 등의 서비스를 제공한다. SSG 닷컴의 챗봇은 "내 상품이 어디까지 왔어?", "주문을 취소할래"와 같은 고객의 다양한 명령을 이해하고 처리해 준다. 이 챗봇이 고객 상담 업무를 처리해 줌에 따라 상담원들은 업무적, 심적 부담으로부터 해방되어 고객 응대에 더 집중할 수 있게 되었다.

인프라 관리

디지털 기술은 기업의 주요 <u>인프라 관리 활동들을 더욱 원활하게 수행</u>하게 할 수 있다. 부동산 정보 서비스 기업 직방은 메타버스 metaverse 기반의 가상 오피스 시스템인 '개더타운'을 개설했다. 이

중앙관리나 통제 없이 참여자들이 서로 확인하고 인증할 수 있는 보안 기술로서 제2의 인터넷 혁명을 가져올 것이라고 한다.

회사 직원들은 서울 강남역 인근 GT타워에 있는 사무실로 출근하지 않고 자기가 원하는 장소에서 개더타운에 로그인login하면 기존 사무실 구조를 그대로 본뜬 가상 사무실이 열린다. 업무를 협의하고자 하는 팀원 아바타Avatar 옆으로 자신의 아바타를 이동시키면 화상회의 시스템이 자동으로 켜지면서 자연스럽게 회의가 시작된다. 직방은 이 시스템을 도입하면서 메타버스를 활용한 '디지털 오피스 체제'로 전환한 것이다. 아바타를 활용한 가상 오피스는 불필요한 커뮤니케이션 비용을 줄이면서 업무의 생산성을 높인다는 점에서 급속도로 확산되고 있다.

인적 자원관리

디지털 기술은 인적 자원관리를 합리화하는 데에도 활용될 수 있다. 일부 기업들은 인적 자원 관련 데이터를 축적 및 분석하여 구성원들의 직무 역량 강화에 활용하고 있다. 모바일을 통해 구성원들에게 관련 정보나 인적 자원 서비스를 제공하기도 하고, 구성원 의견들도 수렴하며 데이터를 지속적으로 업데이트한다. 또한 직무순환, 교육, 성과 평가, 경력 개발 시스템 등 구성원들이 연결된 조직 내 다양한 플랫폼과 연계 및 통합하기 위한 작업들도 진행한다.

유니레버Unilever는 인재 채용 시 메타Meta, 페이스북와 같은 SNS에 채용 공고를 낸다. 지원자는 채용 사이트에 모든 이력을 채울 필요가 없다. 지원자의 동의하에 유니레버가 SNS인 링크드인에서 이력서를 추출해 오기 때문이다. 이렇게 채워진 정보에 의해 AI가 직무에 적합한 후보를 추려 낸다. 그다음 능력 평가 단계에서 지원자는 온라인으로 단순한 게임을 한다. 이때에도 AI가 집중력, 상황 파악 능력과 같은 직무 기초 능력을 평가한다. 이후 지원자가 주어진 질문에 대한 답을 영상으로 기록해 제출하면 AI가 영상을 분석해 적합한 인재를 선별한다. 최종 면접에서만 사람이 지원자를 평가하고 선발한다. 유니레버는 이러한 디지털 기반 프로세스를 통해 사람의 개입 없이 보다 정확하게 지원자의 역량을 평가하고 있다노규성 외, 2019.

기술관리

CAD 시스템, 빅데이터, CPS Cyber Physical System 등의 디지털 기술은 공정 개선이나 신제품 개발을 위한 기술 관리와 연구개발 등을 지원할 수 있다. 일부 기업들은 디지털 기술을 이용하여 **연구개발 기능을 아웃소싱하기도 하고 외부 전문가들과 인터넷 기반의 협업**을 통해 기술 개발을 진행하기도 한다.

필립스Philips는 유아용 이유식 제조기의 판매가 급격히 감소해지자 기술 및 품질 문제를 검토했으나 그것에는 별 문제가 없었다. 원인 파악을 위한 긴급 비상대책회의에서 고객과 관련되는 빅데이터 분석이 필요하다는 결론을 도출하였다. 이에 고객 경험 데이터인 육아 블로그 1억 개와 트위터 40만 건의 빅데이터를 모아 소비자들의 사용 후기 및 관련 내용 등을 분석하였다. 그리고 그 분석 내용을 기반으로 제품 디자인과 마케팅 전략을 대폭 수정하여 추진하였다. 이러한 데이터 기반의 기술 관리 및 마케팅 추진 결과, 제조기 판매가 다시 정상으로 회복되는 성과를 시현할 수 있었다.

조달 활동

온라인 전자 게시판, SCM과 같은 디지털 기술은 <u>전사 조직 운영에 필요한 각종 물자의 조달 활동을 혁신</u>하게 할 수 있다. 한 제조 회사는 전국 각지 원자재의 최근 가격을 알려주는 온라인 전자 게시판을 이용하여 전국에 걸친 회사의 전국적인 구매 활동을 지원하였다. 이 전자 게시판은 최저 가격 구매는 물론 대량 구매에 의한 가격 할인 등 구매 효과를 극적으로 향상시켜 주었다. 한 유통 업체는 공급 업체의 재고 파일과 생산 일정에 온라인으로 접근할 수 있는 시스템을 이용하여 회사의 재고 수준을 낮출 수 있게 되었고 가격이나 제품 재고 등의 면에서 공급 업체에 설득력 있는 교섭력을 가질 수 있게 되었다.

올리브영은 자주 발생하는 상품 단절과 과잉 재고 문제를 해결하기 위해 빅데이터와 AI 응용 시스템을 개발하기로 하였다. 이에 회사는 지난 수년간의 판매 데이터를 딥러닝으로 학습시켜 높은 정확도를 보인 수요 예측 시스템을 개발하여 현장에 투입하게 되었다. 이로 인해 올리브영은 물류센터와 매장의 조달 및 재고관리 효율화를 시현하게 되었다. 즉 매장마다의 결품 최소화, 재고 부담 최소화, 발주 업무 경감 등 획기적인 성과를 올리게 되었다.

5. 가치 시스템에서 디지털 기술의 역할

디지털 기술의 전략적 활용은 기업 내 가치 활동으로 제한되지 않는다. 즉 공급 업자의 가치사슬과 구매자의 가치사슬의 집합체인 전체 가치 시스템의 관점에서 공급자의 가치 활동의 경쟁력을 키워 줄 수 있거나 구매자의 가치 활동의 경쟁력을 키워 줌으로써 공급자나 구매자와의 교섭력을 강화할 수 있고, 이를 바탕으로 자사의 경쟁력을 향상시키는 데에 활용될 수 있다.

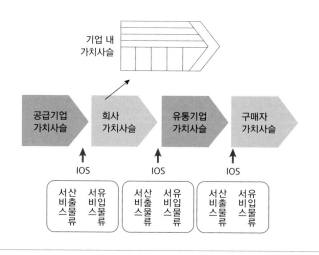

[그림 11-11] 가치 시스템에서의 정보 기술의 역할

[그림 11-11]에서 볼 수 있듯이, 조직 간 정보 시스템 IOS: Inter-Organizational System을 통해 구매자의 구매 활동을 자사의 주문 처리 활동과 연결하여 구매자의 구매 관련 비용을 줄여 주거나 차별화된 서비스를 제공한다면 이는 가치 시스템의 관점에서 디지털 기

술이 전략적으로 활용되는 것이다.

기업이 가치 시스템에서 디지털 기술을 활용할 때 원가 주도의 전략을 택할 것인가, 또는 차별화 전략을 택할 것인가는 시장에서의 경쟁 세력 간의 관계, 산업의 특성, 제품의 특성, 사업 추진 방향, 생산 설비의 규모 및 자동화 정도, 조직 내 정보 기술의 전략적 위치 등 다양한 요소에 의해 결정된다.

12

개방형 혁신의
플랫폼 전략

CHAPTER 12

개방형 혁신의 플랫폼 전략

과거 유형 자산이 기업의 주요 핵심 자원이던 시절에는 막대한 자본을 투여하여 시장을 독식하고 그로부터 경쟁력을 확보하기에 혈안이 되었다. 그러나 글로벌화, 디지털화, 고객의 다변화 등에 따른 경쟁의 심화는 기존의 경쟁 방식에 의한 경쟁우위를 더 이상 허용하지 않았고 그로 인해 끊임없는 혁신을 요구하기에 이르렀다.

특히 네트워크 시대가 활짝 열리면서 독식하던 강자보다 생태계와 상생하는 착한 기업이 경쟁우위를 갖기 좋은 환경이 마련되었다. 즉 플랫폼을 기반으로 생태계와 더불어 공존할 때 더 큰 가치 창출이 가능하다는 민주적 경쟁 원리가 드러나게 된 것이다. 애플이 아이폰을 들고 나오면서 기술 혁신이 아니라 고객과 생태계와 함께하도록 하는 앱스토어App‑store 기반의 비즈니스 모델 혁신을 이루면서 플랫폼 혁명이 대대적으로 확산되고 있는 것이다.

다만 네트워크 기반의 시너지 효과로 인해 플랫폼이 공룡으로 진화하여 시장 생태계를 파괴할 수도 있다는 우려도 나타나고 있긴 하다. 이러한 부정적 기류를 보완하고 건강한 산업 생태계를 리드해 가기를 바라면서 이에 대한 전략을 살펴보고자 한다.

1. 비즈니스 기반으로서의 플랫폼

플랫폼으로 세상을 리드하다.

누구나 다 알고 있듯이, 플랫폼 붐 조성에 불을 지핀 기업은 애플이다. 애플은 정말 놀라울 만큼 혁신적인 기업이다. 휴대전화에 앱 스토어App-store라는 소프트웨어 가게를 개설할 생각을 하다니! 그런 애플은 이 혁신적인 플랫폼을 들고 나온 지 불과 몇 년 만에 모바일 생태계를 장악했다. 그리고 휴대전화 매출 세계 1위를 자랑하던 노키아는 몰락하게 된다. 또 전통적으로 PC 시장에서 압도적이던 MS의 운영 체제 점유율도 급격히 하락했다. 스마트폰을 포함하면 MS의 점유율은 50%도 안 된다. 아이폰보다 출시는 늦었지만, 안드로이드 기반의 플랫폼은 구글의 생각대로 대성공을 거두었다. 그리고 안드로이드는 스마트 TV나 다른 소비 가전으로 확장해 가고 있다. 뒤이어 소셜 플랫폼의 메타페이스북, e-마켓 플랫폼의 아마존, 결제 플랫폼의 페이팔, 비디오 대여 플랫폼의 넷플릭스 등의 신생 플랫폼들이 승승장구하면서 플랫폼 기업들이 뉴욕 증시를 점령하기에 이르고 플랫폼은 비즈니스 전략의 핵심으로 부상하게 된다.

이와 같은 흐름을 볼 때 플랫폼을 잘 구축하고 활용하는 기업이면 어느 영역에서이든 세계 시장에서 주도권을 잡을 수 있으며, 이로 인해 막대한 수익을 벌어들일 수 있게 된다. 영원한 승자도 패자도 없는 비즈니스 생태계에서 우수한 플랫폼을 누가 이끌어 가느냐에 따라 기업이든 조직이든 성패가 좌우되는 상황이 된 것이다.

플랫폼과 비즈니스 플랫폼의 이해

'플랫폼' 하면 역에서 기차를 타고 내리는 곳을 상상하게 되는데, 그 상상은 맞다. 플랫폼은 한마디로 무언가에 타고 내리는 승강장이다 류한석, 2012. 이러한 플랫폼이 왜 지금 이렇게 각광을 받고 있는 것일까? 그것은 플랫폼이 사람들이 기차를 쉽게 이용하듯 수요와 공급이 만나도록 하는 생태계를 형성해 주는 곳으로서 비즈니스 전략의 새로운 수단으로 급부상하고 있기 때문이다 노규성, 2014. 플랫폼이란 용어는 16세기에 생성된 이후 일상생활이나 예술, 비즈니스 등의 분야에서 사용되어 왔다 Baldwin and Woodard, 2009. 본래 기차를 승·하차하는 공간이나 강사, 음악, 지휘자, 선수 등이 사용하는 무대·강단 등을 뜻했다. 그러던 플랫폼이 오늘날에는 특정 장치나 시스템 등을 구성하는 기초가 되는 틀 또는 골격을 지칭하는 용어로 그 의미가 확대되면서 많은 분야에서 사용되고 있다 네이버 지식백과.

그런 연유에서인지 플랫폼에 대한 내용과 정의도 다양하다. 예를 들어 다양한 상품을 판매하거나 판매하기 위해 공통적으로 사용하는 기본 구조, 상품 거래나 응용 프로그램을 개발할 수 있는 인프라, 반복 작업의 주 공간 또는 구조물, 정치·사회·문화적 합의나 규칙 등이 그것이다 그러나 비즈니스 관점에서 플랫폼의 속성을 들여다보면, 근본 원리는 같지만 또 다른 매력을 가지고 있다는 것을 알 수 있다. 즉 플랫폼은 공통의 활용 요소를 바탕으로 본연의 역할도 수행하지만, 보완적인 파생 제품이나 서비스를 개발·제조할 수 있는 기반이다. 플랫폼은 제품 자체뿐만 아니라 제품을 구성하는 부품이 될 수도 있고, 다른 서비스와의 연계를 도와주는 기반 서비

스나 소프트웨어 같은 무형의 형태도 포괄하는 개념인 것이다_{주간경}

제. 2008 .

　플랫폼의 대표격인 승강장이 어떤 역할을 하는 존재인지 살펴보면, 플랫폼의 진정한 의미를 파악할 수 있다. 승강장은 기차, 지하철, 혹은 버스 등 교통수단과 승객이 만나는 공간이다. 운송수단은 승객을 원하는 장소에 데려다 주고 승객은 이에 대해 대가를 지급한다. 그런데 승강장에는 다른 매력적인 요소가 또 있다. 즉 승강장에는 신문이나 잡지, 먹거리 등을 판매하는 매점이나 자판기가 설치되어 있다. 또 승강장 근처에는 크고 작은 상가가 조성되어 있다. 심지어 승강장 주변에는 광고가 즐비하다. 이러한 현상은 승강장에 많은 사람이 몰려들기 때문이다. 즉 사람이 많이 몰리는 곳에서는 다양한 형태의 비즈니스 모델로 부가적인 수익 창출을 할 수가 있는 것이다.

　이와 같이 교통수단과 승객을 만나게 해주는 공간이라고만 여겨왔던 승강장이 다양한 비즈니스 모델을 만들어 수익을 창출하게 한다는 사실은 매우 흥미로운 일이 아닐 수 없다. 주요 수익 모델인 승차 요금 수익 외에도 부가적인 비즈니스 모델로 상당한 수익을 창출하고 있는 것이다. 특히 별도의 마케팅을 하지 않아도 승강장에는 사람들이 몰려든다. 승객이 필요로 하는 교통수단을 탈 수 있는 유일한 곳이기 때문이다. 승강장은 교통수단과 승객을 만나게 해주는 거점으로서의 역할을 하며, 교통과 물류의 중심이 된다. 그리고 그 안에서 무수히 많은 가치 교환이 일어나고 거래가 발생한다. 이것이 바로 '플랫폼'인 것이다_{윤상진. 2012} .

[그림 12-1] 비즈니스 기반으로서의 플랫폼

다시 정리하면, 플랫폼이란 [그림 12-1]에서 보는 바와 같이, 공급자, 수요자 등 복수 그룹이 참여하여 각 그룹이 얻고자 하는 가치를 공정한 거래를 통해 교환할 수 있도록 구축된 환경으로서 플랫폼 참여자들 간의 연결과 상호작용을 통해 진화하며, 모두에게 새로운 가치와 혜택을 제공해 줄 수 있는 상생의 생태계라고 말할 수 있다최병삼, 2012: Simon, 2011; 조용호, 2011.

플랫폼이 가져다주는 것들

이상에서 볼 수 있듯이 플랫폼은 비즈니스 관점에서 매우 유용한 생태계 기반이 되고 있다. 그럼 플랫폼은 실제로 그것을 활용하는 기업과 비즈니스 세계에 무엇을 주는지에 대해 살펴보자.

첫째, 플랫폼은 매력적인 비즈니스 모델을 창출하게 할 수 있다 최병삼, 2012. 가치 있는 플랫폼은 관련되는 공급자와 수요자들을 연결해 주므로 많은 관계자를 모이게 한다. 사람들이 많이 모이게 하는 가치 있는 플랫폼은 새롭거나 매력적인 비즈니스 모델을 창출하도록 해준다. 인터넷이야말로 다양한 참여자들을 연결하기에 가장 효과적인 도구이다. 구글은 검색 플랫폼을 개발하여 방대한 정보로부터 원하는 것을 찾고자 하는 사용자들과 그들로부터 목표

집단을 선별하려는 광고주들을 연결해 주었다. 메타는 SNS 플랫폼을 개발하여 온라인상에서 지인들과 편리하게 소통하려고 하는 사용자들과 이들에게 광고하거나 앱을 제공하고자 하는 기업들을 연결해 주었다.

둘째, 플랫폼은 레버리지 효과를 통해 **단기간에 투자 대비 높은 성과**를 제공해 준다. 플랫폼은 마치 작은 힘으로 무거운 물건을 들수 있게 해주는 지렛대처럼 역할하기 때문에 레버리지 효과leverage effect를 갖고 있는 것이다최병삼, 2012. 만약 제품 개발 및 생산 과정에서 공용화 가능한 부분을 중심으로 제품 플랫폼을 잘 구축한다면, 그다음부터는 고객의 욕구에 따른 다양한 제품을 플랫폼 위에서 조금씩 변화를 주어 생산할 수 있기 때문에 효율성을 배가할 수있는 것이다조용호, 2011. 만약 애플처럼 플랫폼을 개방한다면 이는 엄청난 힘을 발휘하기도 한다. 애플이 2008년 7월 처음 앱스토어 서비스를 시작했을 때 앱의 개수는 형편없었으나 2013년 6월 90만개 이상으로 급신장했다세계개발자회의, WWDC 2013. 이는 애플의 개발자 모두가 57개월 정도는 매달려야 개발할 수 있는 정도의 개수이다. 아마존도 플랫폼의 레버리지 효과를 톡톡히 본 기업이다. 온라인 유통 업체의 핵심 경쟁력은 판매하는 상품의 다양성이다. 애플이 앱스토어를 외부 개발자들에게 개방한 것처럼 아마존도 자신의 플랫폼인 디지털과 물류 인프라를 외부에 개방함으로써 그들의 힘을 빌려 상품의 품목을 다양화할 수 있었다. 플랫폼의 레버리지 효과는 단순히 동일한 성과를 얻기 위한 투자를 절감하는데 그치지 않는다. 네트워크 효과와 결합되면서 고객 고착화와 세력 확장을 통해 산업 내의 주도권 경쟁에서 우위권을 가지도록 해주는 잠재력을 제공해 주고 있다.

셋째, 시장 경쟁에서의 **전략상 체급을 결정**지어 준다. 플랫폼은 기본적으로 네트워크 기반 경제를 구성하는 시장을 의미한다. 이 시장은 네트워크의 일정 규모에 먼저 진입한 사업자와 후발 주자의 격차를 갈수록 벌어지게 하는 특징을 가지고 있다조용호, 2011. 더구나 성공한 플랫폼은 플랫폼의 규칙을 즐기는 고객을 얻게 해주고 시간이 갈수록 그 규모를 확대해 준다. 결국 플랫폼이라는 지렛대를 활용하는 사업자와 그렇지 못한 사업자 간의 경쟁은 전략상 체급이 다른 선수가 한 링에서 싸워야 하는 상황과 같아지게 된다.

넷째, **서비스 기반 경제의 핵심 동력**이 될 수 있다. 서비스 기반 경제에서 서비스는 사람들이 쓴 만큼 대가를 지급하는pay to use 개념이다. 사용자가 필요한 만큼 자원을 원하는 순간에, 원하는 방식으로, 원하는 만큼 주는 것이 서비스라면 이는 플랫폼 속성과 잘 맞아떨어진다. 결국 플랫폼의 폭넓은 적용으로 인해 맞춤형 서비스 산업의 활성화가 촉진될 것이다.

플랫폼으로 성공하고자 한다면

플랫폼은 지금 거의 모든 영역으로 파고들고 있다. 그렇다고 어느 플랫폼이나 다 성공할 수 있는 것은 아니다. 그러나 잘 나가는 플랫폼을 분석해 보면 다음과 같은 성공 조건을 도출해 낼 수 있다그림 12−2 참조.

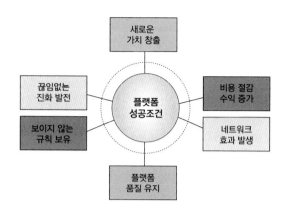

[그림 12-2] 플랫폼의 성공 조건

　첫째, 플랫폼은 플랫폼 참여자들과 함께 새로운 가치를 만들고 시너지를 창출할 수 있어야 한다. 혼자하는 것보다 다수의 참여가가 함께 함으로써 시너지를 낼 수 있는 구조가 만들어져야 성공할 수 있다.

　둘째, 플랫폼은 비용 절감 효과를 가져다주어야 한다. 예를 들어 네이버 몰과 같은 플랫폼에 참여하는 것이 독자적인 쇼핑몰을 구축해서 물건을 파는 것보다 비용 측면에서 이득이 될 때 비용 절감 효과가 발생하는 것이다. 즉 독자적으로 활동하는 것보다 플랫폼에 참여할 때 검색 비용, 홍보 비용, 거래 비용 등이 덜 든다면 플랫폼의 존재 가치가 있는 것이다.

　셋째, 플랫폼이 존재하기 전보다 그룹 간의 교류가 더욱 활발해져야 한다. 그룹 간의 교류가 활발하게 이루어지고 이것이 네트워크 효과[43]로 이어져 시너지가 발생해야만 성공할 수 있다. 즉 네트워크 효과가 연쇄적으로 발생할 수 있는 구조야말로 성공하는 플랫폼의 특징이다.

넷째, **플랫폼의 품질**을 일정 수준 이상 유지해야 한다. 이용자 입장에서 봤을 때 질이 양보다 중요하다. 결국 플랫폼의 품질은 플랫폼 사업자가 참여자들을 얼마나 효율적으로 관리하고 지배할 수 있느냐와 직결되는 문제이다.

다섯째, 성공적인 플랫폼은 누구나 따라갈 수밖에 없는 **보이지 않는 규칙**을 가지고 있다. 새롭게 창조된 규칙을 가진 플랫폼은 모두가 윈-윈win-win하는 생태계 시스템을 실현한다. 결국 성공한 플랫폼이 만든 규칙은 업계의 표준이 되어 다른 사업자도 따라갈 수밖에 없게 된다.

여섯째, 끊임없이 **진화하는 플랫폼**이 되어야 한다. 정체되어 있는 플랫폼은 살아남지 못한다. 비즈니스 세계는 끊임없이 변하고 진화하기 때문에 비즈니스 세계를 선도하는 플랫폼 기업은 업계의 변화를 선도하는 혁신을 지속해서 이루어 내야만 하는 것이다윤상진, 2012.

---

43) 네트워크 효과(network effect)란 사람들이 네트워크를 형성해 다른 사람의 수요에 영향을 준다는 뜻에서 붙여진 경제 현상으로서, 어느 특정 상품에 대한 수요를 폭발적으로 증가하게 한다.

2. 가치 활동 플랫폼 들여다보기

앞에서 설명한 바와 같이, 가치사슬상의 각각의 가치 활동들은 서로 밀접하게 연관되어 기업의 경쟁력을 만들어 낸다. 그러나 4차 산업혁명과 코로나19로 인해 과거에 비해 더 빠른 속도로 더욱 혁신적인 제품과 서비스를 내놓아야만 하는 비즈니스 환경 변화를 맞이하고 있는 상황에서 전략적 제휴나 아웃소싱 outsourcing[44] 등에 의한 기업의 가치사슬 조정이 급증하고 있다. 그리고 이러한 제휴나 아웃소싱은 협력 관계를 통해 신제품 개발, 신규 시장 창출, 신기술 개발, 비용 절감 등의 실질적인 효과를 창출하면서 핵심 역량을 제외한 전 분야로 확산되고 있다.

이러한 협업 모델의 핵심은 납품 기업이나 협력 기업, 심지어는 고객과 얼마나 긴밀하게 협력 관계를 유지·발전시켜 나가느냐에 달려있다. 이에 따라 긴밀한 협력 관계를 지속하기 위한 대안으로 인터넷 등의 디지털 기술을 활용하게 되었고, 이는 가상 기업, 네트워크 기업 등으로 발전해 오다가 급기야 플랫폼 기반으로 발전하게 되었다. 사실 다른 어느 기술보다도 플랫폼 기반의 협력적 가치 활동은 엄청난 시너지를 내어 효율성과 생산성 배가를 이루게 된다.

이와 같이 특정 기업이 협력 업체나 고객들과 가치 활동을 공유하고 협업을 전개하는 플랫폼을 가치 활동 플랫폼이라 한다. 최근의 흐름을 보면 선진 기업들은 이러한 가치 활동별로 플랫폼을 활

---

44) 전략적 제휴는 다수의 기업들이 자신의 경쟁우위 요소를 바탕으로 각자의 독립성을 유지하면서 전략적으로 상호 협력 관계를 형성하는 반면, 아웃소싱은 비전략적 분야를 외부로부터 조달하는 것이다.

용하면서 해당 비즈니스 시장을 선도하고 있다. 부문별로 제품 개발 부문은 정보 공유를 통한 업계 주도, 생산 부문은 디지털 기술 기반의 시스템 구축 및 확장, 마케팅 부문은 분석 알고리즘의 차별성, 서비스 부문은 제작 도구 제공을 통한 개방성 등이 성공 요인으로 제시되고 있다최병삼 외, 2011.

3. 가치 활동 플랫폼 유형과 사례

제품 개발 플랫폼

이는 제품 개발과 관련된 열린 사고를 기반으로 하는 플랫폼이다. 즉 제품 개발 플랫폼은 제품 개발 과정에서 연구개발, 제품 설계, 시제품 제작, 제품화, 상품화 등과 관련된 제반 활동을 기업 내·외의 전문가, 소비자 심지어 일반 대중으로부터 **기술, 전문 지식 및 아이디어 등을 모으고 평가하여 제품 개발의 효과성과 효율성을 제고하고자** 하는 플랫폼인 것이다노규성, 2014.

예를 들어 유전 개발 서비스 전문 기업인 슐럼버거는 유전 개발 성공률을 높이기 위해 플랫폼을 구축하고 자사가 보유한 기술과 고급 정보를 고객은 물론 경쟁자들에게도 공개했다. 그 결과 수많은 유전 탐사 및 방향성 시추 등에 관한 정보와 아이디어를 얻어 분석함으로써 유전 개발 성공률을 높였을 뿐 아니라 폭발적인 수익 증가를 시현했다.

그런가 하면 인텔은 미국과 영국의 대학 네 곳과 제휴하여 소규모 연구소 네 개를 만들었다. 그리고 인텔은 플랫폼을 구축하여 이

연구소 소속 연구원들과 아이디어 및 연구 결과를 공유하여 큰 성과를 내고 있다.

생산 플랫폼

이는 원자재와 부품을 조달하고 기술 인력을 공급하는 등의 **생산 및 조립 과정을 플랫폼 기반 위에서 전개**하는 구조를 가지고 있다. 이러한 생산 플랫폼은 공장도 없는 상태에서 제품을 생산하는 구조로까지 발전해 가고 있다.

'CHAPTER 9 산업 구조 리딩의 디지털 전략'에서 소개한 바 있는 리앤펑은 공장이 없는 대신 의류 생산 공급자와 고객들이 참여하는 생산 플랫폼을 기반으로 세계적인 의류 회사로 급성장했다. 이 회사의 생산 플랫폼에는 1만 5천 개 이상의 원·부자재, 재봉, 재단, 포장 공급자와 300여 개의 의류 유통 기업들이 참여하고 있다_{그림 12-3 참조}.

[그림 12-3] 생산 플랫폼 사례(리앤펑)

한편 자동차 업계의 경우에는 차량의 기본 골격이 되는 플랫폼을 통합하는 작업을 가속화하고 있다. 즉 다양한 모델을 생산하지만, 기본이 되는 부분들은 플랫폼 기반 위에서 제조 방식을 공유한다.

현대·기아차 등 전 세계 주요 완성차 업체들은 20여년 전부터 플랫폼 통합을 통해 중복 투자를 줄이고 생산의 효율성을 높이고 있다.

마케팅 플랫폼

마케팅 플랫폼은 시장 조사, 고객 욕구 분석, 가격 결정, 홍보 및 광고 등의 마케팅 활동 과정에 조직 내·외의 마케팅 전문가, 영업 인력, 고객과 일반 소비자 등이 참여하여 마케팅 활동의 효과성과 효율성을 제고하도록 지원하는 플랫폼이다.

예를 들어 LGU+는 '딩동'이라는 지역 마케팅 플랫폼을 통해 프랜차이즈 매장들과 폰 소비자들을 연결해 주고 있다. 딩동은 방문한 고객에게는 다양한 혜택을 주는 반면, 가맹점에게는 고객 데이터 분석을 바탕으로 타깃 SMS 광고, 할인 쿠폰 발송 등 다양한 홍보 방법을 제공해 주고 있다 그림 12-4 참조. 한편 애드몹 AdMob은 모바일 광고주와 광고 수익을 기대하는 앱 개발자들을 연결해 주고 모바일 광고를 중개해 주는 플랫폼을 운영하고 있다.

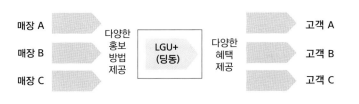

[그림 12-4] 서비스 플랫폼 사례(LGU+)

서비스 플랫폼

서비스 플랫폼은 서비스가 생성, 실행, 관리되도록 지원하여 이용자들이 효과적으로 서비스를 받도록 하는 플랫폼이다. 서비스 플랫폼은 응용 프로그램 제작 도구인 API[45] 공개를 통해 이용자들에게 다양한 기능을 제공한다. 그간 서비스 플랫폼은 웹에 적용되어 왔지만, 이제는 전통적인 제조 분야에서도 서비스 플랫폼이 중요한 요소가 되었다.

예를 들어 메타페이스북는 사용자 가입 시의 인적사항을 분석하여 유사 관심사를 가진 사용자와 소통 및 인맥 관리가 가능하게 해주는 온라인 소통 플랫폼이다. 특히 메타는 다양한 앱을 개발할 수 있는 API를 공개함으로써 다양한 서비스를 공유하고 서비스할 수 있는 플랫폼으로 안착한 후 성공하게 되었다최병삼 외, 2011.

한편 최근의 자동차는 복잡한 전자 제어 장치와 이를 운영하기 위한 소프트웨어로 구성되어 있어 새로운 서비스 전략이 필요하다. 즉 자동차에도 콘텐츠나 서비스 등을 제공하기 위한 플랫폼이 필요하게 된 것이다. 이러한 플랫폼을 가장 먼저 진행하고 있는 회사는 포드다. 포드는 마이크로소프트사와 싱크Sync라는 서비스를 개발하여 공급하고 있다. 싱크 서비스는 MS 임베디드 윈도 OS에 기반한 서비스로 음성 인식, MP3 검색 등 각종 편의 서비스를 제공한다. 이를 통해 사용자는 기존에 사용하던 스마트폰 애플리케이션

---

45) API(Application Program Interface)는 특정 서비스를 제공하는 서비스 업체가 자신들의 서비스에 접근할 수 있도록 그 방법을 외부에 공개한 것으로 해당 서비스로 접근하기 위한 규칙을 정의한 것을 말한다.

을 자동차에서도 사용할 수 있으며, 자동차 운행에 필요한 애플리케이션을 언제든지 내려받아 사용할 수 있다. 또한 싱크 API뿐만 아니라 자동차 자체에 대한 API를 제공하면 더욱 창조적인 모바일 애플리케이션을 제공하게 된다. 즉 자동차 엔진 및 냉각수 등 내부 상태를 알 수 있는 센서 API를 제공함으로써 원격지에서도 해당 자동차 상태를 조회하고 조정할 수 있는 서비스가 가능해진 것이다그림 12-5 참조.

[그림 12-5] 마케팅 플랫폼 사례(포드)

4. 플랫폼 사고 이해하기

정의에서 본 바와 같이, 플랫폼은 참여자들 간의 상호 이익 및 공생 관계를 추구하는 생태계 시스템과 맥을 같이한다황병선. 2012: Simon·Phil. 2011. 따라서 플랫폼은 플랫폼 자신 혹은 플랫폼 운영 주체만을 위한 방향으로 설계해서는 안 된다. 즉 플랫폼은 참여하는 주체들을 위한 방향으로 설계하고 운영될 때 성공할 가능성이 더 커지는 것이다. 또한 그 결과가 플랫폼과 플랫폼을 보유하고 있는 주체의 성장과 이익으로 이어져야 하기 때문에 성공적인 플랫폼을 만든다는 것은 그리 쉬운 일은 아니다. 사람이든 다른 존재이든 상관없이 플랫폼을 활용하는 주체의 니즈를 잘 파악하고 그들의 입장에서 생각하고 만든다면 그 플랫폼은 성공 확률이 높아진다고 할 수 있다.

성공 플랫폼의 대표격인 메타페이스북의 예를 들어 보자. 미국 대학의 기숙사생들을 대상으로 한 단순한 데이팅 서비스였던 메타의 시작은 초라했다. 그러나 이것이 인기를 끌면서 영향력을 갖게 되자, 플랫폼으로 그 영역을 확장해 나가기 시작했다. 그리고 2020년 4월 메타의 전 세계 이용자는 약 28억 명이다. 28억 명이나 되는 사용자들 간의 관계, 커뮤니케이션, 선호도 등을 기반으로 한 강력한 초대형 플랫폼이 된 것이다.

결국 성공하는 플랫폼이 되기 위해서는 그 전에 어떤 서비스를 할 것인지, 이것을 플랫폼으로 전환했을 경우에는 이 플랫폼을 이용할 주체들에게 어떤 가치를 추가할 것인지, 어떠한 공생 관계로 상호 이익을 공유할 것인지 등을 먼저 생각해야 한다. 즉 플랫폼 사고를 토대로 플랫폼으로 가는 전략을 취해야 성공 가능성을 높일 수 있는 것이다.

플랫폼 사고란?

플랫폼전문가그룹2013은 플랫폼 사고에 대해 "한 기업이 제공하는 여러 가지 종류의 상품들을 설계하고 만들고 운송하고 판매하는 전 과정에서 이 공통적인 요소를 찾아내고, 이들의 상호 공유와 활용을 통한 지렛대 효과를 극대화하는 시스템적 사고"라고 정의하였다. 요약하면, 플랫폼 사고는 플랫폼 관점에서 바라보는 시각이다. 그러므로 어느 장場이든 플랫폼 관점에서 바라보게 되면 그 플랫폼에 참여하는 이해관계자들의 가치와 관심을 볼 수 있고, 더 나아가 플랫폼 주변에서 찾을 수 있는 부가적 가치를 볼 수 있게 된다.

플랫폼 사고를 통해 문제를 해결하는 방식은 스스로 해결하는 것이 아니라, 외부의 힘을 통하여 해결함으로써 가치를 증가시키는 데에 있다. 플랫폼 사고는 <u>문제를 외부에 공개하고 참여자에게 인센티브를 제공함으로써 윈-윈</u>win-win<u>이 만들어지는 혁신적인 사고방식이다.</u> 따라서 개방형 혁신은 플랫폼 사고와 밀접한 관련이 있다. 개방형 혁신은 외부의 기술과 아이디어를 통해 역량을 향상시켜나가는 것이기 때문이다.

결국 플랫폼 사고란 한 기업의 보유한 모든 것제품, 시장, 고객, 경쟁자, 브랜드 등에서 공통분모를 찾고 이를 기반으로 하여 모든 제품들을 하나의 전략으로 묶어 내는 것을 말한다. 가령 기존의 다양한 전자 제품을 만들어 팔던 S사가 자신의 공통분모로 모든 전자 제품을 언제 어디서나 접근하여 조작할 수 있는 것에 두고 이를 통해 모든 제품을 묶어 내도록 생각하는 것을 플랫폼 사고라 할 수 있다.

캐나다의 금광업체 골드콥Goldcorp의 예를 들어 보자. 골드콥은 1999년 기존 광산의 금맥이 고갈되면서 적자 상태에서 새 금맥을 찾기 위한 자체적인 노력을 경주했으나 모두 허사였다. 이에 50여 년간 축적된 자사의 광산6,730만 평 지질 데이터업계에서 가장 극비시 됨를 과감하게 인터넷에 공개하고 외부의 참여를 유도하기 위해 57만 5천 달러의 상금을 내걸었다. 금맥 발굴에 플랫폼 전략을 구사한 것이다. 결국 골드콥은 플랫폼을 통해 다수의 외부 전문가로부터 금맥 후보지 정보를 제공받아 채굴량이 3년 만에 10배로 증가하는 성과를 얻을 수 있었다노규성, 2014.

플랫폼의 전략적 사고

플랫폼의 전략적 사고는 플랫폼 관점에서 비즈니스 전략을 바라보고 구상하는 사고방식이다. 즉 플랫폼에 관한 통찰력insight을 가지고 비즈니스 전략을 구사하고자 할 때 전략적 사고가 활용된다. 그렇다면 플랫폼 전략적 사고를 통한 통찰력을 갖게 되면 비즈니스가 어떻게 다르게 보일까?

복합 쇼핑몰 개발의 예를 들어 살펴보자. 복합 쇼핑몰 개발도 하나의 새로운 생태계를 만드는 일이므로 플랫폼의 전략적 사고를 필요로 한다. 코엑스몰과 같은 복합 쇼핑몰을 설계한다고 가정해 보자. 고객이 방문하기 편리한 입지 조건을 갖추는 것은 기본이며, 몰mall 내에서 모든 것을 해결할 수 있도록 하는 플랫폼 사고로 접근해야 한다. 즉 백화점, 상점, 전문 식당, 푸드코드, 영화관, 할인마트, 문화센터, 호텔, 전시회장 등의 시설을 구비하는 등 플랫폼의 시너지 효과를 고려하는 사고가 필요한 것이다. 또한 방문 고객의 니즈와 사용성, 활동, 동선 등을 분석하여 쇼핑몰을 설계하고 최적의 고객 환경을 제공하는 구상도 필요하다. 고객의 관심도를 높이고 공간을 최대한 활용을 할 수 있도록 매장을 배치하는 설계도 요구된다. 쇼핑몰을 단순히 상품을 판매하는 곳이 아니라 새로운 문화 공간으로 바라보는 플랫폼 사고가 필요한 것이다.

비즈니스와 그 산업 범주를 플랫폼 사고로 바라보면, 그동안 보이지 않았던 핵심 가치, 비즈니스 모델, 프로세스, 가치사슬, 공통 구조와 같은 고난이도의 비즈니스 원리가 보이기 시작한다. 이렇게 비즈니스 원리에서 없어서는 안 될 가장 중요한 부분에 집중하고 공략해서 플랫폼화 할 수 있도록 하는 플랫폼 관점의 통찰력이 발휘된다면 창출되는 가치의 흐름을 좌우할 수 있을 것이다윤상진, 2012.

한편 플랫폼 사고에 기반하여 개발되는 모든 제품은 하나의 일관된 전략으로 수렴할 수 있고 이를 통해 보다 신속한 개발도 가능하다. 또한 이들 제품은 하나의 일관적 마케팅과 영업 전략하에 판매되기 때문에 이 과정에서 적은 비용으로 큰 효과를 누릴 수도 있다. 이러한 것을 가장 잘 수행한 업체가 바로 빅테크 기업이다.

애플은 "Think Different"라는 광고 슬로건으로 대표되는 플랫폼 사고를 바탕으로 애플스토어와 아이폰, 그리고 아이튠즈로 이어지는 전략적 플랫폼을 구축하여 MP3와 스마트폰 시장을 질주하고 있다. 애플이 만든 제품은 다르다고 느낀다. 사실은 그 제품은 모두 애플 플랫폼에 연동되어 보다 편하게 사용할 수 있다는 데에 있다. 바로 이 점이 애플 사용자가 애플 제품을 계속해서 구매하는 원인 중의 하나이다. 구글 역시 "모든 데이타는 구글에"라는 플랫폼 사고를 가지고 개방형 API를 기반으로 한 웹 플랫폼을 만들어 많은 외부 개발자가 제공한 콘텐츠를 확보해 가고 있다그림 12-6 참조.

[그림 12-6] 비즈니스 생태계 관점의 플랫폼 사고(구글)

플랫폼 사고를 다른 분야로 확장해 보자. 자동차는 스마트폰 만큼이나 사용자에게는 떨어질 수 없는 휴대용 장치이며 나아가 휴대 공간이다. 이런 이유 때문에 자동차 분야도 서비스 플랫폼이 아주 중요한 경쟁 요소이다. 초기 자동차 산업이 기계 장치 산업의 대표주자였을 때에는 자동차 생산 라인과 프로세스를 표준화해 플랫폼을 구축하는 데 초점이 맞춰졌다. 이를 통해 대량 생산이 가능해지고 보다 저렴한 가격에 자동차를 공급할 수 있었다. 이는 자동차의 대중화로 이어졌다. 그러나 점차 자동차가 단순한 기계 장치 산업의 결과물이 아니라 복잡한 전자 제어 장치와 이를 운영하기 위한 운영 소프트웨어로 구성되는 첨단 결과물로 거듭난 지금은 과거와는 다른 새로운 플랫폼 전략이 요구되었다. 즉 이제는 콘텐츠 및 서비스, 그리고 다양한 게임 등의 애플리케이션을 공급하고 활용하도록 하는 디지털 플랫폼이 자동차에 장착되어 운전자에 대한 서비스를 고도화하고 있는 것이다.

플랫폼을 만드는 것도 중요하지만 플랫폼 사고와 이를 기반으로 한 전략과 그 수행doing이 더욱 중요하다. 즉 좋은 플랫폼은 있지만, 제품과 서비스의 개발이 플랫폼과 무관하게 진행된다면 플랫폼은 무용지물일 뿐만 아니라 개발된 제품과 서비스의 성공을 담보하기가 어렵기 때문이다. 이런 결과를 낳지 않기 위해서는 플랫폼 사고에 의한 전략과 수행 능력을 항상 염두에 두어야 할 것이다 중소기업청, 2012.

5. 플랫폼 전략 구상하기

플랫폼 전략의 이해

플랫폼 빅테크 기업들의 성공으로 인해 이들의 플랫폼 구축 전략이 집중적인 조명을 받기에 이르렀다. 아울러 최근 많은 국·내외 기업들도 플랫폼을 지향하면서 플랫폼 전략에 대한 구상에 몰두하기 시작했다. 일반적으로는 전략을 불확실한 미래를 대비하는 분석 기반의 의사결정이라고 한다. 이에 비해 플랫폼 전략은 일반적인 서비스를 만들어 내고 제공하는 차원의 전략이 아니라 다양한 이해관계자들이 상생을 할 수 있도록 해주는 플랫폼을 체계적으로 구축하고자 하는 전략인 것이다youngrok.com.

따라서 플랫폼 전략은 플랫폼에 대한 전략이 아니라 플랫폼을 기반으로 하는 전체 시스템에 대한 전략이어야 한다. 플랫폼만 잘 만들면 되는 것이 아니라 전체 시스템을 잘 구성하는 것이 중요한 것이다. 여기에서는 나의 경쟁력이 아니라 전체 생태계의 경쟁력이 중요하다. 내가 무엇을 제공할까보다는 어떻게 하면 남이 잘 제공할 수 있도록 할까를 고민하는 것이 필요하다. 내가 가진 것과 외부의 힘을 잘 조직해 경쟁력을 높여 주는 것이 바로 플랫폼 전략인 것이다김창욱, 2012 .

MIT의 쿠수마노Cusumano 교수는 그의 저서인 《Staying Power》에서 제품 전략과 비교하여 플랫폼 전략의 특징을 도출하였다. 제품 전략이 밀어내기, 규모, 효율을 통해 제품 차원에서 경쟁력을 얻는 것이라면, 플랫폼 전략은 끌어당김, 범위, 유연성을 통해 생태계 차원에서 경쟁력을 확보하는 것이다. 제품 전략이 선택과 집중을 통하여 포트폴리오를 구성하는 것이라면, 플랫폼 전략은 폭넓게 오픈하여 참여자와 함께 장을 구성하는 역량에 대한 전략인 것이다. 결론적으로 플랫폼 전략은 **관련 있는 수많은 관계자**참여자**를 장**場**에 모아 새로운 사업의 생태계 시스템을 창조**하는 전략인 것이다히라노 아쓰시 칼·안드레이 학주, 2011 .

플랫폼 도입의 추진 과정

플랫폼 도입을 위한 일반적인 추진 과정은 [그림 12-7]에서 볼 수 있듯이, 플랫폼 전략 구상, 내·외부 환경 분석, 접근 대안 도출, 타당성 분석, 최종 전략 확정의 순으로 전개된다.

[그림 12-7] 플랫폼 도입 전략 추진 과정

플랫폼 전략의 첫 번째 고민은 플랫폼 비즈니스를 어떻게 접근해야 할 것인지에 대한 것이다. 현재의 비즈니스를 플랫폼화할 것인지, 신규 비즈니스로 플랫폼을 구축할 것인지를 정해야 하기 때문이다. 이는 플랫폼 비즈니스를 위한 개괄적인 사업계획이라 할 수 있다.

플랫폼 비즈니스 전략을 수립하기 위해서는 먼저 내부 환경과 외부 환경에 대한 분석이 필요하다. 여기에 플랫폼 전략적 사고가 필요하다. 자신의 비즈니스를 플랫폼의 전략적 사고로 냉철하게 바라보아야 하기 때문이다. 내부 환경 분석은 강점과 약점을 파악하게 되는데, 이것이 플랫폼 관점에서 이루어져야 하는 것이다. 아울러 플랫폼 비즈니스를 시행했을 때의 강점과 약점도 분석되어야 한다.

이어 외부 환경 분석을 하게 되는데, 이 역시 플랫폼 관점에서 이루어져야 한다. 이에는 자사의 비즈니스 관련 기술의 발전, 사용자의 변화, 시장 규모와 경쟁 구도 등의 분석이 포함되며, 거시적으로는 국내 환경뿐 아니라 세계 경제, 정치적 상황도 고려되어야 한다. 이러한 내외부 환경 분석에는 SWOT Strength, Weakness, Opportunity, Threat 분석 도구가 사용된다.

내·외부 분석이 끝나면, 개괄적인 플랫폼 접근 대안이 도출될 수 있다. 그것은 플랫폼 구축 대안 또는 구축된 플랫폼 참여 대안들 가운데 최적안들로 압축될 것이다. 또한 시장 재편을 위한 구축 전략과 안정적인 수익 극대화를 위한 참여 전략도 선택 방안으로 도출될 수 있다 윤상진, 2012. 이러한 여러 플랫폼 접근 전략을 대상으로 타당성 분석을 하고 나면 최종 전략 확정을 확정할 수 있을 것이다. 타당성 분석은 경제적 타당성, 운영적 타당성 및 기술적 타당성 등으로 이루어진다.

플랫폼 전략의 추진 유형은 플랫폼 참여 전략, 플랫폼 구축 전략, 플랫폼 활성화 전략, 플랫폼 진화 전략 등으로 나누어 볼 수 있다.

플랫폼 참여 전략

플랫폼을 구축하여 성공한다는 것은 그리 쉬운 일이 아니다. 오히려 섣불리 플랫폼을 구축하다가 비용만 허비하고 자칫 사업상 큰 낭패를 당할 수가 있다. 더구나 플랫폼을 기반으로 성공시킬 뚜렷한 비즈니스 모델이 없는 경우에는 유행 따라 실리콘밸리에 갈 필요가 없다. 이에 많은 사업자는 플랫폼을 직접 구축하기보다 잘 구축된 플랫폼에 참여하여 비즈니스를 성장시키고자 한다. 이때의 전략을 플랫폼 참여 전략이라 칭한다.

플랫폼 참여 전략은 당장의 수익보다는 <u>플랫폼을 이용해 자신의 비즈니스를 어떻게 성장</u>시킬 것인가에 초점을 맞추는 전략이다. 플랫폼 참여 전략도 기업의 상황에 따라 천차만별이다. 삼성전자와 같이 시장 선도 기업이 플랫폼에 참여한다는 것은 플랫폼 사업자에게도 대단히 반가운 일이다. 오히려 시장 참여자가 주도권을 쥐고 플랫폼을 이끌어갈 것이기 때문이다. 이에 비해 시장 추종 기업의 플랫폼 참여 전략은 플랫폼 규칙을 따르는 등 수동적일 수밖에 없다. 그러나 참여 플랫폼에 대한 비교·분석을 통해 자신의 비즈니스와 잘 맞는 플랫폼을 선택하여 참여하는 것이 유리할 것이다.

우선순위로 볼 때, 참여하게 되면 바로 수익을 발생시킬 단기 전략 수립이 먼저일 것이다. 그러나 장기적인 관점에서의 비즈니스 로드맵과 성장 전략도 동시에 수립되어야 한다. 이에는 독자적인 서비스를 운영하면서 플랫폼 내에서 구축된 고객을 자신의 서비스로 옮겨오는 방안, 플랫폼 의존도를 낮추는 방안, 최종적으로 플랫폼에서 독립하는 방안이 포함되어야 할 것이다노규성, 2014.

플랫폼 구축 전략

그런데 어디에서도 자사의 비즈니스에 걸맞은 플랫폼을 찾기 어렵거나 독자적으로 플랫폼을 끌고 갈 혁신적인 모델이 있다면 플랫폼을 구축하는 전략을 구사해야 할 것이다.

플랫폼 구축 전략은 사업 도메인을 정하면서 시작된다. 사업 도메인이 정해지면 목표target 그룹도 정해지게 되고 그들이 필요로 하는 것이 무엇인지도 파악할 수가 있게 된다. 이 단계가 되면 구축하고자 하는 플랫폼의 역할이 분명해진다. 이와 같은 플랫폼의 목표 그룹과 역할이 필요로 하는 기능을 조합하여 플랫폼의 전체 기능을 정하게 된다.

그런 다음에는 비즈니스 모델을 설계해야 한다. 수익 모델이 없는 플랫폼은 결국 사양될 수밖에 없기 때문이다. 그리고 플랫폼을 구축하는 기업은 **참여자를 끌어들일 수 있는 혁신 방안을 도출해** 낼 수 있어야 한다. 플랫폼이 기존 비즈니스 구조에 대한 변화를 만들어 낼 수 있어야 소비자의 관심을 끌어내고 참여자를 유인할 만한 가치 창출을 할 수 있기 때문이다.

플랫폼 활성화 전략

만들어진 플랫폼은 처음부터 스스로 굴러가지 않는다. 일단 플랫폼이 만들어지면 참여자들을 확대하고 가치 교환이 활발히 이루어지도록 하는 전략이 실행되어야 한다. 그 핵심은 수요자와 공급자들 간의 요구가 잘 연결되도록 하는 것이라 할 수 있다. 목표 그룹을 플랫폼으로 끌어들이기 위한 장치도 마련되어야 한다.

우선 플랫폼이 활성화되려면, 선순환 구조의 생태계가 되도록 하여야 한다. 이에는 목표 그룹의 유인 방안, 콘텐츠 확보와 사용자 유인의 우선순위 결정, 인센티브 제공 여부 등의 전술적 결정이 포함된다.

이러한 전술 대안을 결정하기 위한 기준으로 자신의 핵심 역량이 어디에 있는지 파악하는 것을 들 수 있다. 즉 플랫폼 활성화의 첫걸음은 <u>핵심 역량을 최대한 활용할 수 있는 쪽의 그룹을 먼저 모으는 것이 유리하기</u> 때문이다. [그림 12-8]에서 볼 수 있듯이, 콘텐츠를

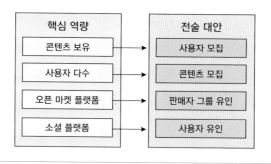

[그림 12-8] 플랫폼 활성화 대안 결정 기준

가지고 있다면 그것을 활용하여 사용자를 모아갈 수 있다. 그러나 사용자를 많이 보유하고 있다면 그것을 활용하여 콘텐츠를 모아갈 수 있는 것이다. 물론 핵심 그룹은 플랫폼의 특성에 따라 다를 수 있다. 오픈 마켓 플랫폼이라면, 판매자 그룹을 먼저 끌어들여야하고, 소셜 플랫폼이라면, 사용자를 먼저 끌어들여야 한다. 결국 핵심 그룹은 자신의 핵심 역량과 플랫폼의 특성, 플랫폼의 사업 분야에 따라 다를 수밖에 없다윤상진, 2012.

플랫폼 활성화 전략은 플랫폼이 스스로 굴러가도록 도와주는 것이다. 끊임없이 분석하고, 분석된 것을 토대로 전략을 조정하고, 적용해 가면서 결과를 지켜보아야 한다. 꾸준한 분석, 조정, 적용 및 재적용 과정을 통하여 스스로 진화하는 선순환 구조의 플랫폼이 되도록 치밀한 전략적 접근이 필요한 것이다. 특히 플랫폼의 선두 기업으로 발돋움하고 그 위치를 공고히 하기 위해서는 참여자 간 기회와 권한, 수익의 배분 체계 등을 공정히 하고 관리하는 전략도 포함되어야 한다김창욱·강민형·박성민, 2012.

플랫폼 진화 전략

플랫폼 진화 전략은 플랫폼을 재편하고 난 후 기존의 전략을 기반으로 한 <u>가치 기반과 기업 생태계를 확장해 나가는</u> 전략을 말한다. 이에는 신규 참여 그룹을 위해 새로운 서비스와 가치 제공 영역, 기능의 추가, 보완 제품 및 플랫폼의 흡수 내지 결합 방안 등이 포함된다. 이때 추가로 필요한 기능이 무엇인지 등에 대해 잠재그룹을 통해 사전에 파악하는 것도 중요하다. 지속적인 진화를 위해 보완 제품이나 서비스를 흡수해 보완 기업이 활동하던 영역으로 플랫폼의 영역을 확장하는 것도 필요하다. 이러한 보완 제품의 흡수는 플랫폼 지위를 공고히 하는 유력한 수단이 된다.

또 다른 플랫폼이 제공을 하던 기능을 자사의 플랫폼에 통합함으로써 그 플랫폼이 장악하고 있던 시장에 진출할 수도 있다. 이를 플랫폼 포획platform envelopment 이라 하는데, 이는 자사가 보유하고 있던 플랫폼을 중심으로 활용하여 외부의 플랫폼을 흡수함으로써 다른 플랫폼 기반 시장을 쉽게 잠식하도록 한다Eisenmann et al., 2011. 플랫폼의 포획은 번들링bundling 의 이점을 활용할 수 있기 때문에 독자적으로 존재하는 플랫폼에 비해 경쟁우위를 발휘할 수 있게 해준다노규성, 2014.

13

고객 가치
지향 전략

CHAPTER 13

고객 가치 지향 전략

고객이 변하면 기업 역시 변해야만 한다. 그런데 최근에 고객이 완전히 달라졌다. 뉴노멀로 인해 변해 오던 소비자들의 행태가 코로나 팬데믹 영향으로 인해 전혀 다른 양상으로 변해 버린 것이다. 코로나19는 누구도 가고 싶은 곳, 보고 싶은 것, 먹고 싶은 것 등 무엇 하나 자유롭게 할 수가 없게 만들어 버렸다. 그러자 사람들은 원하는 것을 다른 방식으로 하고자 했다. 이런 소비자들의 욕구와 행동 변화는 기업의 시장 대응 전략에서 변화를 요구한다. 그렇지 못하면 도태되고 만다. 그래서 다시 강조되기 시작한 것이 '고객 가치 지향'의 개념이다. 고객에게 필요한 것을 제대로 파악하고 맞추어 주는 전략은 시대가 요구하는 미션이라 해도 과언이 아니다.

1. 고객 가치 지향의 중요성

그런데 그간의 전략은 잠재적 경쟁 기업을 우선적으로 고려하여 왔다. 심지어 소비자를 고객이라기보다는 '수요자'로 인식하고 이들과의 관계에서 유리한 위치를 차지하여야 한다는 논리가 우세했다. 이에 대해 미래학자 오마에 겐이치는 이제 확실히 다른 _{소비자} 관점에서 경영 전략을 추구할 필요가 있다고 강조한다. '고객'을 가장 안전한 자산으로 인식하고 내응해야 한나는 것이나. 고색은 누구보다도 변화의 필요성을 제일 먼저 체감하고, 그에 따르는 새로운 소비자 행동을 만들어 내며, 진화하는 욕구와 니즈를 충족시킬 수 있는 기업을 선택하기 때문이다. 아마존의 CEO 제프 베조스 역시 "다른 기업 임원들은 매일 아침 샤워를 하면서 어떻게 하면 경쟁자를 앞서 나갈까를 생각한다. 우리는 매일 아침 샤워를 하면서 어떻게 하면 고객을 위한 것을 만들 수 있을지를 생각한다."라며 고객 지향 전략의 중요성을 강조하고 있다.

사실 고객 가치 지향적 사고, 고객 중심의 전략이 어제 오늘의 경영 이슈는 아니다. 오래된 전략적 과제였지만 이를 제대로 실현시키지 못한 기업이 많았다. 그러나 지금과 같이 소비자들의 욕구와 행태의 변화가 극심하면서도 다양화된 상황에서는 무엇보다 고객 가치 추구를 핵심적인 전략 과제로 여겨야 하는 것이다.

2. 디지털 마케팅의 이해로부터

디지털 마케팅의 이해

오늘날 고객의 인터넷 이용이 크게 확산되면서 디지털 마케팅이 마케팅의 대세를 형성하고 있다. 디지털 마케팅digital marketing이란 온라인으로 수행되는 모든 마케팅 활동을 의미하며 더 넓게는 전자기기나 채널을 통한 마케팅을 지칭한다고 볼 수 있다. 흔히 일컫는 온라인 마케팅, 이메일 마케팅, 블로그 마케팅, 바이럴 마케팅[46], SNS 마케팅, 인플루언서 마케팅Influencer marketing[47], SEO Search Engine Optimization, 검색엔진최적화[48] 등은 모두 디지털 마케팅에 해당한다고 볼 수 있다.

그럼 왜 디지털 마케팅이 대세를 형성할 만큼 중요해졌는가? 이에 대한 답은 인터넷의 사용률에서 찾을 수 있다. 국제전기통신연합International Telecommunication Union의 조사 결과에 의하면, 2018년 약 39억 명인 전 세계 인구의 절반 이상이 인터넷을 사용하고 있다. 그런데 '훗스위트Hootsuite'사가 발표한 자료에 따르면, 2020년 전 세계 인터넷 이용자의 하루 평균 사용 시간은 6시간 43분이다. 이는 우리가 일상생활의 약 40%를 인터넷을 하면서 보내고 있는 것을 보여 주고 있다.

그런가 하면 스마트폰의 등장으로 인터넷 사용자 수가 더욱 빠른 속도로 증가하고 있다. 2021년 6월 현재 전 세계 스마트폰 사용자 수는 38억 명을 전 세계 인구의 48.33%에 해당한다. 사람들과 소통, 은행 업무, 모바일 쇼핑, 뉴스 검색과 영화 감상 등 거의 모든 일상생활을 스마트폰을 이용하여 하는 소위 포노 사피언스Phono Sapiens가 기하급수적으로 늘어나고 있는 것이다.

이상에서 볼 수 있듯이 사람들의 인터넷과 스마트폰 접속 시간과

---

46) 블로그나 카페 등을 통해 소비자들이 자발적으로 정보를 제공하여 기업이나 기업의 제품을 홍보할 수 있도록 유도하는 마케팅 방식으로 입소문 마케팅이라고도 한다.
47) 인플루언서 마케팅(Influencer marketing)은 주로 SNS상에서 타인에게 영향력이 큰 사람인 인플루언서를 활용한 마케팅을 말한다.
48) 콘텐츠 제작자가 올리는 글이 사람들에게 검색이 잘 되도록 조정하는 작업을 말한다.

사용량이 증가하고 있다. 그러자 소비자의 행동 변화를 읽은 기업들은 그간 해오던 오프라인 위주의 비즈니스 공간을 점차 온라인으로 이동하고 있으며, 자연스럽게 온라인 마케팅의 중요성 또한 커지고 있는 것이다. 그런데 2020년 코로나19 팬데믹 사태 이후 생활 및 비즈니스 전반이 비대면으로 전환되면서 그 영향력을 기하급수적으로 증가하고 있다.

'풍년밥솥'으로 유명한 국내 중견 기업 PN 풍년은 종합 주방용품 회사이다. 이 기업은 고객이 원하는 콘텐츠를 조사한 후 SNS 채널을 활용해 자사 제품을 이용한 요리 레시피 및 압력솥 안전 캠페인 등 흥미로운 콘텐츠를 제공하는 데 주력하고 있다. 예를 들어 고객이 직접 이 기업의 제품을 사용하는 동영상을 촬영해 유튜브에게시하는 VIP Video in PN 동영상 공모전을 개최해 SNS 마케팅 효과를 극대화했다. 또한 3개월마다 PN 마니아를 선정해 제품 체험, 설문조사, 신제품 아이디어 제안 등의 활동을 맡기고 이들의 활동을 SNS 마케팅에 적극 활용하고 있다 노규성, 2019.

디지털 마케팅의 최신 트랜드

인터넷 마케팅은 대중을 대상으로 하는 효율적인 마케팅 수단이긴 하지만 제품이나 서비스의 가치와 고객의 가치를 직접적으로 연결하고자 하는 마케팅 전략 측면에서는 다소 미흡한 점이 있었다. 그런데 최근 코로나 19의 영향으로 사람들의 생활 방식이 변하면서 디지털 마케팅 트렌드도 점차 바뀌고 있다. 사람들이 집에 있는 시간이 많아지면서 검색 활동의 편리성을 추구하고 점점 더 흥미로운 콘텐츠를 소비하게 되자 변화된 소비자의 성향에 따라 고객 가치를 지향하는 방법의 마케팅이 등장하고 있다. 이에 대해 간략히 정리하면 다음과 같다.

첫째, **음성**voice **검색에 의한 마케팅**의 출현이다. 여러 기업에 의한 음성 인식 기술이 크게 향상되면서 음성 검색을 이용한 마케팅이 새로운 판매 방법으로 부상하고 있는 것이다. 음성 검색의 경우 일반 검색보다 사용이 간편하며, 클릭이나 타이핑 없이 순식간에 검색 및 구매가 가능하여 시간이 단축된다는 장점을 가지고 있다. 아마존에 의하면, 음성 인식 스피커 '알렉사'를 통한 판매량이 해마다 증가하고 있으며 매년 평균 2배가량의 증가 추이를 보이고 있다.

둘째, 쌍방향 소통을 기반으로 하는 **라이브 스트리밍**live streaming **방식의 마케팅**이 각광을 받고 있다. 이는 특정 제품이나 브랜드를 실시간 영상을 통해 소비자들과 소통하면서 마케팅하는 것을 말한다. 그 대표적인 예로 인스타그램, 메타페이스북, 유튜브를 들 수 있으며 최근에는 네이버에서도 쇼핑 라이브를 시작했다. 라이브 스트리밍 콘텐츠가 각광받는 이유는 이 방식이 주는 실시간 정보의 신뢰성과 관계성 때문이다. 조작 없이 실시간으로 소비자와 실시간으로 소통하면서 이루어지는 콘텐츠를 통해 신뢰를 쌓을 수 있고 특별한 관계를 구축하면서 가치를 향상해 가는 것이다.

셋째, **인터랙티브 콘텐츠**Interactive Contents **기반 마케팅**에 대한 관심이 커지고 있다. 인터넷의 가치는 콘텐츠에 있다는 것은 누구나

다 안다. 그러나 소비자의 관심과 소비를 끌어내기란 매우 어려운 일이다. 그런데 최근에 수동적으로 콘텐츠를 소비하는 것이 아니라 시용지가 직접 참여하여 소비하도록 하는 인터랙티브 콘텐츠가 등장하여 소비자의 인기를 끌고 있다. 인터랙티브 콘텐츠의 소비가 증가하면서 관련되는 마케팅도 등장하였다. 인터랙티브 콘텐츠 마케팅이란 소비자와 상호작용하며 소비자의 능동적인 참여를 이끌어내는 콘텐츠를 통한 마케팅을 말한다. 예를 들어 메타에서 간단한 취향에 대한 질문에 답을 하게 되면 소비자의 유형을 이미지 등으로 알려주는 방식이다. 또 방문자가 직접 문제를 풀어서 알게 되는 퀴즈 형식의 콘텐츠, 소비자의 여행 취미에 대한 정보를 토대로 개인화된 여행지 제안 콘텐츠, 화장품 회사 홈페이지에서 진행하는 나의 퍼스널 컬러 찾기 테스트 등이 이에 해당한다.

이상에서 알 수 있듯이, 인터랙티브 콘텐츠 마케팅은 다량으로 나열된 정보를 보여 주는 방법이 아니라 소비자가 직접 클릭이나 스크롤 혹은 정보 입력 등 흥미로운 방법으로 콘텐츠 생성에 참여하고 소비하는 방법으로 자연스럽게 마케팅을 한다. 이를 통해 소비자는 간접적으로 브랜드를 경험할 수 있으며, 일방적으로 제시된 콘텐츠를 보는 것이 아니라 콘텐츠와 직접 커뮤니케이션을 함으로써 자연스럽게 구매 동기를 갖게 된다.

새로운 트렌드, 메타버스 마케팅

'CHAPTER 6 디지털 트랜스포메이션 전략'에서 소개한 바 있는 메타버스Metaverse는 현실 세계와 같은 사회·경제·문화 활동이 이뤄지는 3차원 가상 세계이다. 기존에 많이 활용되던 가상현실보다 진보된 개념으로 가상 세계가 현실 세계에 흡수된 형태라고 할 수 있다. 메타버스에서는 아바타를 통해 친구를 만나고 놀이, 업무, 소비, 소통 등을 할 수 있다. 최근 들어 급격한 성장을 이루고 있는 메타버스는 코로나 19로 인해 비대면 문화가 본격화되면서 더욱 활성화되고 있다.

이러한 메타버스를 이용하여 마케팅을 하는 기업도 증가하고 있다. 예를 들어 구찌는 이탈리아 피렌체를 배경으로 한 '구찌 빌라'에서 상품을 둘러보고 구매할 수 있는 메타버스 공간을 제작했다. 이용자가 아바타를 통해 구찌 빌라에 방문하여 구찌 의상을 입어보고 포토존에서 사진을 촬영할 수도 있다. 현대차는 메타버스 공간에서 차량을 구현해 쏘나타 N 라인을 시승할 수 있게 했다. 이용자들이 영상과 이미지를 제작할 수 있는 부스에 가서 아바타를 이용해 쏘나타로 콘텐츠를 생산할 수도 있다NewsWire, 2021.

3. CRM에서 CEM으로

CRM

CRM은 Customer Relationship Management의 약자로 우리말로는 '고객 관계관리'라고 한다. CRM은 기업이 고객 관계를 체계적으로 관리하는 것으로서 고객과 관련된 내·외부 데이터를 통합적으로 관리하고 분석해 고객의 요구사항을 정확히 파악하고 이를 토대로 고객 특성에 맞게 마케팅 활동을 계획·지원·평가하는 과정이다. 즉 CRM은 고객 관련 데이터를 기반으로 우리 회사의 고객이 누구이며 어떻게 구성되어 있는지, 그 고객들이 무엇을 원하는지를 파악하여 고객이 원하는 제품과 서비스를 지속적으로 제공함으로써 고객을 오래 유지시키고 이를 통해 고객의 평생 가치를 극대화하여 수익성을 높이는 통합된 고객관리 시스템인 것이다노규성 외, 2019.

기존 마케팅이 단발적인 마케팅 전술이라면 CRM은 고객과의 지속적인 관계를 유지하면서 '한 번 고객은 평생 고객'이 될 수 있는 기회를 만들며, **고객의 가치를 극대화하여 평생 고객화**를 이루고자 한다. 이를 위해 CRM은 [그림 13-1]에서 볼 수 있듯이, 고객 데이터를 분석하여 고객의 세분화를 한 다음 신규 고객 획득, 우수 고객 유지, 고객 가치 증진, 잠재 고객 활성화, 평생 고객화와 같은 사이클을 통하여 고객 관계를 적극적으로 관리하고 강화한다.

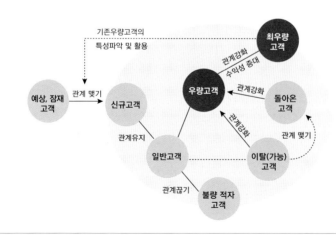

[그림 13-1] CRM의 개념

(자료원: 최정환·이유재, 2013)

고객과의 장기적인 관계를 구축하여 고객의 평생 가치를 증대시키면서 수익성을 확보하기 위해 기술적으로 뒷받침되어야 할 것은 무엇일까? 그것은 다름 아닌 CRM 구현을 위한 디지털 기술이다. 고객과의 돈독한 관계를 통해 장기적인 발전을 추구하고자 하는 기업에게 요구되는 디지털 기술은 다음과 같이 세 가지를 들 수 있다노규성 외, 2019.

첫째, 고객 통합 데이터베이스DB가 요구된다. 기업이 보유하고 있는 고객과의 거래 데이터와 고객 서비스, 웹사이트, 콜센터, 캠페인 반응 등을 통해 생성된 고객 반응 정보, 그리고 인구통계학 데이터 등을 데이터 웨어하우스data warehouse [49] 관점에서 통합한다. 즉 CRM을 위해서는 고객과 관련된 전사적인 정보의 공유 체계가 확립되어야 한다. 고객이 생각하고, 표현하는 말 한마디 한마디가 사내 DB와 시스템을 통해 공유되고, 이러한 데이터가 제대로 분석된다면, 고객에 대해 훨씬 더 다양하고 의미 있는 정보를 생산하게 되어 고객이 원하는 방향으로 마케팅을 실시할 수 있게 된다.

둘째, 고객 특성을 분석하기 위한 데이터 마이닝data mning [50] 도구가 필요하다. 구축된 고객 통합 DB를 기반으로 마이닝 작업을 하게 되면 고객의 특성을 정확하게 분석할 수가 있다. 빅데이터와 같은 대용량 데이터를 분석하여 차별화된 정보를 산출하는 것은 마

---

49) 데이터 웨어하우스(data warehouse)는 데이터베이스 시스템에서 의사결정에 필요한 데이터들을 미리 추출하여, 이를 원하는 형태로 변환하고 통합한 읽기 전용의 데이터 저장소를 말한다.

50) 데이터 마이닝은 고객 개개인의 행동을 예측하기 위한 목적으로 모형을 구축하는 작업으로 신경망(neural network)과 같은 다양한 분석 모형을 활용하게 된다.

케팅 우위를 차지하는 데 있어 큰 지렛대 역할을 한다.

셋째, 분석을 통해 세워진 전략을 활용하는 **다양한 마케팅 채널**과의 연계가 필요하다. 마케팅 채널로는 영업망대리점, 영업점, 콜센터, 캠페인 관리 및 고객 서비스 센터의 시스템을 들 수 있다. 분류된 고객 개개인에 대한 특성을 바탕으로 해당 고객과 만나는 채널을 다양한 형식으로 관련 부서 및 사용자의 목적에 따라 다른 전략을 구사할 수 있다.

CRM을 구현하는 디지털 기술은 전사적으로 연계되어야 하고 고객 지향적이어야 한다. 최상의 고객 관계를 확보하기 위해서라면 사내 어느 부서에서 근무하는 그 누구이든 항상 고객을 위해, 고객에 대해 응대할 준비가 되어 있어야 한다. CRM은 이처럼 전사적으로 고객과 고객 정보에 대한 마인드를 갖게 하고 강화하며, 집중적인 관리를 통해 완전한 정착 단계에 이를 수 있게 해준다.

CEM

고객 데이터의 통합적 관리와 분석을 통해 고객과의 관계를 강화하여 고객 만족과 수익의 극대화로 연결시키고자 제시된 CRM은 나름 성과를 내었다. 그러나 CRM은 고객과 고객의 거래 관련 데이터에 중점을 두고 소비 패턴을 기계적으로 수치화하고 있다는 점에서 다양한 고객 접점과 경험에 따르는 심리적 변화, 욕구를 반영하는 데에는 한계를 가지고 있다. 또한 인터넷과 모바일 환경이 발달하면서 SNS을 통해 전달되는 기존 고객의 구매 경험이 타인의 구매 결정에 영향을 미치는 결정적인 변수로 작용하기 시작했다.

이러한 배경으로 인해 고객이 자사의 재화나 서비스를 접하는 전 과정에서의 체험을 관리할 필요성이 강조되었고 이로 인해 등장한 개념이 CEM이다.

CEM은 Customer Experience Management의 약자로서 우리말로는 '고객 경험 관리'라고 한다. CEM은 재화나 서비스의 정보 탐색에서부터 구매, 사용, 사용 후 평가 단계에 이르기까지 고객이 기업의 브랜드와 직·간접적으로 접촉하면서 생기는 경험을 차별적으로 제공하고 관리하는 마케팅 전략이다번트 슈미트, 2003.

사실 고객은 시장에서 기업이 제공하는 정보가 아니라 브랜드가 가진 이미지, 광고에서 보았던 친근한 모델의 모습, 친절한 매장 직원, 편리한 주문 시스템 같은 수많은 요소에 영향을 받아 구매한다. 즉 이성보다는 감성으로, 수치보다는 감동으로 구매하기 때문에 고객이 자사 브랜드를 경험하는 모든 상황과 심리적 작용을 분석함으로써 총체적으로 고객을 이해하는 CEM이 훨씬 고객 중심, 고객 만족, 관계 지향적이라고 할 수 있다.

이러한 CEM의 핵심은 고객이 중요하게 생각하는 접점TV, 인터넷, 매장, 친구 등에서 기업과 고객이 긴밀한 유대관계를 맺는 방법을 마련하는 일이라 할 수 있다. 예를 들어 에이비스AVIS 렌터카는 고객들이 자동차를 임대하는 과정을 분석하여 고객 경험을 획기적으로 개선하였다. 에이비스는 경쟁사들에 비해 고객 만족도 점수가 지속적으로 하락하자 이에 대한 원인을 찾아 개선하고자 했다. 그 작업의 일환으로 에이비스는 고객들의 자동차 렌트 경험을 분석하는 작업을 실시했다. 우선 고객들의 자동차 렌트 과정을 100단계로 구분하고 각 단계별로 세밀하게 분석하였다. 문제점이 발견되면 개선 방안을 마련하여 즉각 실행에 옮겼다. 예를 들어 고객이 렌트하는데 걸리는 시간에 불만족해 한다는 문제점을 발견하고는 즉시 우대 서비스 프로그램을 개발했다. 회원에 한해 공항 내에 있는 렌터카 신청 부스를 들르지 않고 차를 바로 배정받을 수 있도록 한 것이다. 또한 차를 되돌려 주는 장소 입구에 항공기 출발 시각표를 볼 수 있는 모니터를 설치하여 시간에 대한 스트레스를 줄여주었다이남선, 2013. 이러한 고객 경험 관리 활동에 힘입어 에이비스는 고객 만족도 조사에서 업계 1위를 달성하게 되었다그림 13-2 참조.

[그림 13-2] 에이비스(AVIS) CEM 사례

고객이 경험한 제품이나 서비스의 질에 대한 만족도가 기업 경영의 성과를 좌우한다는 것은 누구나 아는 사실이다. 따라서 기업은 제품과 서비스로 고객을 설득하려는 구태를 버리고 그 이상의 소통과 감성 그리고 콘텐츠를 통해 고객 경험을 차별화하고자 하기 위해 노력해야 한다. 제품과 독특한 생활양식을 통해 얻는 총체적인 경험을 위해 기꺼이 돈을 지급하려 하는 고객을 수익을 가져다 주는 단순한 도구로 인식하기보다 각자 하나의 인격체로서 차별화된 경험을 갖도록 하는 통찰력이 필요하다이남선, 2013.

4. 디자인 씽킹과 고객 여정 지도 이해하기

디자이너처럼 디자인 씽킹

오늘날 소비자들은 제품이나 서비스를 구매하는 데 있어 제품의 품질이나 기술보다 자신의 마음을 움직이는 디자인과 브랜드를 더 중요하게 여기고 있다. 아이폰이 성공할 수 있었던 것도 단순하지만 소비자들의 감성을 자극한 터치 방식의 디자인 덕분이었다. 일반적으로 알려지지 않았는데, 사실 에어비앤비 Airbnb 의 공동 창업자 세 명 중 두 명이 디자이너 출신이다. 그들은 초기 위기 때마다 디자이너의 사고방식을 활용해 창의적으로 문제를 풀어가 위기를 극복하고 성공적으로 비즈니스를 착수할 수 있었다. 에어비앤비는 디자이너의 사고, 창의력, 감수성이 비즈니스에 접목되었을 때 좋은 성과를 낼 수 있다는 점을 보여 준 대표적인 사례이다.

이와 같이 비즈니스에서 디자인의 중요성이 커지게 되자 기업들이 디자인에 관심을 기울이기 시작했다. 그러면서 제품의 외양에만 적용되던 디자인이 이제는 고객과 관련되는 모든 것에 적용되기에 이르렀다. 즉 제품의 기획, 개발, 마케팅, 관련 서비스 등 가치사슬 전 과정에 걸쳐 디자이너들의 감각과 접근 방식이 적용되고 있는 것이다. 이것이 바로 디자인 씽킹 design thinking 이다.

원래 디자인 씽킹은 디자인 과정에서 디자이너가 활용하는 창의적인 사고방식을 의미한다. 이런 디자인 씽킹이 기업의 비즈니스에 적용되면서 디자이너의 감각과 방법을 사용하여 고객 현장의 가치를 시장 기회로 연결하는 것으로 확장되었다. 즉 기업의 문제 해결이나 소비자의 요구 충족을 위한 실행 가능한 대안을 구상하는 과정에서 디자이너의 창의적이고 혁신적인 사고방식을 적용하는 것이다. 특히 디자인 씽킹은 고객 현장의 경험을 구체적으로 파헤치면서 혁신적인 해결 대안을 모색한다는 점에서 고객 지향 전략의 핵심 수단의 하나가 되었다. 사용자가 무엇을 원하는지, 그들의 생활에 무엇이 필요한지, 또 그들이 어떤 점을 좋아하고 싫어하는지 등을 속속들이 듣고, 느끼고, 이해한 바를 원동력으로 삼아 행하는 혁신이 디자인 씽킹이 추구하는 바인 것이다.

애플의 경우, 제품과 서비스 개발 과정에서 디자인 씽킹을 적극 활용하고 있다. 사용자들이 무엇을 원하고 필요로 하는지, 기기와 어떻게 상호작용을 하는지에 대해 디자인 씽킹을 통해 파악한다. 그리고 이에 대한 아이디어를 도출하고 디자인을 도출한 후 만족할 만한 디자인 결과물에 대해 기술적으로 어떻게 구현할지 고민하는 과정을 거친다. 디자인 씽킹의 발원지이자 중심지는 스탠퍼드 디 스쿨D.school 인데, 구글, 비자, 팹시, P&G 등 많은 글로벌 기업들이 디 스쿨과 협업하면서 디자인 씽킹을 비즈니스에 활용하고 있다. 국내에서도 삼성, LG, SK, 롯데, GS, CJ 등 선도 기업들을 중심으로 디자인 씽킹이 적극 활용되고 있다.

디자인 씽킹 5단계

스탠퍼드대학교의 디 스쿨D - School은 디자이너의 문제 해결 방식을 분석한 결과, 디자이너들은 공감, 문제 정의, 이를 해결하기 위한 아이디어 도출, 시제품 제작, 사용자 테스트 등 5단계를 거쳐 문제를 해결한다는 것을 파악했다. 이 과정을 체계화한 것이 디자인 씽킹이다. 말하자면 디자인 씽킹은 '디자이너들이 문제를 푸는 방식에 따라 사고하는 것'이지만, 전반적인 비즈니스의 문제 해결 과정에 활용할 수 있는 것이다 노규성, 2019. 통상적인 디자인 씽킹의 5단계를 정리하면 [그림 13-3]과 같다.

[그림 13-3] 디자인 씽킹 5단계

1단계에서는 **사용자와 공감**empathize한다. 즉 사용자가 느끼는 문제와 필요를 이해하고 공감하는 것으로부터 시작된다. 이를 위해 설문과 인터뷰, 관찰 등의 조사를 통해 사용자 정보를 수집하여야 한다. 여기에서 사용자 여정 지도user journey map[51]를 작성하는 것이 요구되기도 한다.

2단계에서는 해결해야 할 **문제를 정의**define한다. 사용자와의 공감에서 얻은 내용을 종합하고 가장 핵심적인 사용자의 필요사항을 파악한다. 이를 구체적인 하나의 문장으로 작성하여 문제 해결의 가이드로 활용한다.

---

51) 사용자 여정 지도에 대해서는 뒤이어 설명하는 고객 여정 지도를 참고하기 바란다.

3단계에서는 **아이디어를 도출**ideate 한다. 문제 해결을 위한 다양한 아이디어를 도출하는데 많을수록 좋다. 이 과정에서는 브레인스토밍, 마인드맵, 스케치 등을 통해 다수의 아이디어를 도출해 낸다. 그러나 모든 아이디어가 채택될 수는 없기 때문에 투표 등을 통해 2~3개의 아이디어를 추려내는 작업이 필요하다.

4단계에서는 **시제품**prototype 을 제작한다. 선택한 아이디어해결책에 대한 시제품을 제작하는 것이다. 시제품은 사용자로부터 유용한 피드백을 얻을 수 있을 정도로 빠르고 저렴하게 제작하는 것이 효율적이다.

5단계에서는 시제품에 대해 **테스트**test를 한다. 즉 모형으로 만든 시제품을 이용해 사용자 테스트를 진행하는 것이다. 시제품에 대한 사용자의 경험을 관찰하고 적절한 질문을 하여 피드백을 받아 반영함으로써 시제품과 해결책을 개선해 나간다. 이상의 디자인 씽킹의 각 단계나 전체 과정을 여러 차례 반복함으로써 최종 해결책을 완성해 나간다.

고객 여정 지도

디자인 씽킹은 고객 여정 지도를 활용해 고객의 경험을 관찰한다. 고객 여정 지도Customer Journey Maps 는 고객이 제품이나 서비스를 이용할 때 브랜드를 인지하는 것에서 출발해 소비에 도달하기까지의 경로를 시각화하여 고객의 경험을 한눈에 볼 수 있도록 한 시각 자료혹은 문서로서 고객사용자의 움직임에 대한 이해를 고객 관점에서 파악하도록 도와주는 유용한 도구이다. 즉 고객 경험을 넓고 세밀하고 나누어진 관점으로 파악하기 때문에 다른 고객조사 방법에 비해 훨씬 깊이 있게 고객의 경험을 이해할 수 있다. 따라서 고객 여정지도를 그려 보면 **고객의 경험을 기반으로 기존 제품이나 서비스 환경을 쉽게 파악할 수 있고 고객이 불편해 하는 포인트** pain point를 발견할 수 있다. 그렇게 되면 제품이나 서비스 환경을 둘러싼 고객의 반응에 효과적으로 대응하거나 혁신적인 제품이나 서비스를 개발해 최적의 고객 경험을 제공하는 일이 가능해진다.

고객 여정 지도의 작성을 위한 순서가 정해진 것은 없으나 대체로 [그림 13-4]와 같이 5단계 프로세스로 정리해 볼 수 있다노규성, 2019.

[그림 13-4] 고객 여정 지도 도출 프로세스

첫 번째 단계에서는 정보를 수집하는 단계이다. 고객 경험을 이해하기 위해 고객 타입이나 프로파일을 정의한 다음 고객 행동 관찰 및 심층 인터뷰를 통해 제품이나 서비스 사용 과정을 정리한다.

두 번째 단계에서는 고객이 움직이는 여정의 특징을 분석하고 그 패턴을 정리한다.

세 번째 단계에서는 전체적인 상황 시나리오를 정리하고 고객 감정과 고객 경험을 정리 및 도출한다. 그런 결과를 토대로 고객 여정 지도를 그리고 리뷰를 통해 필요한 사항을 보완한다.

네 번째 단계에서는 완성된 고객 여정 지도상에서 제품이나 서비스 혁신을 위해 고객이 고통스러워하거나 예상치 못한 행동을 하는 부분에서 **문제섬**pain point을 찾고 그에 대한 **개신 아이디어와 방안**을 정리한다.

다섯 번째 단계에서는 혁신 과제를 도출하고 이를 실행하여 **고객 경험을 개선**한다. 결과에 대한 평가 및 피드백에 의한 개선 과정을 반복한다.

스타벅스는 고객 경험을 강화하여 최고의 고객 서비스를 구현하기 위해 고객 여정 지도를 활용하였다. [그림 13-5]에서 볼 수 있듯이, 스타벅스는 고객 여정 지도를 통해 커피 소비자의 입장에서 언제 커피가 생각나는지, 어떤 커피 브랜드를 선택하는지, 어느 길로 어느 커피숍을 가는지를 포함하여 매장에 들어 갈 때의 경험, 주문하는 과정, 기다리는 행위, 간판을 보는 것 등 고객의 움직임과

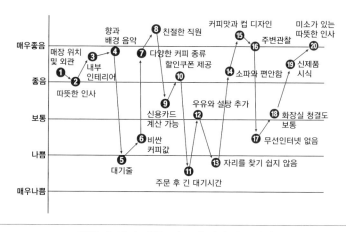

[그림 13-5] 스타벅스의 고객 여정 지도 사례

감성 내용을 상세히 도출하였다. 그리고 그 결과를 토대로 고객들이 어느 부분에서 실망하는지, 언제 이탈하게 되는지, 무엇 때문에 주문하게 되는지 등 고객의 입장에서 세밀하게 분석하고 이를 사이렌 오더Siren Order 등의 디지털 시스템과 결합함으로써 고객들에게 한층 더 개인화된 서비스를 제공할 수 있게 되었다.

5. 데이터로 찾아가는 마케팅과 고객 가치

데이터 기반 마케팅

마케팅 분야의 데이터 활용은 오래된 역사를 가지고 있다. 그러나 과거의 데이터는 수집과 활용을 위한 과정에 많은 비용이 수반되어 한계를 가지고 있었다. 그러다가 빅데이터가 출현하면서 상황이 급반전되었다. 엄청나게 쌓여가는 데이터를 관리하고 분석하는 기술이 출현하고 이에 대한 비용도 획기적으로 낮아지면서 현실감 있는 데이터 기반의 마케팅이 가능해진 것이다. 흔히 데이터 기반 마케팅은 수집된 데이터를 활용하여 마케팅 전략을 결정하는 비즈니스 마케팅의 한 형태라고 한다. 이때의 데이터는 고객의 속성 데이터, 고객이 구매 과정에서 남기는 다양한 흔적 데이터는 물론 SNS상의 잠재적 고객의 목소리 등 다양한 데이터를 포함한다. 이와 같은 데이터를 통합적으로 분석하여 마케팅과 경쟁 전략을 수립하고 실행하게 되면 고객의 가치를 추구하는 기업의 성과는 크게 향상될 것이다.

빅데이터를 활용한 마케팅의 좋은 사례는 카탈리나Catalina이다. 카탈리나는 빅데이터를 체계적으로 관리하고 분석하여 응답할 가능성이 높은 목표 고객을 정확하게 예측하여 마케팅에 활용히였다. 그 결과 구매한 고객의 재방문율을 높이고 장기 충성 고객으로 확보하였을 뿐 아니라 높은 수익도 창출하였다. 카탈리나가 빅데이터를 활용한 마케팅의 대표적인 서비스는 맞춤형 쿠폰 발행이다. 즉 카탈리나는 포인트 카드 등으로 고객을 식별하고 판매 시스템과 연동하여 고객의 과거 3년간 구매 이력 데이터를 분석한다. 고객이 계산대에서 계산을 할 때 고객의 구매 패턴 구매 상품, 구매 수량, 방문 빈도, 구매 액수 등을 다른 수천만 명의 구매 패턴과 비교 분석하여 가장 관심이 높을 만한 쿠폰을 찾아 즉석에서 발행한다. 그 쿠폰을 받은 사람들의 쿠폰 사용률은 매우 높으며, 그로 인해 카탈리나 마케팅팀은 더 많은 데이터를 축적하게 되고 따라서 더욱 정확하게 고객 가치를 추구할 수 있는 맞춤 마케팅 서비스를 제공할 수 있게 되었다 한국소프트웨어기술인협회, 2021.

데이터 기반 개인화 마케팅

최근 구매 동기와 과정, 만족도, 개선점 등 고객의 경험 데이터를 활용해 '개인화 마케팅personalized marketing'을 제공하는 서비스가 등장하여 고객 가치를 높이고 있다. 이 서비스는 고객의 속성, 선호 제품, 구매 내용, 주기 및 특성과 같은 데이터를 기반으로 고객을 분류하고 인공지능과 같은 최신 디지털 기술로 이 데이터를 분석하여 선호 제품, 선호 채널 및 시간대 등을 고려한 최적의 맞춤형 광고 메시지를 발송하고 소통할 수 있도록 돕는다. 아울러 고객 관련 데이터는 통합 DB를 통해 전 구성원이 공유함으로써 고객이 브랜드를 접하고 제품을 구매하는 모든 채널과 과정에서 개인화를 지원한다 김동진, 2020 .

　　디즈니 Disney 는 고객 데이터를 다각적으로 수집하여 맞춤 서비스를 제공하는 기업으로 유명하다. 미키마우스의 눈, 코, 팔, 배 등 몸 곳곳에 적외선 센서와 스피커를 탑재해 디즈니랜드의 상황 데이터와 고객 데이터를 실시간으로 수집한다. 이 데이터는 어떤 놀이기구의 줄이 가장 짧은지, 관람객의 현재 위치가 어디인지 등의 정보를 알려준다. 이렇게 수집된 데이터를 활용하여 방문객 수가 적은 날에는 입장료를 할인해 주기도 하고, 방문객에 몰리는 놀이기구에는 VIP 패스를 활용해 매출을 늘리기도 한다. 또한 놀이기구를 타거나 음식 및 기념품을 살 때 사용하는 손목 매직 밴드로도 고객 데이터를 수집한다. 디즈니는 매직 밴드를 통해 얻은 다양한 데이터를 분석해 고객 맞춤형 서비스를 제공하고 있다. 즉 방문객의 이동 형태, 소비 패턴, 취향 등 다양한 데이터를 저장, 처리, 분석 및 시각화해 고객 서비스 가치 제고에 적극 활용한다.

6. 인공지능이 도와주는 마케팅 플랫폼

인공지능, 개인 맞춤화를 실현하다.

최근 들어 생각보다 많은 일상 영역에서 개인화 서비스를 경험하게 되었다. 초기에는 전자상거래 기업들을 중심으로 인공지능AI, Artificial Intelligence을 활용하여 개인 맞춤화를 강화하고 기존 고객들과의 상호작용을 향상시키려는 움직임이 있었다. 갈수록 경쟁이 치열해지면서 고객 점유율과 충성도 제고가 무엇보다 중요해졌기 때문이다. 그래서 많은 기업이 고객의 높은 참여도와 충성도를 높이기 위해 상품 추천을 적극적으로 전개해 왔다. 그런데 이러한 상품 추천은 개인 맞춤형으로 제공될 때 높은 수익을 보장한다. 보스턴컨설팅그룹BCG, Boston Consulting Group에 따르면, 개인 맞춤 사용자 경험을 제공하는 브랜드는 수익이 6~10%가량 증가하고 그렇지 않은 브랜드에 비해 2~3배 빠르게 성장한다.

인공지능이 이와 같은 개인 맞춤 상품 추천 엔진을 구축하는 데 도움이 된다. 인공지능은 고객의 속성 및 과거 구매 데이터를 통합적으로 분석하여 획득한 인사이트insight를 기반으로 추천하기 때문에 높은 수준의 개인 맞춤화를 가능하게 해준다. 인공지능은 고객의 속성, 구매 여정, 온라인 행태와 상호작용, 구매 패턴 등 과거의 고객 데이터를 모두 통합한다. 이렇게 통합한 데이터를 이용하여 패턴을 분석하고 소비자의 미래 행동을 예측한다. 이런 과정을 통해 도출된 결과를 기반으로 상품이나 서비스를 추천하기 때문에 고객의 구매로 이어질 가능성이 높아지는 것이다appier, 2018. 이는 기업이나 고객 모두에게 이득이다. 기업은 구매 가능성이 높은 사람에게 집중적으로 마케팅을 진행함으로써 영업 효율을 극대화할 수 있다. 고객은 자신에게 필요한 상품과 서비스 위주로 제안을 받으면서 보다 스마트한 소비가 가능해진다. 나와는 전혀 상관없는 스팸 광고를 피할 수 있다는 것도 장점이다 이건한, 2020. 인공지능은 거래 횟수가 늘어날수록 사용자에 대한 점점 더 많은 정보를 획득하게 되고, 따라서 점점 더 정확하고 개인화된 상품 추천을 할 수가 있게 된다.

개인 맞춤화를 지원하는 마케팅 플랫폼

데이터와 인공지능에 기반해 개인 특성에 맞는 특별한 경험을 제공하는 개인 맞춤형 마케팅이 플랫폼을 통해 이루어지게 하는 서비스가 출현되면서 고객 가치가 더욱 제고될 전망이다. 통상적으로 맞춤형 마케팅은 투자 대비 효과 등을 고려할 때 전자상거래 전문기업이나 일부 대기업을 중심으로 이루어질 수밖에 없다는 생각이 지배적이었다. 그러나 AI 기반 마케팅 플랫폼이 등장하면서 중소기업에서도 개인화 및 자동화 마케팅을 저렴한 비용으로 추진할 수 있게 되었다. 이와 같은 AI 마케팅 플랫폼은 회원 기업과 고객의 구매 환경을 인지하고, 고객들이 구매를 결정하기까지의 시간을 최소화하도록 도와주는 것을 목적으로 하고 있다. 그렇게 하기 위해 마케팅 담당자는 다양한 조건으로 타겟 고객을 세분화하고 개인화된 콘텐츠와 상품 추천을 제공할 수 있으며 웹, 앱, 이메일, SMS, 인스턴트 메시징 앱 등과 같은 다양한 채널을 활용하여 캠페인을 실행하는 것도 가능하다.

국내 대표석인 가구 브랜드인 일룸은 마케팅 플랫폼을 활용하여 고객이 조회 또는 구매한 상품과 연관된 상품을 추천하고, 고객의 라이프스타일 선호도를 고려하여 다양성과 참신성이 가미된 최적의 제품을 추천하거나 캠페인을 진행해 구매를 이끌어 냈다. 그 결과 일룸 웹사이트의 전반적인 페이지 뷰는 41%, 신규 회원 가입은 106%, 전환율은 10% 상승하는 효과를 얻는 성과를 거뒀다김영우, 2020.

코로나19 팬데믹이 장기화되면서 AI 기반 맞춤화 마케팅은 더욱 중요해지고 있다. 기업의 입장에서는 직접 소통을 최소화하면서 최대한의 효과를 얻을 수 있는 지능형 마케팅 실행이 절실하다. 소비자 입장에서는 최소한의 노력으로 자신의 원하는 제품이나 서비스를 찾고자 한다. 이런 쌍방의 필요에 의해 AI 기반 맞춤형 마케팅 플랫폼은 날로 진화할 것이며 서비스 회수의 증가에 따라 더욱 지능화되어 기업과 소비자에게 더 큰 효익을 가져다 줄 것이다.

급격한 환경 변화로 인해 기업은 늘 새로운 것을 고민하여야 했다. 그런데 모두 인지하고 있듯이, 지금의 변화는 차원이 다르다. 완전한 패러다임 전환을 필요로 한다. 그것은 물론 디지털 대전환이다. 그렇다고 모든 비즈니스가 디지털로만 실행될 수 있는 것이 아니긴 하다. 사람, 조직, 자본 등 전형적인 자원의 활용은 기본이다. 그래서 이 책은 전략경영 이론에 충실하기보다는 정리 차원에서 간단히 다루었다. 그리고 대전환의 이 시대에 필요한 전략의 모든 것을 디지털 기반으로 접근하도록 제시하는 데에 초점을 맞추었다.

앞에서 살펴보았듯이, 디지털 기술은 제품 개발에서부터 고객 서비스에 이르기까지 기업의 모든 가치 활동에 영향을 미친다. 그런데 지금은 이 가치 활동을 수행하는 데에 있어 필수적 기반이 되었다. 또한, 디지털 기술은 개별적인 가치 활동들의 수행 방법에 영향을 미칠 뿐 아니라 가치사슬상의 각 활동 사이의 연계 능력을 증진시켜 통합적인 경영 기능을 수행하는 데까지 활용된다. 디지털 기술은 각 활동 간의 새로운 관계를 창출하며, 구매자, 공급자와 보다 밀접한 협력 관계를 유지할 수 있도록 지원한다. 기업의 가치 활동을 지리적으로 광범위하게 퍼져 있는 관련 장소와 연결하고 사업 간의 새로운 상호관계를 창출함으로써 기업의 경쟁 범위에 영향을 미치며 각 활동의 물리적 구성 요소에 변화를 유발시키기도 한다.

이와 같은 디지털 기술의 영향에 대해 산업, 기업 전략의 세 수준에서 살펴보았다. 디지털 기술은 산업 수준에서는 제품, 시장 및 생산 방식을 바꾸고, 기업 수준에서는 경쟁 세력 간의 관계에 변화를 일으키며, 전략 수준에서는 원가 우위, 차별화 및 집중화의 전략 수립과 실행에 영향을 미친다. 이러한 세 가지 수준의 영향을 기초로, 디지털 기술이 다음과 같은 세 가지 방법을 통하여 경쟁 규칙을 변화시킬 수 있다.

첫째, 디지털 기술은 산업 수익성을 총체적으로 결정하는 다섯 가지 경쟁 세력과의 관계에 변화를 줌으로써 산업의 구조를 변경시킴은 물론 그 산업의 매력을 증대시키거나 감소시킨다.

둘째, 디지털 기술은 가치사슬상의 가치 창출 비용을 절감시키고, 고객 지향적인 차별화 전략을 실행하도록 도우며, 가치 활동을 지역적, 전국적, 세계적으로 연결이 가능하도록 지원함으로써 경쟁우위에 중대한 영향을 미침은 물론 경쟁의 성격을 변화시킨다.

셋째, 디지털 기술은 새로운 사업 분야로의 진출을 가능하게 하고, 새로운 제품에 대한 수요를 창출하며, 기존 사업 영역 내에서의 신규 사업이나 새로운 산업을 탄생시키기도 한다.

디지털 기술은 피할 수 없는 현실이다. 기업의 가치 활동 모든 부분에 영향을 미치면서 생존과 성장의 근원적인 인프라가 되고 있다. 나아가 산업의 경쟁 구조를 근본적으로 변화시킴으로써 기업이 지속적인 경쟁우위를 확보하도록 하는 전략 무기로 활용되고 있다. 특히 다른 산업이나 기존 사업과의 융합을 통해 새로운 비즈니스 기회를 제공하여 지속적인 성장을 실현하는 데에도 도움을 준다.

이미 주지한 바와 같이, 디지털 기술은 잠시도 멈추지 않고 진화한다. 그것을 간파하고 늘 준비하는 기업과 안일하게 대처하는 기업과의 경쟁 결과는 불을 보듯 뻔하다. 이 책을 통해 디지털 기술의 전략적 중요성을 깊이 인식한 여러분이 각자의 기업에서, 그리고 국가 경제에서 큰 활약을 할 것을 기대해 본다.

참고문헌

- 강형구·장가영, ESG 통합 전략에 AI가 필요한 이유, DBR 325호, 2021. 7.
- 글로비스 경영대학원, 이현욱 옮김, 경영 전략매뉴얼, 새로운 제안, 2020.
- 김국현, 세계는 지금 ESG 혁신 중, 다양한 사례를 통해 알아본 ESG 경영, SK하이닉스 뉴스룸, 2021.2.9.
- 김동진, 경험 데이터 기반 '개인화 마케팅', 비대면 바람 타고 '훨훨', IT조선, 2020.11.03.
- 김언수·김봉선, TOP을 위한 전략경영 5.0, 피앤씨미디어, 2018.
- 김영식, 위기의 시대, 글로벌 기업의 리스크 관리, 바른북스, 2021.
- 김영우, 애피어 "매출 높이는 개인화 마케팅, AI 기반 자동화가 해답", IT동아, 2020.09.21.
- 김위찬·르네 마보안, 강혜구 역, 블루오션 전략, 교보문고, 2005.
- 김종훈, 커피 한 잔이 남긴 99% 커피박, 그 놀라운 변화, 오마이뉴스, 21.08.20.
- 김창욱, 아키텍처&거버넌스: 연결해 구축하고 스마트하게 배분하라, DBR Issue 2, No. 103, pp. 82-89, 2012.
- 김창욱·강민형·박성민, 플랫폼전략의 이론과 실제, SERI 이슈 페이퍼, 삼성경제연구소, 2012.
- 김태우, LG유플러스, 마케팅 플랫폼 '딩동' 효과 쏠쏠, 가맹점수 60% 증가, 2012. 08. 30. http://www.betanews.net/article/566746
- 노규성, e-비즈니스가 경쟁세력모형에 미치는 영향과 그 대응 전략에 관한 연구, 정보사회연구, 제12권 제2호, 정보통신정책진흥연구원, 2000.
- 노규성, 디지털 스몰 자이언츠, 한국생산성본부, 2019.
- 노규성, 디지털 트랜스포메이션의 경쟁전략과의 적합성에 관한 연구, 한국융합학회논문지 제12권 제8호, pp. 257-265, 2021.
- 노규성, 플랫폼이란 무엇인가?, 커뮤니케이션북스, 2014.
- 노규성·조남재·김의창·남수현·박상혁·박성택·이서령·최광돈, 경영정보시스템, 광문각, 2019.
- 류근옥, 기업가치를 창출하는 경영리스크 관리, 문영사, 2012.
- 류종기, 리질리언스9, 청림출판, 2020.
- 류한석, 모바일 플랫폼 비즈니스, 한빛비즈, 2012.
- 미래전략정책연구원, 10년 후 4차산업혁명의 미래, 일상과 이상, 2017.
- 박강우·신영란, 글로벌 정기선사의 공급망 회복 탄력성에 관한 연구, 한국해양과학기술협의회 공동학술대회 프로시딩, 2020.
- 박재현, 서비스 플랫폼 관점에서 바라본 자동차의 미래, zdnet korea 칼럼, 2010.08.27.
- 박찬권·서영복, 공급사슬 회복탄력성 선행요인과 공급사슬 회복 탄력성, 기업 경영성과 간의 관계, 중소기업연구 제43권 제2호, 2021.

- 방호열·김민숙, 전략경영, 문우사, 2020.
- 백지영, 한국MS, "기술 내재화가 비즈니스 회복탄력성 핵심", 디지털 데일리, 2020.12.10
- 번트 슈미트(BERND H. SCHMITT), 정해동·임도영 역, CRM을 넘어 CEM으로 Customer Experience Management, 한언, 2003.
- 신한FSB리뷰 "P&G사의 프링글스 프린츠", 창조경영①
- 양백, 불확실성 시대서 살아남으려면 전략적 마인드로 미래를 읽어라, 한국경제신문, 2016.01.08.
- 오세경, 오세경 교수의 리스크 관리, 한경사, 2015.
- 윤상진, 플랫폼이란 무엇인가?, 한빛비즈, 2012.
- 윤형중, 이제는 빅데이터 시대, e비즈북스, 2012.
- 이건한, 데이터와 인공지능에 의한 초(超) 개인화 시대, 테크월드뉴스, 2020.01.17.
- 이남선, 이남선의 Law Biz-고객앓이, 소통으로 극복하라, 법률저널, 2013.11.01.
- 이진영, 네이버, 음식물 데이터 분석 ESG 스타트업 '누비랩' 투자, 뉴시스, 2021-07-28.
- 이충배·김현중, "공급사슬관리 리스크 요인이 위험관리전략과 기업성과에 미치는 영향", 한국항만경제학회지, 제36권, 제3호, 2020.
- 이형종, 송양민, ESG 경영과 자본주의 혁신, 21세기북스, 2021.
- 이홍원, "공급사슬 리스크관리에 관한 고찰", 세계해양발전연구 , 제22권, 2013.
- 장세진, 경영 전략, 박영사, 2020.
- 조용호, 플랫폼 전쟁, 21세기북스, 2011.
- 조지프 콜터, 장광준 역, 리씽킹 리스크, 현대경영북스, 2016.
- 주간경제 721호, '컨버전스 시대의 플랫폼 경쟁', 2008.
- 중소기업청, 상생 비즈니스 플랫폼 전략, 대한상공회의소 싱글 PPM 품질혁신본부 자료, 2012.
- 최병삼, 가치창출 틀 플랫폼, 다원화혁명 이끈다, DBR No. 103, pp. 68-75, 2012.
- 최병삼·조원영·박성배·김원소·김진성, 비즈니스 플랫폼의 부상과 시사점, CEO 정보 제802호, 삼성경제연구소, 2011.
- 최정환·이유재, 죽은 CRM 살아있는 CRM, 한언, 2013.
- 최태범, ESG 바람 타고 사회문제 해결 스타트업에 '뭉칫돈' 몰린다, 머니투데이, 2012.07.26.
- 플랫폼전문가그룹, 플랫폼을 말하다, 클라우드북스, 2013.
- 한국기업교육학회, HRD 용어사전, 2010.09.06.
- 한국소프트웨어기술인협회 빅데이터전략연구소, 빅데이터 개론, 광문각, 2021.
- 한국정보산업연합회, 2017년 IT산업 메가트랜드, 2017.
- 황병선, 스마트플랫폼 전략, 한빛미디어, 2012.

- 황인경, 디지털 트랜스포메이션 시대 인사·조직 운영 전략, 엘지경제연구원, 2017.
- 히라노 아쓰시 칼·안드레이 학주, 천채정 역, 플랫폼 전략, 더숲, 2011.
- Appier, 인공지능(AI) 기반 개인맞춤화로 전자상거래 사이트의 고객점유율 확대, 2018.10.17.
- CA 테크놀로지스, '아태 지역 디지털 트랜스포메이션 영향력 및 준비도', 보고서 2018.
- EY Global, 코로나19: 운영 중단에 탄력적으로 대응할 수 있는 공급망을 구축하는 방법, EY, 2020,
- Glenn Steinberg, COVID-19: 거대한 충격을 견뎌낼 수 있는 공급망을 구축하는 방법, EY, 2020,
- Harsha Basnayake, Christopher Mack, and Ignatius Tong, 코로나19 사업 연속성 계획: 개선을 위한 5가지 방법, EY, 2020.
- NewsWire, 코로나 시대 주목받는 '메타버스 마케팅', 2021.07.20.
- Xiaoming Xu·김형태, SPA 브랜드의 글로벌 SCM 전략 연구: ZARA와 H&M 중심으로, 유통경영학회지 제23권 제3호, pp. 67-79, 2020.
- Andrew, Kenneth R., The Concept of Corporate Strategy, Richard D, Irwin, Inc., 1980.
- Bair, J. J., Fenn, R. Hunter and D. Bosic, Foundation for Enterprise Knowledge Management, Business Process Re-engineering, Strategic Analysis Report, GartnerGroup, April7, 1997.
- Baldwin, Carliss y. and Woodard, C. Jason, The Architecture of Platform: A Unified View, Harvard Business School Finance Working Paper No. 09-034, 2009.
- Cash, James I. And Konsynski, Benn R., "IS redraws competitive boundaries." Harvard Business Review, March-April, 1985, pp.134~142.
- Cash, James I. And McFarlan F. Warren. And Mckenney, James L, "The issues Facing Senior Executives", Corporate Information Systems Management, 1993, pp.34~90.
- Day, Geroge S. and Robin Wiensley, "Assessing Adventage : A Framework For Diagnosing Competitive Superiority," Journal of Marketing, April, 1988, p.2.
- Eisenmann, T. R., Parket, G, & Alstyne, M., Platform Envelopment, Strategic Management Journal, 32(12), 2011, pp. 1270-1285.
- Eric von Hippel, Stefan Thomke and Mary Sonnack, Creating Breakthroughs at 3M, Harvard Business Review, Sep. 1999.
- Femi Osinubi, Looking into the Future, Leveraging the Power of AI and Robotics, PWC, July 2018.

- Fleisher and Bensoussan, STRATEGIC AND COMPETITIVE ANALYSIS: Methods and Techniques for Analyzing Business Competition, Prentice Hall, 2002.
- Frontier Economics, Reducing violence and aggression in A&E: Through a better experience, Frontier Economics Ltd, November 2013.
- Hammer, Michael and Champy, James, Reengineering The Corporation, NewYork : Harper Collins Publishers, Inc., 1993.
- Harvard Business School, HARVARD BUSINESS ESSENTIALS STRATEGY, Harvard Jacques Bughin, Tanguy Catlin, Martin Hirt, and Paul Willmott, Why digital strategies fail, McKinsey Quarterly, January 2018.
- Kim, Y. J., "Innovation system through the analysis of big data base: Practices and methodologies," IE Magazine, Vol. 20, No. 1, pp. 43-49, 2013.
- Koslowski, T. G. and P. H. Longstaff, "Resilience undefined: A framework for interdisciplinary communication and application to real-world problems. in A. Masys (eds). Disaster Management: Enabling Resilience. Heidelberg/New York: Springer, 2015.
- Lee, H. H., "Application of Big Data for Enhancing Manufacturing Competitiveness," Industrial Economics, pp. 45-54, KIET, 2014.
- Licker, Paul S., Management Information Systems : A Strategy Leadership Approach, The Dryden Press, 1997.
- Lynda M. Applegate, F. Warren McFarlan, James L. Mckenney, Corporate Information Systems Management, HarvardUniversity,4th,1996.
- Martin Gill and Shar VanBoskirk, The Digital Maturity Model 4.0 Benchmarks: Digital Business Transformation Playbook, Forrester research, January 22, 2016.
- McKinsey, Reinvention through digital, Digital/McKinsey: Insights, July/August 2017.
- MIT & Deloitte Digital, Moving digital transformation forward, Infographic, 2016.
- Parsons, G. L., "Information Technology : A new Competitive Weapon," Sloan Management Review, Fall 1983, pp.3-14.
- Parsons, G. L., "Information Technology : A new Competitive Weapon," SloanMana gementReview,Fall1983,pp.3-14.
- Ponomarov, S. Y. and M. C. Holcomb, "Understanding the concept of supply chain resilience", The International Journal of Logistics Management, Vol.20, No.1, 2009.
- Porter, Michael E., and James E. Heppelmann. "How Smart, Connected Products Are Transforming Competition."Harvard Business Review 92, no. 11 (November

2014): 64-88.

- Porter, Michael E., and Victor E. Millar, "How Information Gives You Competitive Advantage," Harvard Business Review, July-August, 1985, pp.149~160.
- Porter, Michael E., Competitive Advantage: Creating and Sustaining Superior Performance, NY:FreePress, 1985.
- Porter, Michael E., Competitive Strategy: Techniques for Analysing Industries and Competitors, NY:FreePress, 1980.
- Richard A. D'aveni, Hypercompetition, Simon and Schuster, 2010.
- Rita Gunther McGrath, The End of Competitive Advantage: How to Keep Your Strategy Moving As Fast As Your Business, Harvard Business School Press, 2013.
- Simch-Levi, D., I. Kyratzoglou, and C. Vassiliadis, Supply Chain and Risk Management: Making the Right Decision to Strengthen Operations Performance, MIT Forum for Supply Chain Innovation. Mit and PcW Research Study, 2013.
- Simon, Phil, The Age of the Platform: How Amazon, Apple, Facebook, and Google Have Redefined Business , Motion Publishing, 2011.
- Sodhi, M. S. and C. S. Tang, Managing Supply Chain Risk, Springer, 2012.
- Zhenya Lindgardt, Martin Reeves, George Stalk, Business Model Innovation, The Boston Consulting Group, December 2009.
- WWDC 2013, https://developer.apple.com/wwdc/
- http://www.bloter.net/archives/7518
- https://news.kotra.or.kr/user/globalBbs/kotranews/5/globalBbsDataView.do?setIdx=244&dataIdx=181463
- https://www.ey.com/ko_kr/consulting/how-to-build-a-supply-chain-thats-resilient-to-global-disruption
- https://www.ey.com/ko_kr/consulting/how-to-forge-a-supply-chain-that-withstands-severe-shocks
- https://www.ey.com/ko_kr/strategy-transactions/companies-can-reshape-results-and-plan-for-covid-19-recovery
- https://sustainability.pulmuone.co.kr/ko/main/main_view.do?id_su_category=62
- https://www.youtube.com/watch?v=GMqJ_aMWYec

디지털 대전환 시대의
전략경영 혁신

초판 1쇄 인쇄 2022년 1월 14일
초판 1쇄 발행 2022년 1월 21일

지은이   노규성
펴낸이   박정태
편집이사   이명수   출판기획   정하경
편집부   김동서, 위가연, 전상은
마케팅   박명준, 박두리   온라인마케팅 박용대
경영지원   최윤숙

펴낸곳   북스타
출판등록   2006. 9. 8 제313-2006-000198호
주소   파주시 파주출판문화도시 광인사길 161 광문각 B/D
전화   031-955-8787   팩스   031-955-3730
E-mail   kwangmk7@hanmail.net
홈페이지   www.kwangmoonkag.co.kr
ISBN   979-11-88768-50-9 03320
가격   20,000원